"复旦大学中国周边外交研究丛书"系
复旦大学中国与周边国家关系研究中心、
国家领土主权与海洋权益协同创新中心研究项目

Fudan University Series on China's Neighboring Diplomacy Studies
are the research projects supported by
the Center for China's Relations with Neighboring Countries(CCRNC) at Fudan
University and the Collaborative Innovation Center of Territorial
Sovereignty and Maritime Rights(CICTSMR).

《转型期日本的对华认知与对华政策》
由上海市浦江人才计划资助出版。
特此致谢!

The publication of
*Japan's Perception and Policy towards China
in the Transition Period*

was made possible through a generous grant from
Shanghai Pujiang Program

复旦大学中国周边外交研究丛书
Fudan University series on China's Neighboring Diplomacy Studies

丛书主编
石源华　祁怀高

转型期日本的对华认知与对华政策

Japan's Perception and Policy towards China
in the Transition Period

包霞琴　等著

中华书局

图书在版编目(CIP)数据

转型期日本的对华认知与对华政策/包霞琴等著. —北京:中华书局,2017.1
(复旦大学中国周边外交研究丛书/石源华 祁怀高主编)
ISBN 978-7-101-12361-6

Ⅰ.转… Ⅱ.包… Ⅲ.对华政策-研究-日本-现代
Ⅳ.D822.331.3

中国版本图书馆 CIP 数据核字(2016)第 288457 号

书　　名	转型期日本的对华认知与对华政策
著　　者	包霞琴等
丛 书 名	复旦大学中国周边外交研究丛书
丛书主编	石源华　祁怀高
责任编辑	张荣国
出版发行	中华书局
	(北京市丰台区太平桥西里 38 号　100073)
	http://www.zhbc.com.cn
	E-mail:zhbc@zhbc.com.cn
印　　刷	北京天来印务有限公司
版　　次	2017 年 1 月北京第 1 版
	2017 年 1 月北京第 1 次印刷
规　　格	开本/710×1000 毫米　1/16
	印张 15　插页 2　字数 220 千字
印　　数	1-2800 册
国际书号	ISBN 978-7-101-12361-6
定　　价	48.00 元

丛书总序

　　周边地区是21世纪中国和平发展的"首要"地区,周边外交在中国国家外交布局中处于"首要"地位。21世纪第二个十年以来,中国的周边环境面临着严峻挑战。挑战既来自外部大国尤其是美国对中国周边事务的干预力度加大,也来自周边部分邻国对中国快速崛起产生的疑惧和担忧。为此,必须正视中国周边地区进入动荡升温期和矛盾多发期的现实。

　　2013年10月,中央召开"周边外交工作座谈会",既表明中国政府对周边外交的重视,也突显周边在中国发展大局和外交全局中的重要地位。中国国家主席习近平在座谈会上指出,做好周边外交工作,是实现"两个一百年"奋斗目标、实现中华民族伟大复兴的中国梦的需要,提出要更加奋发有为地推进周边外交,为我国发展争取良好的周边环境,使我国发展更多惠及周边国家,实现共同发展。

　　在中国周边安全环境面临严峻挑战和中国政府日益重视周边外交的背景下,中国亟需在总结历史经验和教训的基础上,用立体、多元、跨越时空的视角思考如何开展周边外交。中国学术界亟需对未来5—10年中国周边外交工作的战略目标、基本方针、总体布局进行深入研究和顶层设计。

　　2012年9月,根据教育部"2011计划"关于"国家急需、世界一流、制度先进、贡献重大"的精神,在中央海权办、外交部、国家海洋局、水利部、国家测绘地理信息局的直接支持下,由武汉大学牵头,联合复旦大学、中国政法大学、外交学院、郑州大学、中国社会科学院中国边疆研究所、水利部国际经济技术合作交流中心、国家海洋局海洋发展战略研究所等协同单位,共同组建了"国家领土主权与海洋权益协同创新中心"。2014年

10月,"国家领土主权与海洋权益协同创新中心"被认定为2014年度"2011协同创新中心"。

2013年10月,根据"国家领土主权与海洋权益协同创新中心"的分工,复旦大学在既有中国与周边国家关系研究的深厚基础上,整合队伍,成立了"复旦大学中国与周边国家关系研究中心",对接"国家领土主权与海洋权益协同创新中心"的培育和建设。"复旦大学中国周边外交研究丛书"(以下简称"丛书")应运而生。

"丛书"首批计划出版5部著作,包括:《中国崛起背景下的周边安全与周边外交》(2014年7月出版)、《冷战后中国周边地区政策的动力机制研究》(2016年6月出版)、《转型期日本的对华认知与对华政策》、《中国周边外交十四讲》、《近代中国的周边外交》(增订再版)。在此基础上,"丛书"计划未来每年出版1—2本著作。涵盖的领域将包括:新中国领导人治理疆域问题思想研究、中国周边外交的文化因素研究、中国周边外交的经济因素研究、中国与周边国家争端与利益共同体建设研究、中国对周边国家的公共外交研究、中国在周边国家的话语权提升研究、中国在周边的国际形象塑造研究、中国周边外交与地区公共产品提供研究、中国周边外交与地区合作组织研究、宗教问题与中国周边外交、民族问题与中国周边外交等。

"丛书"出版的主旨在于对中国周边外交进行原创性、理论性、前沿性、战略性、实践性的研究。回顾总结近代以来中国周边外交的历史经验,客观认识新时期中国周边外交的战略机遇期;科学评估中国迅速崛起后的中国周边环境局势,准确定位中国周边外交的战略取向;系统梳理中国周边众多结构性矛盾,按照中国的战略取向排列这些矛盾的轻重缓急;全面研判外部大国(尤其是美国)介入中国周边对我国阶段性正负面影响,努力建设中美在中国周边"兼容共处"的新型大国关系;理性认识中国与部分邻国的领土领海争端,找到双方都能接受的解决途径等。"丛书"在研究方法上将超越一般政策分析的方法,注重对于中国周边外交的学理性分析,不断提出新概念、新理念、新观点、新战略,使"丛书"的成果更加科学化和理性化,为中国周边外交建设作出务实的贡献。

"丛书"的出版是复旦大学中国与周边国家关系研究中心的主要工作之一,也将是"国家领土主权与海洋权益协同创新中心"的重要成果之一。我们希望这套"丛书"的出版能为新时期中国更好地开展周边外交做出学术界应有的理论贡献;也希望通过这套"丛书"的出版,凝聚一支从事中国周边外交研究的学术队伍,更期待在中国外交学术界形成复旦特色的中国周边外交研究学派。

复旦大学中国与周边国家关系研究中心
暨国家领土主权与海洋权益协同创新中心
石源华　祁怀高
2016 年 10 月

目　录

绪　论

一　问题的由来与研究的意义

近年来,中日关系处在剧烈的转型过程中,这种转型的出现基于多方面的原因,一是世界格局特别是亚太格局的剧烈变化;二是中国的快速崛起与地区影响力的上升;三是日本内部的变化与转型。这些结构性的变化给中日关系带来了前所未有的起伏动荡,双边关系出现了重大拐点。综观国际关系史,"拐点期"是变数增加的敏感期,由于彼此实力对比的变化,必然引起相互认知和态度的变化,一方要固守原有的地位、利益和优越感,而另一方要提出与自身实力相符的新诉求,这时期的两者关系最动荡、最不稳定。① 中日两国要平稳度过这变化多端的"拐点期",必须超越狭隘的国家利益,站在地区和平与繁荣的高度,摒弃"一山不容二虎"的零和观念,跳出"修昔底德陷阱"。

(一)中日关系"拐点论"的两个视角

中日关系处在"拐点期",可以从两个层面去分析。

第一个视角:从中日关系历史发展的长河来看,甲午战争是近代中日关系的一大拐点,是中日关系强弱换位的转折期和分水岭。2014 年是甲午战争爆发 120 周年,中国学界进行了多层面的分析和探讨,②基本观点

---

① 杨栋梁:《直面拐点:历史视野下中日关系的演进与现实思考》,《日本学刊》2012 年第 6 期。

② 学界发表的主要论文有宋有成:《中日甲午战争:日本历史的拐点与东亚国际格局》,《日本学刊》2014 年第 5 期;刘江永:《甲午战争以来东亚战略格局演变及启示——兼论 120 年来的中日关系及未来》,《日本学刊》2014 年第 1 期,等等。

是甲午战争后,日本走上了近代化和向外扩张的道路,而中国则日趋衰弱,成为欧、美、日列强宰割的羔羊,中日关系从"中强日弱"转向"日强中弱"。双方实力的转换导致认知的变化,日本对中国的认知从古代的"尊敬"转向"蔑视","愚昧、落后、不开化"的中国形象深入日本社会,这种"蔑视"心理和认知是导致日本侵略中国的深层原因。

这种"日强中弱"的局面由于 2010 年中日 GDP(国内生产总值)的逆转而发生结构性变化,这种变化给双方的心理认知又带来了巨大的冲击,导致中日关系的动荡不定。

第二个视角:从 1972 年邦交正常化以来双边关系的发展来看,学界总体认为 1970—1980 年代的中日关系是"战略友好期",①应对苏联威胁是中日双边关系的战略基础,虽然当时也出现了教科书问题和光华寮事件,但中日两国领导人以"中日友好大局"为重,妥善处理了分歧和摩擦,中日关系并未因此而受到影响。进入 90 年代后,苏联的瓦解和冷战的结束,使中日关系受到冲击,日美同盟"再定义"及其"周边事态法"的确立使双方的战略互信产生动摇。1996 年桥本龙太郎首相参拜靖国神社以及钓鱼岛问题的升级,使双边关系面临重重困难。1998 年江泽民主席的访日以及确立的"致力于和平与发展的友好合作伙伴关系",②使中日关系从"战略友好"进入到"合作伙伴"阶段。进入 21 世纪后,中国崛起成为日本对外政策的核心变量,中日两国政府之间原有的认同与共识日渐瓦解,"72 年体制"③面临严峻挑战。特别是 2010 年以来,领土争端、历史认识问题、安全保障问题等集中爆发。两国关系面临着新的艰难抉择:是合作伙伴还是竞争对手? 是战略互惠还是战略抗衡?

(二)"拐点论"主要基于四点理由

中国学界提出中日关系"拐点论"基于很多理由,而最关键的有以下

① 日本学者毛里和子将 1970—1980 年代的中日关系定性为"战略友好期",参见毛里和子著,徐显芬译:《中日关系——从战后走向新时代》,社会科学文献出版社,2009 年。

② 1998 年 11 月 26 日,江泽民主席与小渊惠三首相共同发表了《中日关于建立致力于和平与发展的友好合作伙伴关系的联合宣言》,简称《中日联合宣言》,是 1972 年中日邦交正常化以后中日间的第三份重要政治文件。

③ 所谓"72 年体制"是指 1972 年中日邦交正常化时,两国政府围绕台湾问题、历史问题、安全保障问题、领土争端问题等领域达成的原则共识,是中日关系的政治基础。

四个方面：

1.从中日经济实力和贸易关系的变化来看，近年来发生了 GDP 和经贸依赖的双重逆转。

2001 年，日中贸易占日本对外贸易总额的 11.8%，低于日美贸易的 24.5%、日欧（欧盟）贸易的 14.5% 和日东（东盟）贸易的 14.4%，中国是日本的第四大贸易伙伴。但到 2010 年，日中贸易占日本对外贸易总额的 20.7%，明显高于日东贸易的 14.6%、日美贸易的 12.7% 和日欧贸易的 10.5%。

另一方面，从 2000 年至 2010 年，中国对外贸易总额增长 5.27 倍，但日本在中国对外贸易中的地位却趋于下降。1993—2003 年，日本曾连续 11 年保持中国最大贸易伙伴的地位。2003 年，中日贸易额占中国对外贸易总额的 15.7%，高于中美贸易的 14.8% 和中欧（欧盟）贸易的 14.7%；但到 2010 年，中日贸易额占中国对外贸易总额的 10.0%，明显低于中欧贸易的 16.1% 和中美贸易的 13.0%；2014 年，中日贸易额占中国对外贸易总额的比重进一步下降，日本退居中国第四大贸易伙伴（第一为欧盟、第二为美国、第三为东盟、第四为日本、第五为韩国）。①

从人均 GDP 来看，日本依然远远高于中国。2014 年日本人均 GDP 为 36332 美元，位居世界第 27 位，而中国人均 GDP 为 7589 美元，位居世界第 80 位。但由于 2010 年中国 GDP 总量超过日本，战后维持了 40 多年的世界第二大经济体地位被中国所打破，而且到 2014 年，中国 GDP 总量超出日本 GDP 两倍多，双方的经济实力确实发生了巨大的逆转。②

2.中国崛起带来的战略猜疑。

中国的全面崛起使日本在各方面受到巨大压力，如何应对中国崛起带来的冲击，成为日本外交最重要的课题。进入 21 世纪后，日本的对华政策一直摇摆不定，主流媒体同时存在着"中国威胁论"、"中国崩溃论"和"中国机遇论"等截然不同的对华认知。2002 年，小泉内阁的智库"对外关系课题组"经过 30 多次讨论，发表了政策报告《21 世纪日本的基本战略——新时代、新理想、新外交》，其对华认知的基本观点是"中国经济

---

① 参见刘昌黎的博客：《中日贸易在两国对外贸易中地位的变化》，2012 年 1 月 8 日。http://blog.sina.com.cn/lchl1944.（访问日期：2015 年 4 月 15 日）
② 国际货币基金组织（IMF）：《世界经济展望》，2015 年 4 月。

机遇论"和"中国军事威胁论"同时并存,中日关系因此呈现出"政冷经热"的特点;2006年中日两国政府通过"破冰之旅"和"融冰之旅"确立了"战略互惠关系",起伏不定的中日关系得到短暂稳定;2008年日本著名智库PHP综合研究所出台了《日本的对华综合战略》报告,其基本观点是稳定中日关系和加强接触政策,中日关系取得了很大进展;2009年8月民主党上台后,鸠山内阁加强亚洲外交,致力于改善和发展日中关系和日韩关系。鸠山内阁执政8个多月的时间里,中日首脑在双边、多边场合会见了7次,是"中日首脑外交的繁忙期",日本舆论界也充满了对中国的友好气氛。但2010年中日钓鱼岛海域发生撞船事件以后,"钓鱼岛事件"发展为"钓鱼岛危机",2012年野田内阁对钓鱼岛的"国有化"政策,使"钓鱼岛危机"进一步升级为中日"战略危机",领土争端成为中日关系发展的最大障碍,中日关系因此急转直下。

与此同时,日本近年来内政外交的快速转型也给中国的周边安全带来巨大压力。随着日美安全合作的进一步加强和"无缝对接",日本集体自卫权的解禁和相关安保法案的修改与通过,战后以来日本坚持了几十年的专守防卫政策发生根本性改变。特别是日本西南诸岛军事防御的加强、日本深度介入南海问题等举措给中国的周边带来很大的安全隐患,中日之间的安全困境日益严峻。人们开始担忧中日之间的"战略友好"是否已经开始走向"战略防范"、"战略牵制"甚至"战略对抗"?

3.中日民众之间的认同感和亲近感急剧下降。[①]

自2005年以来,日本言论NPO与《中国日报》社每年对两国民众进行一次联合调查,至2014年已经进行了十次。从调查结果来看,日本民众的对华认知持续恶化,2014年对中国持有不好印象的比例高达93%。中国民众对日本没有好感的比例也高达86.8%,双方民众之间的认同感和亲近感已急剧下降。

2014年9月发表的舆论调查显示,影响未来中日关系的三大因素值得关注:历史认识问题、领土争端问题和安全保障问题。

(1)在历史问题方面,40%以上的日本民众认为"即使两国关系发展也很难解决历史问题",悲观论占多数。而中国民众的意见分歧比较大,

---

① 参考《中国日报》与日本言论NPO联合舆论调查(2014年度)。

30%以上的民众认为"历史问题不解决的话两国关系则不能发展",另有30%以上的民众则认为"可以随着两国关系的发展慢慢解决历史问题",说明中国民众在历史问题上的态度具有一定的灵活性。但在日本首相参拜靖国神社问题上,中国近60%的民众认为"无论公私都不应该参拜",显示了鲜明的强硬立场。而日本民众认为"公私都不能参拜"的比例只有15%,可见两国民众在日本首相参拜靖国神社问题上的态度差距很大。

（2）在领土争端方面,中日两国大部分民众都认为在东海存在领土争端(日本64.3%,中国76.2%),这说明日本政府否认存在领土争端在日本是缺乏民意基础的。但在如何解决争端这个问题上,中国有63%的民众认为"为了保卫领土,应该加强中国的实际控制",而日本近半数的国民认为应该"通过两国谈判和平解决问题"(48.4%),可见中国民众在领土问题上的强硬态度和立场。

（3）在安全保障方面,中日两国民众都认为对方是军事威胁的比例在上升,日本认为中国是军事威胁的比例高达64.3%(认为朝鲜是威胁的比例最高,为68.6%),中国民众认为日本是军事威胁的比例是55.2%(认为美国是威胁的比例最高,为57.8%),可见双方都对对方的军事威胁保持高度警惕,并在快速上升,这说明中日两国民众在安全领域的相互信任度已经迅速下降,必须引起高度重视。

综上所述,由于近年来中日两国政治互信的缺失和安全互疑的加深,良性互动的民意基础产生动摇,中日两国的媒体对未来中日关系发展前景的悲观论调在上升。

4.从外部环境来看,以西方发达国家为中心的国际体系正在经历前所未有的重大转变和挑战,美、日、欧的实力和影响力相对下降,新兴大国群体在崛起,权力转移与多极化趋势发展明显,世界开始走向多极化,国际格局进入大变化和大调整的历史过程。

据IMF(国际货币基金组织)的统计显示,①2014年世界GDP总量排名前三的国家分别是:美国17.149万亿美元,中国10.380万亿美元,日本4.416万亿美元。中国的GDP已经超过日本的两倍。若按地区来看,东

---

① 2014年世界各国GDP排名,于2015年4月14日由IMF公布。

亚(中、日、韩、台、港、澳)的 GDP 总量已经接近北美(美、加、墨)和欧盟,而从三个地区的经济增长率来看,东亚明显高于其他两个地区。随着亚太经济的进一步发展,世界中心加快了从欧美转向亚太的步伐,世界各国的外交战略中心也都转向亚太地区。

上述这些结构性变化是史无前例的,它推动着中日关系进入转型和重构时期。这种转型和重构对日本来说是近代以来首次面临的巨大挑战,也是日本未来国家发展战略的核心变量。

(三) 日本对华认知与对华政策的相互关系

日本的对华认知反映的是日本民族群体意识中的中国形象,是影响日本对华政策的重要因素。[①] 明治维新以来中日关系的历史变迁证明,日本的对华认知深刻地影响着日本的对华政策乃至日本的国家发展战略的选择,而每次日本对华认知的变化都伴随着其内部社会结构的变化和周边国际关系格局的转型与秩序的重建。

进入 21 世纪后,日本社会处在急剧的转型过程中。经济转型的失败与停滞给日本社会带来了焦虑感和闭塞感;政局动荡、"十年十相"使日本社会普遍渴望强势政治家的出现,导致政治右倾化十分严重;而外交领域则呈现出前所未有的自主性和独立性,外交战略也处在快速的转型过程中。在日本看来,中国崛起必然会打破东亚原有的平衡并引起动荡,日本社会开始滋长一种对中国的莫名的不安感和厌恶情绪。日本著名国际政治学者冈部达味认为,"日本长期是东亚唯一的发达国家,因此很多人对中国的崛起有抵抗"。

在此背景下,日本的对华认知和对华政策呈现出比较明显的阶段性特征,最为关键的一点是深刻地认识到中国的崛起已经不是潜在的和未然的命题,而是现实和已然的事实。中国崛起对日本意味着什么? 日本各界究竟是如何认识中国的快速崛起的? 是否存在争议? 争议又在哪里? 探寻日本对华认知的新特点及其背后之原因,探讨对华认知与对华政策的相互关系,对解决当今中日两国关系发展中的障碍和正确制定对日方针和政策有着重要的现实意义,正确判断日本对华认知与对华政策

---

① 刘利华:《影响当代日本对华认知的国内因素分析》,《理论界》2008 年第 8 期。

的趋向对于制定中国的总体外交战略和地区战略也是意义重大。

二　研究现状

国内外关于日本对华认知与对华政策的相关研究成果可谓硕果累累,但还是缺乏从对华认知和对华政策的相互关系这一视角去研究,两者之间的互动关系有待深入研究和探讨。此外,进入 21 世纪后,日本的国家发展战略进入转型期,外交战略特别是对华政策也呈现出前所未有的新情况和新特点,对新一轮转型期日本对华认知与对华政策及其相互关系的深入研究是本书的重点所在。

在日本对华认知和对华政策方面,国内学界普遍认为,日本的亚洲观、中国观深刻影响了其对外政策的选择,认知与观念对其政策有着决定性作用,历史上日本的文明史观是其外交思想与国际关系的接点。国内对此的论证也是卷帙浩繁:以时间跨度为分析对象,代表作有高兰教授的《双面影人:日本对中国外交的思想与实践(1895—1918)》①和《冷战后日本对华外交的思想与实践》②,这两部著作分析了不同时期内日本的对华外交和背后支持其外交的对华思想,认为"日本对华政策是在其特有的文化理念指导下产生的"。史桂芳教授的《近代日本人的中国观与中日关系》③总结了明治初年到中日战争期间日本中国观的嬗变;严绍璗教授的《战后 60 年日本人的中国观》④详尽介绍了战后日本中国观的演变及其背景;何培忠研究员的《日本学界的当代中国观》⑤详尽分析了日本学界对华认知的演变与特点。以人物思想为分析对象,比较有代表性的有:刘家鑫教授的《日本近代知识分子的中国观:中国通代表人物的思想轨迹》⑥,周

①　高兰:《双面影人:日本对中国外交的思想与实践(1985—1918)》,学林出版社,2003 年。
②　高兰:《冷战后日本对华外交的思想与实践》,新华出版社,2009 年。
③　史桂芳:《近代日本人的中国观与中日关系》,社会科学文献出版社,2009 年。
④　严绍璗:《战后 60 年日本人的中国观》,《日本研究》2005 年第 3 期,第 1—11 页。
⑤　何培忠:《日本学界的当代中国观》,《当代中国史国际高级论坛》,2009 年 9 月 1 日,http://d. wanfans data.Com.Cn/Conference/7832/63.
⑥　刘家鑫:《日本近代知识分子的中国观:中国通代表人物的思想轨迹》,南开大学出版社,2007 年。

颂伦教授的《福泽谕吉中国政策观的骤变——东洋盟主与脱亚入欧》①等等,这些著作和论文都认为日本知识分子和思想家的中国观影响了日本的政治决策和对外战略。以总论形式研究的有:王屏研究员的《日本人中国观的历史变迁》②、包霞琴教授的《日本的东亚秩序观与"东亚共同体构想"》③,吴怀中研究员的《"文明史观"在近代日本对华认识及关系中的影响——从思想史与国际关系的接点出发》④等等,这些研究都以日本的外交思想和认知作为分析对象,通过对这种思想的历史考察分析其对日本政治外交的影响。周维宏教授的《日本近代以来对华认识研究现状分析》⑤则对学界的相关研究进行了评述,同时他指出,关于日本的当代对华认知,"所谓学术研究的论著并不多见",有待深入探讨和挖掘。

此外,一些侧面描写日本对华认知的研究成果也对本课题研究提供了视角和素材,如武心波教授的《日本"脱亚入欧"历史情节对中日双边关系的潜在制约作用》⑥认为日本的"历史情结"对中日关系有制约作用;林晓光教授的《日本对华战略文化形成的社会舆论机制》⑦认为普通国家战略构筑了新时期日本的国家身份构建,思想舆论界借助"中国因素"来强化国民危机意识;丁兆中教授的《战后日本对华"意识形态"交往理念的嬗变》⑧认为日本对外政策充满了意识形态,价值观外交是其表现之一。这些研究对本书的主题都具有相当大的借鉴和参考价值。

---

① 周颂伦:《福泽谕吉中国政策观的骤变——东洋盟主与脱亚入欧》,《东北师大学报》2006 年第 5 期,第 55—59 页。
② 王屏:《日本人中国观的历史变迁》,《日本学刊》2003 年第 2 期,第 33—47 页。
③ 包霞琴:《日本的东亚秩序观与"东亚共同体构想"》,《国际观察》2004 年第 4 期,第 53—59 页。
④ 吴怀中:《"文明史观"在近代日本对华认识及关系中的影响——从思想史与国际关系的接点出发》,《日本学刊》1998 年第 5 期,第 89—104 页。
⑤ 周维宏:《日本近代以来对华认识研究现状分析》,《日本研究》2009 年第 3 期,第 8—13 页。
⑥ 武心波:《日本"脱亚入欧"历史情节对中日双边关系的潜在制约作用》,《国际观察》1999 年第 1 期,第 27—19 页。
⑦ 林晓光:《日本对华战略文化形成的社会舆论机制》,《新闻与传播研究》第 15 卷第 2 期,第 17—24 页。
⑧ 丁兆中:《战后日本对华"意识形态"交往理念的嬗变》,《世界经济与政治》2008 年 6 月,第 115—117 页。

　　南开大学杨栋梁教授主编的 6 卷本丛书《近代以来日本的中国观》①更是国内学界相关研究的集大成者,这部丛书也是国内学界第一部对近代以来日本的中国观进行全方位研究的著作。它不仅在世界历史的宏观背景下,梳理和总结了古代以来日本对华认知的阶段性特征和演变轨迹,把近代以来日本的中国观总结为"从尊崇到质疑"、"从质疑到污蔑"、"从污蔑到无视"、"从无视到敌视"、"从敌视到正视"、"从正视到'竞合'"等几个过程,而且对包括政界、经济界和社会各界对中国的看法作了分门别类的梳理,对日本历史上的重要人物如胜海舟、北一辉以及当代的田中角荣、大平正芳等重要人物的中国观进行了专门的阐述,认为这些重要人物在一定时期内,对于日本的对华认知和对华政策产生了非常深刻的影响。

　　综上所述,国内学者对日本对华认知的研究角度各异,既有历史阶段的梳理、又有历史人物的剖析,但还是比较缺乏对当下特别是美国金融危机以后日本对华认知的变化的梳理和分析,这也是本书所要解决的问题和关注的重点所在。

　　日本学界对日本对华认知和对华政策的研究更是汗牛充栋。著名学者野村浩一编撰的《近代日本的中国认识》介绍了从明治维新至战败为止日本对中国的各种认识论,重点对大隈重信、内村鉴三、北一辉、内田良平、内藤湖南、吉野作造、宫崎滔天等人的中国观进行了深入剖析,他认为:"日本近代的历史就是一部中国认识失败的历史";京都大学著名教授山室信一的《面向未来的回忆——他者认识和价值创建的视角》提出了"他者认识"的重要性;早稻田大学的天儿慧教授撰写的《对 21 世纪中日关系的建议——在感情论与战略论的夹缝中》提出日本应从战略角度平衡与中美的关系;毛里和子的《中日关系——从战后走向新时代》一书也涉及到国家认知与国民情感的相互关系和影响。在日华人教授朱建荣撰写的论文《日本各阶层是怎样看待中国的?》②认为"日本对华心态的摇

---

① 　杨栋梁等著:《近代以来日本的中国观·总论》第一卷,《近代以来日本的中国观·1603—1840》第二卷,《近代以来日本的中国观·1840—1895》第三卷,《近代以来日本的中国观·1895—1945》第四卷,《近代以来日本的中国观·1945—1972》第五卷,《近代以来日本的中国观·1972—2010》第六卷,江苏人民出版社,2012 年。

② 　朱建荣:《日本各阶层事怎样看待中国的?》,共识网,2014 年 12 月 12 日。http://www.21ccom.net/articles/world/qqgc/20141211117390_all.html(访问日期:2015 年 3 月 18 日)

摆是一种常态",他详尽分析了冷战结束后中日关系转型的深刻背景,对日本各阶层——政界、经济界、舆论界(媒体)、学界、民众的对华认知进行了深入剖析,具有深刻的启示意义。2012 年由东京大学高原明生教授等主编的 4 卷本丛书《日中关系史 1972—2012》则从政治、经济、社会文化和民间四个方面对 1972 年邦交正常化以来的中日关系进行梳理和剖析,其充实的文献资料和全方位的分析和研究为学界带来了难得的一大力作。而日本《世界》杂志编委马场公彦的《战后日本人的中国像》更是运用大量的一手资料分析了战后至 1972 年中日邦交正常化期间日本人的中国观及其特点,为本课题的研究提供了新的视角和资料。

对日本特别是日本人思维方式的研究很早就有,最著名的莫过于本尼迪克特的《菊与刀》和新渡户稻造对日本人自身剖析的《武士道》。在当代,也不乏罗斯·摩尔(Ross Mouer)和杉本良夫的《日本人论之方程式》①这样从地域、文化、社会、认同等方面来考察日本的民族性和行为逻辑,这些著作从社会学和人类学的角度分析日本的思维方式和认知逻辑,为理解日本的对华认知和决策过程提供了良好的理论支持和基础。

三 框架结构

本书的主题是转型期日本的对华认知与对华政策,共由三大部分组成。一是纵向研究部分,对近代以来日本对华认知和对华政策的演变进行重新梳理,分析各阶段的不同特征及其原因;二是横向研究部分,对进入 21 世纪后日本的对华认知和对华政策进行探讨,突出转型期的特征及其原因,具体通过实证研究探讨经济界、知识精英界、媒体舆论界对中国的基本认识及其对日本政府对华政策的影响;三是背景研究部分,对转型期日本对华认知和对华政策变化的日本国内因素进行考察和研究。

第一部分的纵向研究由第一章至第三章组成。徐静波教授的"明治中后期日本人的对华认知"以甲午战争时期的日本社会舆论为中心,选取了"脱亚论"的代表人物福泽谕吉(1835—1901)、基督教主义者内村鉴三(1861—1930)、亚洲主义者荒尾精(1859—1896)和具有帝国主义思想

---

① 罗斯·摩尔、杉本良夫:《日本人论之方程式》,华东师范大学出版社,2007 年。

的德富苏峰(1863—1957)四位在近代具有相当影响力的思想家和活动家有关甲午战争的言论,来考察明治中后期日本人对中国认识的内在思想脉络,从侧面印证了日本对华发动侵略战争的深层思想背景。包霞琴教授的"战后日本学界的对华认知与对华研究"则主要关注战后以来日本学界的对华认知和对华研究的演变与特点,特别对冷战结束后日本学界对华研究的机构、议题和群体进行了深入剖析。日本社会的对华认知是多元的,不同阶层的日本人对华认知有所不同。学者是日本社会的精英,处于官方与大众之间,他们对政府制定政策和社会舆论的导向具有双重的塑造力和影响力。包霞琴教授认为日本学界对华研究的新特点反映了日本对华认知的改变与重塑,中国的快速崛起给日本学界的对华认知与对华研究带来了新的课题与挑战。刘迪教授的"日本对华认知的转型及其背景"提出了日本对华认知的三种模式,即"甲午模式"、"战后模式"和"72 年模式",剖析了三种认知模式产生的不同背景与特征,着重分析探讨了"72 年认知模式"磨损的内部因素。他认为,在冷战结束后,东亚国际政治格局却依然处于冰封状态。日本政府智库的对华认知,强调日本处于历史发展的先进阶段,面对中国的崛起依然充满优越感。在这种优越感支配下的对华认知明显带有民族主义,缺乏外交亲和力。

第二部分的实证研究由第四章至第六章组成,分别对日本的知识精英界、经济界、媒体舆论界进行实证分析和研究。张云副教授的"日本知识精英的对华认知及其美国因素"详尽分析了进入 21 世纪后日本精英界关于对华认知的大讨论,并以 2010 年为分水岭,将知识精英的对华认知分为"中国挑战(威胁)有限和可控论"的现状派和"中国的挑战(威胁)扩大论"的修正派。他认为在 21 世纪的第一个十年,日本知识精英主流对于中国崛起是否构成日本的战略安全挑战的认知上保持了高度连贯性,即认为存在挑战和潜在威胁,但是有限和可控的。但 2010 年后,知识界主流对于这种挑战和威胁程度的认知有比较明显的提升,一个更加自我主张和强硬中国的新认知在形成,但还没有认为已经发展到不可控的革命性变化的程度。他认为日本知识精英对中国的主流认知发生变化主要有两个动因。第一是美国的对华认知和对华政策的变化,日本主流认知受美国对中国主流认知的影响程度很深,在政策认知和形成上日本高度依赖美国。第二是 2010 年 9 月发生的中日"撞船事件"。美国在 2010

年初实质上开始"亚太再平衡"政策,在东盟地区论坛上美国国务卿希拉里直接介入南海问题。日本专家、媒体开始认为美国已经放弃奥巴马第一任期刚开始时候的对华"绥靖政策",批评中国外交"强硬"的声音越来越强。美国的变化给日本的知识界和决策者的对华认知和政策选择提供了认知基础和框架,他特别强调了日本对华认知转型过程中的美国因素。

李彦铭研究员的"日本经济界的对华认知及其特点"则以小泉内阁时期为例,梳理和分析了日本经济界作为社会行为体对中日关系产生的政策要求,分析其变化过程中的特点和影响因素。李彦铭博士认为,进入21世纪以后,日本经济界的对华认知经历了一次重大转折,从一开始的"中国威胁论"转变为"中国机遇论"(中国特需论);经济界开始形成改善和加强对华关系的共识以及政策要求。而2005年春中国爆发涉日游行后,经济界的政治表达趋于活跃,也加强了对"东亚经济共同体"理念的推进。在与中国政府的沟通上,经济界的作用也发生了重要的变化。一方面,2000年以后经团联更加重视与实务层面官员、企业家的广泛沟通,另一方面中日之间没有促成可以取代长期贸易协定的新的国家级长期合作项目,从这个意义上来看,中日经济关系确实从"特殊"的合作方式开始转变为"普通"合作方式。这种"普通"合作方式的结果是自1972年以后日本经济界与中国最高决策层之间的特殊关系濒临瓦解,这也必然导致经团联在日本国内政治决策及对华政策中影响力进一步下降。

郑浩澜副教授的"日本媒体的对华报道与对华认知"认为,新闻媒体对日本的对华认知具有强大的影响力,不论是普通民众还是精英,绝大部分的信息都主要从新闻媒体获得,要了解日本民众对华认知的形成,就有必要了解日本媒体对华报道的内容及特点。而在日本的各种媒体中,《朝日新闻》《读卖新闻》《每日新闻》《日经新闻》《产经新闻》这五大全国综合性报纸最具影响力。其影响力不仅表现为五大报纸的发行量占全国报纸总发行量的一半以上,而且这五大报社已经形成一个庞大的产业链,其资本控制着主要的民间电视台及广播电台。但另一方面,郑浩澜博士又特别指出,不能单一地去理解日本的媒体和社会,日本社会存在着多样的声音。尽管五大全国性报纸对民意具有极大的影响力,但日本还存在众多地方性报纸,这些地方性报纸的报道与中央的全国性报纸报道之间存在较大的差异。此外,日本还存在众多监督媒体的市民运动,这些市民运动在反对政治对媒体的干预、主张报道的公平性和客观性方面发挥着重要的作用。不少学者也根据自身的研究成果积极地批评日本政治，如历史学研究会就一直站在学者的立场力阻政治的右倾化。尽管这些声音没有充分反映到主流媒体中去，但也是影响日本政治走向的力量之一。

本书的第三部分是背景分析，对日本对华认知和对华政策发生转型的日本国内因素进行了剖析。张望副教授的《理解日本对华政策——以政治生存为视角的诠释》认为，自1990年代以来，国内外涌现了大量有关冷战后日本对华政策的研究，其中不少研究侧重从"对外战略"和"政治社会思潮"这两大途径切入分析。但张望副教授则从微观的日本国内政治理论视角来剖析冷战后的日本对华政策，集中探讨国家领袖在国内政治中的"政治生存"问题对外交决策的影响。张望副教授认为，日本国内政治领域中的各个因素（例如政党轮替，频繁的首相更换，执政党和官僚间的内部权力斗争）都不同程度地影响日本的对华政策，他通过比较小泉纯一郎和第一次安倍晋三内阁时期的两个案例，从"政治生存"的理论出发来分析解读日本在靖国神社问题上应对中国压力的不同政策反应，以显示日本首相维系政权的因素是如何影响日本对华政策，以及对华外交如何反馈影响日本国内政治。"政治生存"的分析框架能够提供在逻辑上更富有说服力的解释，即对中国压力让步的不同国内政治成本，导致了日本在靖国神社问题上面对中国外压时的不同反应。

本书的最后一章是蔡亮副教授的《日本对华政策中的政治思潮及其本质》，作者详尽分析了战后日本四种政治思潮中不同的历史认识和国家定位，特别剖析了安倍内阁的历史认识及其国家定位的特点与本质。蔡亮副教授认为，安倍的"摆脱战后体制"的标志是重塑战后日本的历史认识和完成修宪，以顺利解禁集体自卫权。而唯有这些均顺利实现的情况下，日本才能提升在日美同盟框架中的政治自主性，强化日美同盟，并能以日美共同主导的方式继续保持在东亚的优势地位。只有这样，日本才能既实现"正常国家化"，又能进一步发挥其在国际社会的影响力，最终实现"重振日本"的大国目标。日本转型期的对华认知与对华政策都应该基于这样的大背景去理解和认识。

第一章　明治中后期日本人的对华认知

前　言

明治时期(1868—1912)日本对中国的认识以及基于此的对华政策,可谓奠定了整个近代日本(止于 1945 年 8 月)对中国的认识和政策的基调。当然这种认识和政策并非从一开始就是固定不变的,也并非自始至终都呈现为单轴的状态。事实上,各个不同的阶层和不同的利益群体都试图从各自的中国经验和中国观察以及各自的思想背景出发,对近代中国做出各自不同的阐释。就社会思潮而言,在明治中期(1885 年前后)大致形成的既彼此乖离而又相互交错叠合的亚洲主义和"脱亚论"是最主要的两种主流意识。"脱亚论"是以服膺西方近代文明的"文明论"为其思想内核,而亚洲主义本身也是一个比较复杂的思想集合体,它本身也呈现出斑驳的色彩,但倡导以日本为盟主携手中国等东亚国家来共同振兴亚洲以抵抗欧美白种人势力扩张大概是其基本的主调。而每当日本的利益与中国发生冲突时,张扬国权又是它的基本归宿。在这一点上,它与"脱亚论"可谓殊途同归。

在近代之前的江户时代的大部分时期,日本人对中国的认识是有些模糊的。1630 年前后,日本开始实施严厉的锁国政策,除了早期还曾有朱舜水(1600—1682)和隐元和尚(1592—1673)等极少数有影响的中国人登陆日本及有限的中国商船得以进入长崎港指定的区域之外,两百多年里中日两国间的人员往来几乎处于完全断绝的状态。虽然这一时期朱子学盛行,阳明学也有相当的影响,但是对于当时实际的中国状况,日本人大都还是云里雾里。当然,18 世纪以后兰学开始传播,西方人通过大航海时代所获得的全球地理知识已经为大部分知识阶层所了解，日本由此获悉中国虽是大国，但并非天下的中心，鸦片战争失败的消息，肇始了中国的形象在日本人心目中的逐渐低落。1857 年刊行的《万国一览》，按国家的强弱分别将俄国和英国排在了东西最上位的"大关"，而"满清十八省"则被排在了比较下面的表示行将退役的"年寄"一列。①

　　1862 年，已经被西方打开国门的日本首次派出官方商船"千岁丸"航行上海，一方面试图重开官方贸易关系，一方面则实地考察中国的近况。这一时期恰是西方势力在上海日益扩张、同时又是太平天国军攻打上海周边造成大批难民涌入城内的非常时期，西方的强势和中国的积弱使同行的青年武士高杉晋作(1839—1867)等感到颇为震惊，《上海杂记》《赘肬录》中所记录的中国人形象，大抵都比较猥琐、肮脏、贫弱。这些著作的大部分当时虽然没有广泛刊行，却也标示着日本人对中国认识的视角已从早年的仰视逐渐转向平视甚至蔑视。

　　此后不久，一批在青年时代曾有机会游历欧美并开始服膺西方文明的思想先觉们，出于对日本前途的考量，在导引西方文明的同时，开始将影响日本甚巨的中国传统思想、尤其是儒家思想视作现代文明发展的负面因素，并对此发起了猛烈的抨击。福泽谕吉就是最有代表性的人物之一，同时他也是"脱亚论"的积极倡导者。

　　但是，对于当时的日本而言，中国依然是西边的一个庞大存在，它若要向外伸展，必然会触及到中国。同时在文化渊源上，日本毕竟与中国有着两千余年的历史维系，基于地理和文化上的某种认同和对于西方强势的危机意识，日清提携的思想也始终没有泯灭。在这样的背景下，1870年 7 月底日本派遣外务权大丞柳原前光一行出访中国，主动向李鸿章提出希望签订和亲条约，翌年《清日修好条约》签署，两国正式建立邦交。出于上述这样的背景，明治中期，虽然未必是政治的中枢集团，但日本一直有两种力量对中国怀有比较浓厚的兴趣。一个是军部，另一个是诸如九州南部等地方上的民间势力。

　　1874 年日本武力干涉台湾获得了成功之后，向中国本土扩张的倾向

---

① 鸟井裕美子：《近世日本のアジア認識》，沟口雄三等编：《交錯するアジア》，东京大学出版会，1993 年，第 232—247 页。

便日益强烈。明治十二年(1879),刚刚升任参谋本部管西局长的桂太郎(1847—1913,后曾三度出任日本首相),提出向中国派遣陆军留学生的建议。所谓留学生的使命,主要是两项,一是在中国本土学习口语体中文(明治时期受过传统教育的日本人一般皆可阅读并撰写汉文),二是时机成熟便深入中国各地调查山川形胜和人文社会的实情,同时探察中国的军事情形。日后,桂太郎在给本部长的报告中有如下表述:

> 清国乃我一大邻邦,自缔交以来,彼我人民往复,日益频繁,关系亦日渐扩大。是以兵略上亦当细密涉猎。故在去年明治十二年,为侦探兵备地理,详审政志,曾有向该国派遣军官之建议。彼等奉派遣之命,至该国后,往各地巡回,察地形,探人情,以备他日应机。①

第一批被派往中国的青年军官共有 11 人,军衔多为少尉和中尉,分别派往汉口、天津、北京、广州、厦门,同时还有一名监督联络官驻守上海,在中国共待了 3 年,分别深入派驻地邻近的内地作巡回调查,如担任监督官的志永直在改驻汉口期间,曾深入四川进行了 4 个月的调查旅行,日后撰成报告书《蜀道指掌》。这些各地的调查报告,后来被汇编成集供军部的高层参阅。同年又募集军内和民间人士 12 人,作为陆军省的留学生被派往北京学习语言,在留 4 年,日后成为日本最早的一批现代中文的教员之一。②

除军部主导外,以九州南部为中心,一批因西乡隆盛等的反明治政府兵变而失败的在野力量,对政府主流醉心西洋文明的施政颇为不满,集聚乡党,兴办学校和报纸,主张联手中国等共同振兴东亚,抵御西方的侵入。这是一批政治上比较保守,具有国权主义思想的人士,大抵以熊本出身的佐佐友房(1854—1902)为代表,他与后来玄洋社的领袖人物头山满(1855—1944)以及下文要重点述及的荒尾精被人称为志同道合的三兄弟。③ 他于 1880 年在故乡创办同心学舍,两年后改名为济济敩,特别设有

---

① 对支功劳者传记编纂会:《对支回顾录》(下)"桂太郎传",东京东亚同文会 1936 年,第 214 页。
② 据《对支回顾录》(下)中的相关资料。耐人寻味的是,虽然煌煌两大卷的《近代日本海外留学史》(渡边实著,东京讲谈社 1977—1978 年出版)也记录了明治时期军部向德国、英国等国派遣留学生的详情,但上述派往中国的两次却只字未提。也许著者也觉得这算不上纯粹的海外留学。
③ 对支功劳者传记编纂会:《对支回顾录》(下)"佐佐友房传",东京东亚同文会 1936 年,第 353—359 页。

支那语一科,以培养与中国相关的人才。当年被陆军省派往北京学习语言的御幡雅文(1860—1911)就曾在该校任教,明治中后期曾在中国舞台上颇为活跃的所谓"大陆浪人",很多出自九州地区,这不是偶然的。

基于中国对于日本的现实意义和两千余年的文化维系,在"脱亚入欧"声浪渐起的明治中期,主张与中国以及朝鲜半岛联手的人士在朝野也均有一定的势力。1878 年,在明治政府的大佬大久保利通(1830—1878,时任参议)的倡导下,经与首任驻日公使何如璋的商议,成立了"振亚社",这应该是日本第一个主张东亚联合的团体。但不久大久保即遭人刺杀,"振亚社"也未能成气候。1880 年在宫岛诚一郎(1839—1911)等的发起下,主张"连冲我东洋,以振兴亚西亚阖州之大势"①的"兴亚会"成立,主要人物也都有些官方背景。值得一提的是,该会所建立的支那语学校,大概是近代日本第一个有规模的中文学校。"兴亚会"后改名为"亚细亚协会",1900 年又并入东亚同文会。1890 年,从中国回来的白井新太郎等又发起成立了"东邦协会",该组织虽也标榜东亚联合,但国家主义的色彩更浓厚,在其成立宗旨中说:"日本帝国当以东亚的先进为己任,对近邻诸邦的近况详加了解,以求自己的实力向外部扩张,并以此谋取在东亚地区与泰西诸邦的势力均衡。"②

本章选取"脱亚论"的代表人物福泽谕吉(1835—1901)、基督教主义者内村鉴三(1861—1930)、亚洲主义者荒尾精(1859—1896)和具有帝国主义思想的德富苏峰(1863—1957)四位在近代具有相当影响力的思想家和活动家有关甲午战争的言论,来考察明治中后期日本人对中国认识的内在思想脉络。

一　福泽谕吉的对华认知

福泽谕吉无疑是近代日本最大的思想家,或者说是明治时期最主要的启蒙思想家,当然也是最重要的舆论领袖。在考察他有关甲午战争的言论时,应该对支撑他立场和观点的两个知识背景有所留意。第一是以

① 《興亜会公報》第一辑,1880 年。此处引自安藤彦太郎:《中国語と近代日本》,东京岩波书店 1988 年,第 18 页。

② 大学史编纂委员会:《東亜同文書院大学史》,社团法人沪友会 1982 年发行(非卖品),第 42 页。

中国古典为核心的传统东方思想。他 5 岁时开始随同邻近的藩士学习汉学和刀剑,据他在自传中所述,他少年时读过《论语》、《孟子》、《诗经》、《书经》、《世说》、《左传》、《战国策》、《老子》、《庄子》、《史记》、前后《汉书》等,尤其是《左传》,对其中的第 15 卷曾经通读过 11 次,有趣的篇章都可背诵,①由此可知他在汉学方面具有深湛的修养,只是在接触到了西洋文明后,他将这些传统的东方思想归入了负资产的范畴。第二是表现为"洋学"的西方近代知识。福泽 20 岁时进入当时著名的兰学家绪方洪庵开设在大阪的"适塾",在这里接触到了荷兰语的文献和近代西方的理化学科。1858 年他来到江户游学,在已经开埠的横滨直接邂逅了欧美文明,始知荷兰业已陨落,如今的世界通用英语,乃发奋自学英文,以求一窥外部的世界。其时日本已与主要的欧美国家签订了通商条约,国门已完全打开。1860 年 2 月,他作为随员乘坐日本第一艘横渡太平洋的轮船"咸临丸"前往美国,福泽也成了近代第一批游历西方的日本人,在美国待了四个月之久,直接感受了西方近代文明的实相。1862 年又去欧洲游学,历时一年,行踪遍及英、法、德、俄、荷兰、葡萄牙诸国,考察了欧洲的银行、邮政、议会、法院及工厂等,在伦敦恰逢世博会,集中见识了西方文明的成果。1867 年 2 月,再度访问欧洲,由此服膺西方的精神文明和物质文明,1866 年撰写的《西洋事情》,差不多是第一本向日本读者全面介绍西洋文明的书籍,以后又将美国的《独立宣言》译成日文刊发在杂志上,1875 年刊行的《文明论之概略》,正式奠定了他作为近代日本最重要的启蒙思想家的地位,也成了明治日本的主要精神脉络之一。因此,福泽主要是从文明论的视角来看待甲午战争的,或者说在此之前他就以此为视角来观察和思考中国和朝鲜的问题,1882 年他自己创刊的《时事新报》是他言论发表的主要媒介。

福泽谕吉根据自己的文明论,将欧美诸国列在文明世界的范畴,而当时的日本已进入了开化的大门,中国和朝鲜等则属于未开化的国度。根据他自己在欧美的体验,他觉得昔日的东方文明完全不足以与当今的西方文明相提并论,他甚至觉得以儒学为核心的思想遗产是一种病态的历史因袭,对于东亚国家的现代文明进程起着阻碍的作用,他认为"古代的

---

① 《福翁自传》,东京讲谈社 1981 年,第 16—17 页。

儒教主义已不适合当今的时代",要予以摈弃。① 在 1884 年 6—8 月间的中法战争中,中国又被法国击溃,福泽谕吉认为这是中国传统文明落伍的表现,"支那人迟钝,对于(西洋)文明一无所知,近来虽有少许采用西洋之物,但仅止于其器之利用,对文明之主义如何则不加考问",如此,"则对其进步已无法期望"。"对支那人已无法指望其开化。人民不开化,即便与之为敌亦不足惧,与之为友则于精神上无利。既知其无利,就当勉力与之疏远而防止与其同流混淆,双方的交往仅可止于商业买卖,而当禁绝一切知识上的往来。"②1884 年 12 月,由日本方面培植的朝鲜"开化派"领袖金玉均(1851—1894)等在日本势力的支持下发动推翻闵妃(韩国现称"明成皇后")统治的政变(史称"甲申之变"),因中国方面的武力干预而导致失败,这使得福泽谕吉在感到愤懑的同时,对中国和朝鲜的"开化"已经彻底绝望,于是发表了引起后人瞩目的《脱亚论》,他在文中宣称:

> 我日本的国土虽位于亚细亚的东边,但其国民之精神已脱离了亚细亚的固陋而转往西洋之文明。然而不幸的是,在近邻有两个国家,一曰支那,一曰朝鲜……此两国于本身及本国均不知改进,在交通极为便利的当今世界,对于外界的文明即便不是充耳不闻,但其所见所闻依然不足以动其心,其对古风旧俗的恋恋之情与百千年之往昔无异。……辅车唇齿乃是邻国相助之喻,然今之支那、朝鲜于我日本国不啻无丝毫之帮助,且在西洋文明人看来,因三国地理相接之故,有时会对三国同样看待……此真可谓我日本国之一大不幸。为今日之谋,我国与其等待邻国的开明来与其共同振兴亚细亚,不如与此脱离而与西洋文明国家共进退,对待支那、朝鲜亦不必因其为邻国而予以特别的顾虑,只须依照西洋人之做法即可。与恶友亲昵难免共蒙恶名。我等应从内心谢绝此等亚细亚东方的恶友。③

甲申政变失败后,金玉均等逃亡日本,后被诱引至上海,1894 年 3 月

---

① 福泽谕吉:《儒教主義》,《時事新報》1883 年 11 月 19—21 日。《福沢諭吉全集》第 9 卷,东京岩波書店 1960 年,第 273 页。本文的引文均由笔者译自日文原文。

② 福泽谕吉:《支那風ひんせきすべシ》,《時事新報》1884 年 9 月 27 日,《福沢諭吉全集》第 10 卷,东京岩波書店 1960 年,第 49—51 页。

③ 福泽谕吉:《脱亜論》,《時事新報》1885 年 3 月 16 日,《福沢諭吉全集》第 10 卷,东京岩波書店 1960 年,第 239—240 页。

遭闵妃派遣的朝鲜刺客暗杀,遗体由中国军舰咸靖号运至朝鲜,后遗体遭凌迟之刑,这又激起了以福泽谕吉为首的主流舆论的愤怒和抨击,也加深了一般日本民众对于中国和朝鲜的憎恶。而就在此时,朝鲜发生了东学党之乱,朝鲜政府向中国求援,于是中国出兵进驻牙山一带,并根据《天津条约》通报了日本。不久内乱渐趋平息,然而日本仍以保护侨民为借口出兵朝鲜,并且以武力包围朝鲜王宫,强行要求朝鲜开启内政改革。对日本政府的这一有些蛮横的做法,福泽从文明开化的角度明确予以支持:"我国应该利用这次机会,引导朝鲜人来推进该国的文明事业,着手电信的架设,铁道的铺设,于邮政、警察、财政、兵制诸领域开展一般的组织改良,与文明开化的事业一起,在世界上保持一个独立国家的体面。"①因此,"日本兵驻扎在该地,不只是为了保护(日本)人民,也是促进朝鲜文明进步的必要处置"。"日本的目的,就是让朝鲜摆脱支那的羁绊,改良其国事,建立其独立的基础。"②这里所谓的朝鲜独立的主张,乃是日本否定其历史上为中国的属国地位、试图将其从传统的华夷秩序中剥离出来并置于自己的势力范围的一种托词。数年之后,日本在驱赶了中国的势力并成功阻遏了俄国势力的南下之后,索性蛮横地吞并了韩国(朝鲜王国在1897年改名为大韩帝国),此时再来检视一下当年日本主张朝鲜独立的言论,就可知其真心所在了。

7月25日,日本海军在丰岛附近的海面对中国舰队发起攻击,甲午战争由此爆发。福泽立即表明了他对这场战争的看法:

> 战争本身虽然发生于日清两国之间,探其根源,则是谋取文明开化的进步一方,与阻碍其进步的一方之间的战斗,绝非简单的两国之争,日本人原本对支那并无私怨,并无敌意……无奈他们顽冥不化,不解普通的道理,目睹文明开化的进步不仅不感到欣悦,反而要阻碍其进步,蛮横地表现了对我反抗之意,无奈之下才有如今之举。日本人眼中并无支那人支那国,只是出于世界文明进步的目的,要打倒反对这一目的并对此加以阻碍的力量。因此这场战争并非是人与人、

---

① 福沢諭吉:《日本兵容易に撤去すべからず》,1894年6月,《福沢諭吉全集》第14卷,东京岩波书店1960年,第415页。

② 福沢諭吉:《朝鲜の独立》,1894年9月,《福沢諭吉全集》第14卷,东京岩波书店1960年,第580页。

国与国之间的事,可将此视为一种宗教之争。……倘若支那人能从这次的失败中醒悟到应该对宏大的文明势力抱有畏惧之念,自己痛改前非,那么就可一扫四百余州上的腐云败雾,仰望文明日新的余光,若如此,就不会在意物质上的一些损失,反而会对文明引导者的日本人感恩戴德,行三叩九拜之礼。①

文明论无疑是福泽谕吉的一个思想中枢,文明论主导了他对这场战争的态度,他不无得意地认为:"呜呼,我日本及早摆脱了支那流的陋习,依据文明开化的新精神,百事一新,修文讲武,上下合作追求国权的扩张……如今日本已成了东亚文明的先导者。"②因此他认为:"这次的战争虽说是日清两国之争,但实际上却是一场文明与野蛮、光明与黑暗之间的战斗,其胜败如何,关系到文明日新的前途。"③出于这样的逻辑,他毫不掩饰地说:"让文明的势力风靡(中华)四百余州,让文明日新的余光照耀四亿人民,如此,我国军队务必要长驱直入,直捣首都北京,扼其咽喉,使其立即降服在文明的军门之下。我日本并非好战,乃是世界文明大势委任日本来行使天职,战争乃是不得已的处置。衷心期望我辈尽早让太阳旗在北京城的晨风中飘扬,让四百余州皆沐浴到文明的光芒。"④在福泽谕吉膜拜西方文明的逻辑中,武力的行使和武力的扩张也是文明传播的必要手段,因此在福泽的笔下,日本人以武力为背景的对外扩张甚至侵略,都成了传播文明的正义之举了,这不得不说是对文明本身的绝大讽刺。然而,福泽对这场战争的定位,却极大地影响了一般日本民众的思维,福泽自己捐出一万日元(约相当于当时一般日本人月薪的一千倍)来支持这场战争,并竭力鼓动民众踊跃献金,而整个日本民族也陷入了战争的狂潮中。

确实,福泽在信奉文明论的同时,也是一个坚定的国家主义者。他很

① 福沢諭吉:《日清の戦争は文野の戦争なり》,1894 年 7 月,《福沢諭吉全集》第 14 卷,东京岩波书店 1960 年,第 491—492 页。
② 福沢諭吉:《私金義献に就て》,1894 年 8 月,《福沢諭吉全集》第 14 卷,东京岩波书店 1960 年,第 514—515 页。
③ 福沢諭吉:《直に北京を衝く可し》,1894 年 8 月,《福沢諭吉全集》第 14 卷,东京岩波书店 1960 年,第 500 页。
④ 福沢諭吉:《直に北京を衝く可し》,1894 年 8 月,《福沢諭吉全集》第 14 卷,东京岩波书店 1960 年,第 501 页。

清楚近两千年来中国文明对日本的巨大影响,然而当他服膺了西洋文明之后,他已经视传统的中国文明为敝屣,甚至将近邻中国的存在视为一种旧势力的压迫和障碍,从他日后的言论中可看出,他私下支持的金玉均的政变失败以及最后的被杀,已经充分激起了他对中国的"私怨"和"敌意",因此当日军在中国前线频频传来捷报时,他感到了一种畅快淋漓的扬眉吐气:"这次将多年来蔑视邻国旁若无人趾高气扬的老耄国进行了痛快的打击,使其低头谢罪,实在是一大快事。"①福泽虽是书生出身,却并无书生的迂阔,日本的国家利益,才是他最终的价值指向。战争开始时,他虽然说了一通文明论的大道理,一旦当日本已经稳操胜券时,他的论调就变得非常实际了:"今日的世界就是一个强调利欲的世界,尤其是国与国的交往,几乎没有人会在意德、义、名誉,要立国,就只顾本国的利益,不仅无暇去关心别国的利害,一旦有机可乘还会以自己的腕力去博取利益。在这尔虞我诈的世界中,若有某一方还在固守仁义,高唱我只要仁义之师的美誉其他都无所谓,那就无异于一个温良恭俭的君子加入到贩夫走卒的饭桌上一般,端坐在一隅却还在谦让别人。……日本人的本色并非清静寡欲。之所以会干涉朝鲜的内政,既非出于侠义,也非出于厚谊,完全是在谋自己的利益,海内外人士切勿误解。"②在控制朝鲜、获取巨额赔偿金、割让领土诸方面,福泽主张不可有丝毫的退让:"开战以来我军人牺牲了生命与敌人战斗,一般的国民不惜肩负巨大的负担来为国尽忠,才获得了如今的结果,因此我国提出的条件,即日本人以生命和鲜血换来的东西,一步都不可谦让。"③

在战争初期,福泽一直以一个文明论者的姿态出现,强调日本开战的目的在于引导邻国走向文明的世界,强调日本战争行为的正义性,一旦等日本获得胜利后,就竭力主张日本获取利益的正当性,他虽以民间人士的面貌出现,在本质上却与官方的立场达到了惊人的一致,并在相当的程度上主导了日本社会的舆论。

---

① 福沢諭吉:《戦勝の大利益》,1895 年 1 月,《福沢諭吉全集》第 15 卷,东京岩波书店 1960 年,第 16 页。
② 福沢諭吉:《義侠に非ず自利の為めなり》,1895 年 3 月,《福沢諭吉全集》第 15 卷,东京岩波书店 1960 年,第 95—96 页。
③ 福沢諭吉:《諾否の二字あるのみ》,1895 年 4 月,《福沢諭吉全集》第 15 卷,东京岩波书店 1960 年,第 130 页。

二　内村鉴三对甲午战争的认识

在战争时期,曾对社会舆论发生重大影响的另一个日本知识人是内村鉴三。内村在日本主要是作为基督教思想家而广为人所知晓。孩童时期曾师从父亲学习过儒学,后来的知识背景,几乎都是西方的世界,12岁时从家乡来到东京,进入有马学校英语科学习,一年后转入东京外国语学校,与后来用英文撰写了《武士道》的新渡户稻造是同学和密友。这一时期内村第一次接触到了英文版的《圣经》。他原本可直升东京大学的,但却选择了远在北海道、且建校不久的札幌农学校(北海道大学的前身),因为有官费补助。札幌农学校的教员大部分来自美国,课程基本上都用英语教授,教务长克拉拉是一位对明治时期的日本青年影响深远的教育家,同时也是一位虔诚的传教士,内村因此成了一名基督徒,并在1878年正式接受了卫理公会派的洗礼,且成绩优异。毕业后两年去了美国,在马萨诸塞州的阿玛斯特大学和哈特福特神学校留学,三年后回到日本,在好几所学校任过教。由于自小学习英语,这时候的内村已经习惯了用英语思维和写作,他后来的许多代表作(如《我怎么成了基督徒》、《代表性的日本人》等)都是用英文撰写的。他在日本最早的出名,缘于一起轰动全国的"不敬事件",时在1891年初,他在东京第一高等中学担任舍监,其时以天皇的名义颁发的、倡导忠孝爱悌思想的《教育敕语》颁布不久,某日该校举行奉读仪式,所有的教员和学生都要对有天皇署名的敕语文本行九十度的鞠躬礼,而内村依据基督教的教规竟然未行鞠躬礼便退下讲坛,此事被视为大不敬,一时舆论哗然,内村也因而失去教职。

内村与福泽在人生上虽然没有什么交汇点,但其基本的人生观和世界观也是以文明论作为支撑点的。在中日交战的前夜,他在《国民新闻》上发表了《日中关系》一文,以文明论(也夹杂着部分的进化论)的观点考察了当时的中日两个国家在近代文明史上的定位:"日中两国的关系是代表了新文明的小国和代表了旧文明的大国之间的关系。"①他以两千多年前希腊与波斯的战争为例,将日本视为城邦国家希腊,虽然力量较弱,

---

① 内村鑑三:《日支の関係》,1894年7月,《内村鑑三全集》第3卷,东京岩波书店1983年,第73页。

却是代表了新兴的文明,最终战胜了体积庞大的波斯帝国。他认为"旧的因为其大,往往就轻侮新的,而小的因为其新,往往就厌恶旧的",最后"促进进步的往往获胜,而阻碍进步的,往往失败"。①

战争爆发后,他先在《国民新闻》上发表了《以世界历史来看日中关系》,继而又用英文在 8 月 23 日的《国民之友》上发表了《日清战争之义》(Justification of the Corean War),十天之后,他自己将其译成了日文,发表在 9 月 3 日的《国民之友》上。

在这篇文章中,内村开宗明义地主张:"吾人相信,此次的日清战争对于吾人而言,实在是一次义战。其义不仅是法律上的义,也是伦理上的义。"②内村何以会如此认为? 因为他觉得日本代表了新兴文明,而中国则是老旧文明的代表:"战争是吾人最该避免的,非战争是吾人自始至终的政略,然而在过去的二十余年间,支那对我国的狂妄无礼,几达忍无可忍的地步。……明治十五年以后,支那对我邦的行为如何? 对于朝鲜动辄干涉内政,阻碍我国对朝鲜的和平政策,当面对我国大加凌辱,我国要帮助朝鲜打开国门而他们却要紧闭国门,将满洲的制度强加在朝鲜身上,欲永久维持彼此的宗属关系,支那自己已是世界上的保守落后国家,还要朝鲜来仿效它,力图违逆世界的进步潮流……因此,支那是国际交往规则的破坏者,人性的敌害,野蛮主义的保护者,支那不能免于惩罚。……(支那以自己的大国地位将弱国朝鲜玩弄于股掌之中,使其永远地依赖自己)察之于世界外交史,吾人尚未遇见过如此卑劣的政略,这犹如娼家残虐的主人对可怜无助的少女经常施行的手段一样,欲残暴地将一千五百万人(指朝鲜当时的人口——引者)长久地置于无知无防的地位,以满足这世界上最大的退步国家的嫉妒心。这实在是热爱自由尊重人权的人们一日也无法忍耐的。吾人觉得很奇怪,为何对此等的积恶发出谴责之声的只有我们日本人? 为何那些标榜基督教国家的欧美诸国不在我们之前将这世界大患从地球上排除出去?"③有世界舆论批评日本说,日本与中国一样也没有干涉朝鲜的权利,日本的出兵与中国一样也应该受到谴责,且是因日本的行为导致了和平的破裂。内村对此提出了三点反驳意

---

① 内村鑑三:《日支の関係》,1894 年 7 月,《内村鑑三全集》第 3 卷,东京岩波書店 1983 年,第 73 页。

② 内村鑑三:《日清戦争の義》,《内村鑑三全集》第 3 卷,东京岩波書店 1983 年,第 105 页。

③ 内村鑑三:《日清戦争の義》,《内村鑑三全集》第 3 卷,东京岩波書店 1983 年,第 105—107 页。

见:(1)干涉本身并非坏事,日本是在邻人受到强盗欺凌时毅然伸出援手,使其脱离于苦难;(2)日本出兵是依据《天津条约》行事,中国政府一再出尔反尔,出兵乃是正当防卫;(3)丰岛海战究竟谁先开炮尚无定论,我们相信是中方先开炮①。如今证之于历史事实,可知内村的三点理由完全只是出于一个书生的幼稚想象。令人有些惊愕的是,信奉忍让和平的基督教教义的内村,竟然会发出如此偏激的言论:"向世界贡献了孔子的支那,如今已不知圣人之道,文明国家对于如此不实不信的国民采取的唯一途径,就是铁血之道,以铁血来求得正义。"②这令他的传记作家也不得不由衷地感慨道,他的"义战论","近于消灭异端的十字军的狂热"。"这样的观点,使我们认识到,当时的日本是在怎样偏狭、排外的国家主义的裹挟下行动的,日本人对欧美先进国家是抱着怎样深切的劣等意识而拼命地努力吸收他们的文明,鉴三的文章也未免太过于直接、过于理想、过于乐观了。"③

1894年10月初,在日本获胜几近定局的时候,内村又在《国民之友》上发表了《日清战争的目的是什么?》。在这篇长文中,内村展开了与此前稍有些不同的见解。他将这场战争的目的归结为三点:(1)为确保朝鲜的独立;(2)惩戒中国使其今后无法抬头;(3)将文化播及东亚,谋求永久和平。而在具体的展开中,内村阐述了如下的观点:

> 支那的兴废严重关系到东亚的安危,此无需赘言。东亚若要作为东亚在世界上展现出它的地位和价值的话,支那的独立就与日本的独立同等的重要,在支那成为吾人大敌的眼下说这样的话,恐怕会遭人嫌恶,但支那是吾人的邻邦,相较于欧美人,吾人对他们更感到亲密,这点吾人须臾不可忘却。支那的安危关系到吾人的安危,若支那归于颓败,必然会祸及吾人,那些认为只有支那衰亡后日本才可崛起的人,是世界上心灵最为黑暗的人。东亚的和平来自于唤醒支那,支那的勃兴与朝鲜的独立、日本的进步一样,都是东亚和平的保障。……在东亚传播文化并谋求其永久的和平与进步,乃是吾人的

---

① 内村鑑三:《日清戦争の義》,《内村鑑三全集》第3卷,东京岩波書店1983年,第107—109页。
② 内村鑑三:《日清戦争の義》,《内村鑑三全集》第3卷,东京岩波書店1983年,第109页。
③ 小原信:《評伝　内村鑑三》,中央公論社1976年,第230、232页。

目的所在。东亚的和平来自于唤醒和激活支那,这实在是此次日清战争的最大目的。①

这样的观点与福泽谕吉的脱亚论显然是相抵牾的,它更具有一种亚洲连带意识,与明治时期的另一主流思潮"亚洲主义"有异曲同工之趣。从这一立场出发,他从未像福泽那样主张从中国赔款割地,事实上,随着内村基督教和平思想的逐渐成熟,他的国家主义理念也在逐渐淡化。1904 年 2 月,为争夺在朝鲜和中国东北的权益,日俄两国在中国的旅顺等地爆发了激烈的战争,此时内村顶着甚嚣尘上的主战舆论,在自己主办的《圣经研究》上接连发表了《一个非战主义者在战时的态度》、《近时的非战论》等文章,谴责战争的杀戮行为:"战争不是游戏,此乃国家的大患难,因此,最忠于国家的人不是战争的鼓动者人,而是战争的制止者。"②从而完成了向基督教非战主义的彻底蜕变。

三 亚洲主义者荒尾精的中国体验和中国认知

荒尾精,③幼名一太郎,又名义行,晚年号东方斋,1859 年 4 月 10 日出生于现在的名古屋市西区台所町。其父亲是一名下级武士,明治以后失去俸禄,不得已而经商,明治四五年间举家来到东京,因生意不振,家计几乎陷入困境,于是就将荒尾精托付给居住在同一街区的时任麴町警察署警部的菅井诚美(后来出任枥木县的知事)收养。菅井将荒尾及其他两名寄居在家中的学童一起送入一家教授汉文、英语和数学的私立学校上学。荒尾对中国的兴趣和关切,即产生于此后不久的一个时期。

据菅井日后的回忆,在征韩论比较高涨的一段日子(应该在 1871—1872 年间),当时在陆海军供职的一些友人经常集聚在菅井宅邸纵论东

① 内村鑑三:《日清戦争の目的如何》,《内村鑑三全集》第 3 卷,东京岩波书店 1983 年,第 142—143 页。
② 内村鑑三:《戦時期における非戦主義者の態度章》,《内村鑑三全集》第 12 卷,东京岩波书店 1983 年,第 153 页。
③ 有关荒尾精的生平以及与中国有关的活动,本章主要参考了井上雅二著《巨人荒尾精》(左久良书房 1910 年),对支功劳者传记编纂会编《对支回顾录》(下)"荒尾精传"(东亚同文会 1936 年),黑龙会编纂《东亚先觉志士记传》(上)第 21 章"荒尾精と根津一"(黑龙会出版部 1933 年),村上武著《荒尾精略历及び解说》(靖亚神社先觉志士资料出版会 1989 年)等。

亚大事,慷慨激昂的谈论也感染了在一旁坐听的荒尾和其他两名少年,他们向菅井询问,若以后要图谋发展,当研究哪种学问?菅井答曰,德国、英国、法国、清国的学问最为重要。荒尾听罢,肃然回答说,那我就研究清国的历史,探讨其治乱兴旺的事迹,以古今豪杰的成败为鉴,以求将来对该国可以贡献若干意见。①

当时正值明治维新初期,西洋文明受到了日本上下的普遍关注,荒尾被送入了东京外国语学校学习法语,同时又师从当时著名的汉学家芳野金陵(1802—1878)研习汉诗汉文,并修习剑术。1878 年,荒尾向菅井表示,在外国语学校难以达成自己平生的志向,希望能练习兵术,日后成为一名军人,同时研习清国状况,也许可以获得前往清国的机会。

1878 年夏,荒尾进入了培养下级军官的陆军教导团,研修炮兵科。翌年毕业后,被任命为陆军军曹,被派往大阪镇台,②任半小队长。1880 年,荒尾被选送进陆军士官学校,研修步兵科。在此期间,荒尾表现出了领袖的才干,除了攻读军事技术外,在他周边集聚了 20 余名青年,名为"靖献派",每逢节假日,必定集聚在学校附近的一所名曰宗泰院的佛寺内,研读《孙子》、《武教要录》、《义士铭铭传》等,彼此砥砺切磋,以求未来一展宏图。在士官学校期间,他结识了根津一(1860—1926),引为莫逆之交。根津一,1860 年出生于山梨县,自幼跟随当汉方医的伯父读书习字,1876 年至横滨,入横滨师范学校读书,翌年入陆军教导团炮兵第一大队,1879 年进入士官学校,短期服役之后于 1885 年进入陆军大学校学习,并升任炮兵中尉。③

明治中期,日本在获取了琉球群岛并进而向朝鲜半岛扩张的时候,已明显感到了中国的巨大存在,1879 年桂太郎提议向中国派遣军部留学生,即出于这样的背景。荒尾精也试图在中国大陆一展身手,为自己和日本的将来谋取更大的利益。他再度向菅井表示,准备辞去军职,自行前往

①　对支功劳者传记编纂会:《对支回顾录》(下)"荒尾精传",东京东亚同文会 1936 年,第 461—462 页。

②　镇台为日本明治前期陆军军事机构的名称,1873 年设仙台、东京、名古屋、大阪、广岛、熊本 6 个镇台,1888 年废除,改为师团制。

③　有关根津一的生平部分,主要参考了东亚同文书院沪友同窗会编《山洲根津先生传》(根津先生传记编纂部 1930 年)、对支功劳者传记编纂会编《对支回顾录》(下)"根津一传"(东亚同文会 1936 年)。

中国。菅井认为他尚需修炼数年,待掌握了操纵大兵的战术后再去不迟。荒尾不得不暂时压抑了这样的愿望。其时,远渡欧美蔚然成风,中国的地位在一般日本人的眼中正日趋低落。一日,某公惊讶地询问荒尾欲往中国何干,荒尾笑答,将其取之后加以治理,进而振兴东亚。①

1883年士官学校毕业后他作为步兵第十三联队附被派往九州南部的熊本驻屯,结识了在熊本镇台教中文的御幡雅文(1859—1912)。御幡雅文少年时即跟从长崎华侨郑永宁学习汉语,1879年作为陆军留学生被派往北京留学,四年后回国,不仅精通汉诗汉文,且北京官话也十分流利,对于中国的现状甚为熟稔,荒尾与其共住一处,旦夕跟从其学习中文,进步甚快,并从中获悉许多中国情况,同时研读王阳明的《传习录》等,以知行合一的精神来激励自己。由此他期望到中国去一展身手的意愿越加强烈,他在给东京友人的信函中再次表露了这样的心迹:

> 禹域距此仅一衣带水。然现今此身犹如笼中之鸟,无法高飞,唯四百余州时时在余梦中萦绕。呜呼,余辞别东京已有两度星霜。东亚大势时时刻刻愈益严峻。何日可得一展宏志! 余宁可决然掷弃官职而乘槎西渡。②

1885年春,荒尾转任参谋本部支那部附。③ 一年以后,1886年3月,荒尾以现役军人的身份被派往中国,实际的使命是在中国做实地调查,收集情报。荒尾首先坐船航行至上海,会晤了在上海开设了销售眼药水和杂物书刊的店铺"乐善堂"的店主岸田吟香(1833—1905)。岸田吟香可谓是日本国门打开后最早来中国的日本人之一,为日本著名的报人,1866年9月为排印《和英词林集成》,随美国人平文(J.C.Hepburn)初次来上海,以后在上海长期居住,1880年3月,在上海英租界河南路开设了以销售自制的眼药水为主的店铺"乐善堂"支店(总店在东京银座),以此营

---

① 对支功劳者传记编纂会:《对支回顾录》(下)"荒尾精传",东京东亚同文会1936年,第463页。
② 对支功劳者传记编纂会:《对支回顾录》(下)"荒尾精传",东京东亚同文会1936年,第464页。
③ 有关荒尾精的传记大抵均如此记述(也有称支那课者),但据大江志乃夫所著《日本的参谋本部》(中央公论社1985年)一书,当时的日本参谋本部所设置的机构,主要为管东、管西两局和总务课,附属诸课有地图课、编纂课、翻译课、测量课、文库课,并无支那部或支那课的设置。1882年增设海防局,海防局下有否支那部或支那课,暂时不详。但上述诸课,负有调查国外(当时主要是俄国)地理政志的任务,对于中国的调查,主要局限于沿海地区(据该书第35—36页)。

生。岸田博学多才，风流倜傥，与江南一带的文人墨客频频诗文唱和，有雅士之风。但实际上他与在上海的日本外交机构关系密切，与军部也有些关联，思想上属于亚洲主义者一流。荒尾抵达中国后之所以立即造访他，一方面是在思想上比较同道，另一方面也希冀获得他的指点和援助。经商议，荒尾决定前往位于长江中游、扼守南北要道的武汉发展事业。岸田允准他在武汉开设"乐善堂"支店，商品物资他都会供给。于是荒尾在汉口江岸的街上开设了"乐善堂"，名义上是经商，实际的工作却是调查情报。

荒尾通过各种途径将活跃于上海、天津一带的所谓"大陆浪人"、"海外志士"召集到了武汉，成员主要有井深彦太郎、宗方小太郎、高桥谦、中西正树、浦敬一、岩手三郎、广冈安太等20余人，以后又以武汉为本部，分别在北京、湖南、四川设立了支部，每个支部分派三到四个成员。这一组织的宗旨是"为世界人类的利益，第一要务为改造支那"。① 为此，荒尾拟定了可视作组织细则和工作纲领的"心得书"，总则有七条，并将各成员的工作分为外员和内员，内员主要从事内务和调查报告的编纂整理，外员则前往各地做实地勘探调查，其足迹东北抵达满洲、渤海沿岸，西北至陕、甘、内蒙古乃至新疆伊犁，往南则涉足两广、云贵，至于两湖、两江等地则更是其调查的重点。这些成员穿戴当时中国人的服饰衣冠，貌似行脚商人，除舟船之外，更多的是徒步跋涉，往往风餐露宿，备尝艰难。调查的对象，为各地的山川形势、关塞要冲、风土气候、人情风俗、农工商的现状、水路物资的多寡、金融运输交通的大要等，如是者三年，积累了大量的第一手资料，以用于日后日本对中国的所谓"改造"。其中有两人在前往云贵和伊犁的途中失踪。

在中国待了三年后，荒尾于1889年4月回到了日本，并在5月向当局递交了洋洋数万字的《复命书》，详述中国的现状和日本对中国的对策（具体在下一节展开）。以荒尾在中国三年的体验和观察，他觉得当前比较有实践意义的是大规模地展开中日之间的贸易，以贸易促进彼此的经济，并进而带动彼此（当然首先是日本）国力的强盛，这方面，欧美早已先行一步，在中国获得了巨大的利益，日本不能痛失渔利。因此，他意欲建

---

① 黑龙会:《东亚先觉志士记传》(上)，黑龙会出版部1933年，第346页。

立日清贸易协会来拓展两国间的贸易,作为其重要的一步,是在上海设立培养从事日中贸易人才和研究日中贸易实况的日清贸易研究所。为此,必须要获得日本当局的支持。于是荒尾竭力游说当时的总理大臣黑山清隆、农商务大臣松方正义等,大抵获得了上层的赞同,以后由于内阁更迭,一时财政失去了支撑,后来屡经周折,终于获得了 4 万日元的资助。与此同时,荒尾在全国各地演讲鼓动,招募学生,结果有 500 余人报名,经过体检等筛选,最后录用了 150 名。

1890 年 9 月 3 日,荒尾率领学生及研究所教职员、日清贸易商会的高管等共 200 人左右乘坐横滨丸轮船从横滨出发前往上海,经过高桥谦等武汉"乐善堂"成员的前期准备,在上海英租界大马路泥城桥附近(应该是现今西藏路桥南侧一带)租赁中国人的民房用作研究所的场地,9 月 20 日正式举行了开办仪式,荒尾自任所长。第一年开设的课程有"清语学(汉语)"、"英语学"、"商业地理"、"支那商业史"、"簿记学"、"经济学"、"法律学"等,教师多为日本人,也延请英国人和中国人担任相关科目。① 为筹措资金,荒尾一时返回日本,请在武汉"乐善堂"的根津一来代理所长一职。由于经费窘迫和因水土不服导致多人患病,1891 年 2 月,有 30 名学生退学回国。因经费困难,开办一期之后就难以为继,研究所在 1893 年 6 月举行学生的毕业典礼,89 人获得了毕业证书。作为研究所的替代,由大阪商人冈崎荣三郎出资在上海开设"日清商品陈列所",几乎所有的毕业生都移至陈列所实习。1894 年 8 月,中日甲午战争爆发,这批实习生集体乘坐英国轮船返回日本。荒尾与根津一鼓动他们与军部合作,为国效劳,于是他们在真正从事日中贸易之前,纷纷参军入伍,以在中国习得的汉语和相关知识,为日本军队攻打中国服务。

这里需要提及的是日清贸易研究所编纂的《清国通商大全》一书,出版于 1892 年 8 月。具体的编纂人是在上海任代理所长的根津一,但实际的策划人和指导者是荒尾,所使用的材料,绝大部分来自于武汉"乐善堂"成员三年的实地勘察报告,也有一部分为研究所师生在上海收集补充所得的资料。全书共三大册,总计 2324 页。内容涵盖了中国当时的地

---

① 此处据大学史编纂委员会编:《東亞同文書院大學史》,社团法人沪友会 1982 年发行(非卖品),第 31 页。

理概况、历史、政治运作体系、各地的产出和风俗、交通运输、金融、货币、度量衡等，极为庞杂而丰富，今日看来，依然留存了许多非常宝贵的第一手资料，除了井上陈政（1862—1900）撰写的、1888 年由日本大藏省刊行的《禹域通纂》之外，这是一部近代日本早期完成的研究介绍中国最为详尽的大著。

自中国归来后，荒尾于 1894 年 9 月底起隐居于京都，潜心撰写了《对清意见》一著，发表他对中日战争的看法，于同年 10 月刊行。出版后立即招来众人的訾议，于是他又撰写了《对清辩妄》，对自己的观点进行辩解和展开，于 1895 年 3 月刊行。荒尾去世后，在根津一的资料中发现了荒尾《对媾和缔盟之鄙见》的手稿，从内容上看，估计写于《对清辩妄》的前后。

甲午战争结束后，荒尾试图再次兴建"东方通商协会"，大抵获得了朝野的支持之后，于 1896 年 1 月再度前往上海，图谋获得中国方面的合作。9 月初他又前往割让给日本不久的台湾，继续推行他的主张，10 月 30 日，因在当地患上了黑死病而病逝。

荒尾精对于中国的认识，主要基于他本人长期的中国体验和"乐善堂"成员的各种实地调查报告，而他屡次提出的有关日本对中国的政策建言，则基于他的中国认识和亚洲主义的意识。这些认识和政策建言，主要体现在他 1889 年回国后的《复命书》、1894—1895 年间的《对清意见》、《对清辩妄》和手稿《对媾和缔盟之鄙见》、由其策划的《清国通商全书》以及在各地的演讲稿、信函中。本节依据上述文献，对此进行梳理和分析。

《复命书》分成六个部分，分别是"清国的庙谟"、"内治的腐败"、"人物"、"兵事"、"欧洲四大强国的对清政策"、"我国的对清政策[1]"。荒尾在文中首先揭示了对于一般日本人而言较为陌生的洋务运动开始后中国在一定程度上所出现的新气象："近来支那国势正稳步向前发展，呈鸷鸟磨砺其爪欲试一搏之势。"[2]文中认为，以曾国藩、左宗棠、李鸿章一脉为

---

[1] 战前发表的各种文本中，当局出于机密的考虑，第六部分的题目为六个空格，根据村上武的考证，该空格应为日文"我国の对清策"，笔者依据这一见解。

[2] 荒尾精：《复命书》。对支功劳者传记编纂会编《对支回顾录》（下）第 471 页"荒尾精传"中全文附录了此《复命书》。

主导的洋务运动,已给中国带来了变革:

> 尔来锐意向边备倾注全力,其设施各地皆有可观者。举其大者,频频购求军舰,建筑炮台,训练军队,又延聘泰西教师在天津、北京开设海陆军士官学校,在天津、上海、福建等地兴办造船所,并兴办电信学校,生徒常有二三百人,修读洋语、算数、理化,各地又设分局,各有学生二三十名,专门培养技师。又在天津、济南、上海、南京、福州、广东、四川、甘肃等地开建机器制造所,制作枪炮、弹药、刀剑等武器。……沿海一带及长江全岸,均已布设电线。……其海军之强,殆可雄视东洋。①

但在中国身居三年的荒尾非常清楚晚清中国的实状。他指出:

> 窃观清国内治之现状,已承二百余年之积弊,上下已达腐败之极,纲纪松弛,官吏逞私,祖宗建国之基础亦几近倾颓。……犹如积年之痼疾,已陷全身麻痹,肢体无法活动,仅以姑息疗法,只可防其脓溃而已。若不立即施行断然之处法,日后即便扁鹊再世恐亦无可救药。②

荒尾认为,中国最大的积弊,在于中央政府和各级吏治的腐败,朝廷中枢,满汉两族互相猜疑牵制,却罔顾民众之疾苦,而各地贿赂公行,政府权威日益低落,直接导致的后果便是税源的枯竭和财政的危机,即使勉力开设了新兴产业,也因中间贪官污吏的层层盘剥而导致效果大减。"其弊如此,令人难以指望其事业之旺盛。"③

就兵备而言,虽然武器已稍有改进,但兵法依然因循守旧,不改祖宗之法。军官上下,大都年迈,文盲者比比皆是,浑浑噩噩,不学无术,更遑论新式战术。而清国军纪之紊乱,更为世人所熟知,士兵中吸食鸦片者亦非罕见,于内地尤甚,往往占其总数三分之二以上。

---

① 荒尾精:《复命书》。对支功劳者传记编纂会编《对支回顾录》(下)"荒尾精传"第472—473页中全文附录了此《复命书》。
② 荒尾精:《复命书》。对支功劳者传记编纂会编:《对支回顾录》(下),东京东亚同文会1936年版,第476页。
③ 荒尾精:《复命书》。对支功劳者传记编纂会编:《对支回顾录》(下),东京东亚同文会1936年版,第479页。

在分析了英、法、德、俄四国对中国蚕食侵吞的行径和策略之后，荒尾在最后的"我国的对清政策"一章中认为：

> 就清国地势而言，与我国不仅呈唇齿相保、辅车相依之势，且土地广大，富源丰饶，据亚细亚之中原，保有此，则足以在亚细亚称霸。若振兴清国，则足以制衡欧洲。故将来我国欲与欧洲对峙，若进而与其争衡，则非与清国形势结合不可；若退而防止欧洲之侵取以保国，亦非利用清国之地势不可。若清国一旦为他国所制，则我国形势亦岌岌可危，进而不得，退而不能，即我国亦将消亡也。故清国之忧，即我国之忧，此非手足之疾，实乃心腹之疾也。①

针对福泽谕吉"脱亚论"者的"我国只需自保安宁推进文明、以此与欧美诸国加厚交谊即可也"的观点，荒尾认为："盖邻国犹如邻人然，与我无利者必难以无害。其国之盛衰得失，皆间接直接与我相关。"②并进而指出：

> 日清实为辅车相依之势，故其大计则在于以互厚友义、同心一致来振兴东洋大势。而促进交通往来、繁荣贸易通商，不能仅靠政府一家努力，人民之间的频繁交往，方可次第巩固将来相互提携同心一致之基础。③

1874 年日本借口琉球南部的渔民在台湾遭受原住民杀戮而悍然进兵台湾，并逼使中国支付出兵的抚恤金；1879 年不顾中国的反对，强行出兵征服琉球并将其纳入日本的版图；在 1882 年朝鲜的所谓"壬午军乱"和 1884 年的"甲申政变"中，中日之间的利益冲突愈加白热化。明治日本的向外扩张，明显感觉到了中国的这一巨大障壁，当时日本的国内舆论中，不惜与中国一战的论调也甚嚣尘上，"清国虽大但兵弱力衰，以我数万之兵，即可将其一举颠覆"，对此荒尾认为："清国虽弱，但近来海防大

---

① 荒尾精：《复命书》。对支功劳者传记编纂会编：《对支回顾录》（下），东京东亚同文会 1936 年版，第 490—491 页。
② 荒尾精：《复命书》。对支功劳者传记编纂会编：《对支回顾录》（下），东京东亚同文会 1936 年，第 491 页。
③ 荒尾精：《复命书》。对支功劳者传记编纂会编：《对支回顾录》（下），东京东亚同文会 1936 年，第 492 页。

整,其军舰炮台,虽未必强于我,亦未必弱于我也。虽云兵非多多益善,然欲以我海军之力将其一举击破,果有确实之胜算耶?"①

荒尾由此得出的结论是,目前不是用武力,而是通过贸易的方式来拓展日本在中国的影响和势力,并以此来为日本获取最大的利益,"故设立日清贸易商会实为对清国之第一手段"。② 1892 年费尽周折在上海开设的日清贸易研究所,可谓是荒尾对自己对华认识和政策建言的一次最重要的实践。

1894 年 7 月,作为日本势力向海外扩张的必然结果,甲午战争还是不可避免地爆发了。对此,日本举国上下几乎都陷入了热狂的状态。福泽谕吉认定这是一场"文明对野蛮的战争"。③ 两个月之后,日本在陆战和海战上均获得胜势,并攻占了旅顺。当时担任日本外相、1895 年与伊藤博文一起作为日方全权代表与中国谈判的陆奥宗光(1844—1897)在晚年的回忆录《蹇蹇录》中如此描述了当时日本国内的情景:

> 在平壤(8 月 16 日)、黄海(9 月 17 日)战胜以前私下为胜败而担忧的国民,如今则对将来的胜利毫不怀疑,觉得问题只是日本的太阳旗何时进入北京的城门,于是乎,整个社会气象是狂跃于壮心快意,沉溺于骄肆高慢,国民到处沉醉于喊声凯歌之中,对将来的欲望与日俱增。……其间若有深谋远虑之士提出稳妥中庸的意见,则被视为卑怯懦弱之辈,无爱国心之徒,几乎为社会所不齿……。④

荒尾撰写于黄海海战日本获得胜势之时、出版于 1894 年 10 月 16 日的《对清意见》和出版于 1895 年 3 月 15 日、甲午战争已经基本结束时的《对清辩妄》,其基本论调大概属于"稳妥中庸"这一类。即便处于两国交战状态且日本已获胜势时,荒尾依然认为:"清国虽尚未摆脱固陋之积习,但以其国土之广人民之众,实乃宇内无比之大邦。其成败利钝,不仅

---

① 荒尾精:《复命书》。对支功劳者传记编纂会编:《对支回顾录》(下),东京东亚同文会 1936 年,第 492—493 页。
② 荒尾精:《复命书》。对支功劳者传记编纂会编:《对支回顾录》(下),东京东亚同文会 1936 年,第 495 页。
③ 福沢谕吉:《日清の战争は文野の战争なり》,《时事新报》1894 年 7 月 29 日,《福泽谕吉全集》第 14 卷,东京岩波书店 1961 年,第 491—492 页。
④ 陆奥宗光:《蹇蹇录》,东京岩波书店 1983 年,第 178 页。

事关日清两国之盛衰兴废,且足以左右英、俄、法、德诸欧洲强国在东亚的均势。……振兴清韩两国,以此一新东方之局面,进而复兴亚细亚各已消亡之国,继而改变欧亚的趋势",①乃当今之大计。但他同时认为,"我国乃东洋之先觉者,清韩两国之诱掖者,故应常执东方之牛耳。……应内盛殖产兴业,外盛交通贸易,长此以往,则宇内各海港,到处可见太阳旗飘扬"。②当时日本的一般舆论,如"脱亚入欧"论者,视中国为顽迷之邦,腐朽不可救药,但荒尾认为,中国的衰势,源于多年的太平军之乱,加之满清王室的保守陈旧和官场腐败,犹如一棵大树已渐趋腐朽,但汉民族的国家,已有五千数百年的历史,支那本邦,亦有极为广大的国土,中国的国民,原为刚毅之民,坚忍不拔,只是如今社会风气,逐利趋势,利己私欲,支配了一般的人心,消磨了刚毅的美德,但中国人吃苦耐劳的斌性,从根本上则未有改变,这样的民族,若训养统帅得宜,则可以蹈白刃,入水火,这样的国民,怎能不与之联手呢?③他进而指出:

> 清国若能整理财政,将租税集中于中枢,则每年可得十五亿八千余万之岁入,以此扩充军备,水上可备百艘以上之艨艟,陆上可养一百二十万以上之貔貅,以理财致富观之,则地有无尽之财源,人有忍耐节俭之气魄,一朝全国布铁路,通电线,活用百般文明之利器,加之机械工艺之力量,其财力之丰富,更有几何?……余在此大声疾呼,告各位仁人志士,东洋之大事,唯日清两国同心戮力苦心经营一途而已。若失此一途,则茫茫大陆,只能任由欧西诸国宰割分食,假令我国幸而分得一杯残羹,然唇亡齿寒,遑论东洋之经营!④

出于这样的考量,荒尾主张在停战媾和协议中,不要对中国提出割地赔款的要求,若要求中国割地,犹如普法战争中普鲁士强行占有阿尔萨斯—洛林地区后遭法国人的长期嫉恨一样,中国人会对日本人愤恨不已,

---

① 荒尾精:《对清意见》,东京博文馆 1894 年,第 1—2 页;靖亚神社先觉志士资料出版会 1989 年复刻本"东方斋荒尾精先生遗作复刻出版"。
② 荒尾精:《对清意见》,东京博文馆 1894 年,第 3 页;靖亚神社先觉志士资料出版会 1989 年复刻本"东方斋荒尾精先生遗作复刻出版"。
③ 荒尾精:《对清辩妄》,京都大谷仁兵卫等发行,1895 年,第 23—27 页;靖亚神社先觉志士资料出版会 1989 年复刻本"东方斋荒尾精先生遗作复刻出版"。
④ 荒尾精:《对清辩妄》,京都大谷仁兵卫等发行,1895 年,第 28—29 页;靖亚神社先觉志士资料出版会 1989 年复刻本"东方斋荒尾精先生遗作复刻出版"。

"我国要求割让领土之时,即为列国分食禹域之晓,我国领得一省一郡之日,即为清国四分五裂豺狼舞动爪牙之秋也。清国最终四分五裂、赤毛碧眼之异族跋扈中原之时,一省一岛之新领土,于我有何裨益? 孤掌难鸣,只手难撑江河,东洋之大事,遂成烟云"。① 至于赔款,中国国库已经枯涸,强行要求,乃是致中国于死地,最终也难以获得,徒留污名,招致清国朝野的怨恨,且为泰西干涉留下名目。②

这里我们可以看出,暂且不论"脱亚论"者,出于他对中国实状比较深刻的理解,相比较大部分当时的日本人,荒尾对于中国问题的见解,较多地着眼于整个东亚的大局,这也是笔者将他视作亚洲主义者的基本理由。当然,他并非一个天真的理想主义者,他对中国的考量,其最终的出发点或归宿,还是日本的国家利益(日语称之为"国权"),这也是大部分日本亚洲主义者的基本特征。因此他在反对赔款和割让土地要求的同时,主张在媾和条约中列入三项内容,其一是"为确保朝鲜独立和东洋和平的稳定,须在渤海沿岸设置某一军港",以武力的威慑来防止清国的不履约;其二是"宜以合适的方法来使清国国民知晓我国对清的真意",以避免出现中国人对日本的憎恨和怨怼;其三是"修订日清通商条约,以使日本获得与欧美诸国同等的优惠权利",③不然,日本在对华贸易上始终无法与欧美列强在同一平台上竞争。

但正如陆奥宗光所言,在全国一片骄肆高慢的喧嚣声中,荒尾的见解,似乎未能引起日本朝野足够的重视,最后签署的媾和协议,依然对中国提出割地赔款的蛮横要求,其时的日本,已经走上了帝国主义的歧路。

四 德富苏峰的"日本膨胀论"

德富苏峰是一个在日本近代史上罕见的于明治、大正、昭和三个时期皆具有深远影响力的媒体人和评论家。他的教育背景,除了一个时期曾

---

① 荒尾精:《对清辩妄》,京都大谷仁兵卫等发行,1895 年,第 36 页;靖亚神社先觉志士资料出版会 1989 年复刻本"东方斋荒尾精先生遗作复刻出版"。
② 荒尾精:《对清辩妄》,京都大谷仁兵卫等发行,1895 年,第 42 页;靖亚神社先觉志士资料出版会 1989 年复刻本"东方斋荒尾精先生遗作复刻出版"。
③ 荒尾精:《对清辩妄》,京都大谷仁兵卫等发行,1895 年,第 49—55 页;靖亚神社先觉志士资料出版会 1989 年复刻本"东方斋荒尾精先生遗作复刻出版"。

在汉学塾内读过以中国古典为中心的东方典籍外,主要是在家乡熊本洋学校和东京英语学校、京都的同志社英学校(一所日本人创办的教会学校,今同志社大学的前身)接受西方式的教育,年轻时虽不像福泽和内村那样在海外游过学,却阅读了大量原版的曼彻斯特学派的理论著作,一时曾醉心于西欧的民主自由思想,积极投身于当时在日本方兴未艾的自由民权运动。1887 年 2 月,年仅 25 岁的苏峰在东京成立了民友社,创办了在明治中后期卓有影响的周刊《国民之友》,1890 年 2 月又创办了《国民新闻》报,鼓吹平民主义思想,并在 1893 年出版了作为平民丛书第 6 卷的《现时之社会主义》,介绍欧洲的社会主义思想和运动,一时成了明治青年的导师。

但是就像很多日本近代的思想家一样,苏峰在骨子里其实一直是一个国家主义者。1885 年他在家乡创办私校"大江塾"时,就创作了一首《爱国之歌》作为校歌,以此来激励青少年为国家奋斗。甲午开战前夜,因朝鲜事件的刺激,日本国内的民族主义或曰国家主义达到了高潮,苏峰主持的《国民之友》和《国民新闻》也成了这一思想或情绪表达的重要媒介,而苏峰自己则因这场战争,彻底蜕去了平民主义的外壳,基本放弃了自由民权的主张,演变成了一个帝国主义者。其标志就是 1894 年 12 月由民友社出版的、将战争时期发表的部分文章合编而成的《大日本膨胀论》(这里的"膨胀",可作"扩张、扩大、强大"解)。战争爆发后,他主编的《国民新闻》不仅迅速变成了日报,积极刊载主战的言论,还派遣国木田独步等记者奔赴战场,他自己也时常来往于东京和当时战时大本营所在地的广岛之间,还曾作为参谋次长(相当于副总参谋长)川上操六的随从同车前往广岛。1895 年 4 月,在日本取得了这场战争的胜利之后,苏峰作为大总督府的随从来到了辽东半岛,考察了暂时在日本掌控之下的旅顺口、营口等地,并将海边的小石子等带回日本做纪念,在这次旅行中,苏峰结识了后来三度组阁的桂太郎,日后成了他的座上客。

战争刚刚爆发,苏峰就断定这是一个"扩张性的日本进行扩张性活动的好时机",要"善用这样的好时机,使国家获得超越性的飞跃,同时使自己个人在国民扩张史的首页留下英名"。① 这是苏峰主张开战的真正

---

① 德富蘇峰:《日本膨張論》,《德富蘇峰集》,东京筑摩书房 1974 年,第 249 页。

动机,但他还是要找寻一些冠冕堂皇的理由,这就是:"顽冥不化的清国,不仅将朝鲜视作属国,还要阻碍我国来保障其独立。我们的行为是扶助弱国的独立,挫败霸国的吞噬,此乃侠士之举,义人之举,亦是仁者之举。"①这样的言论,与内村的主张十分相似,但内村恐怕多少还有些受片面报道蒙蔽之后的书生之论,但苏峰内心却很明白,所谓"义举"云云,完全只是些诱导舆论的粉饰性言辞,他在该书的其他部分,还是未能遮掩他对这场战争的真实认识:"日清战争实在是事关我国国运消长的重大机遇。我们不可忘却,这次我们不是在暗室里格斗,而是站在全世界面前的一次决战。所谓朝鲜的改革,所谓北京的城下之盟,所谓几亿的赔偿金,决定我国在世界上地位的,就在此一举。"②苏峰认为,江户幕府近三百年来的锁国政策,使得日本局促于岛屿之内,国力毫无增长,而这次对中国的战争,将改变日本的命运:"三百年来收缩的日本,将一跃而成为扩张的日本,这一决定日本命运的良机,就在眼前的一刹那间。"因此他竭力鼓动日本朝野发动这场战争。

在开战之前,大部分日本人觉得,日本自打开国门、尤其是明治维新之后,博采西洋文明,励精图治,修铁路,办工厂,开国会,定宪法,俨然已是一个西洋标准中的文明国家,但依然未能获得欧美诸国的认可,修改不平等条约的进程也是举步维艰,"不仅欧美人士未将我们置于对等的地位,连清国也不把我们放在对等的地位"。③ 但是苏峰本人是非常蔑视中国人的:"支那人,在全世界都受到歧视,受到侮辱,受到虐待。他们像牛马一样被人驱使,而有时候又像毒蛇猛兽一样被人驱赶。但是总体而言,他们反倒是让人觉得畏惧。他们是受人憎恶却又使人感到害怕,我们是让人觉得亲切却又遭人歧视……在浅薄的欧美人的眼中,支那人是一个将金钱看得比生命更重要的拥有四亿人口的种族,支那是一个龙盘虎踞于亚细亚沃土上的大帝国,是一个希腊罗马文明尚未从地平线上升起时就拥有了五千年文明的庞大的旧国,他们在支那人卑屈的性格上看到了其吃苦耐劳的精神,在陈陋的旧习上看到了其坚定刚毅的意志,在迟钝的反应上看到了其坚忍厚重的风尚。他们正因为惧怕支那人,所以才对日

---

① 德富蘇峰:《日本膨脹論》,《德富蘇峰集》,东京筑摩书房 1974 年,第 250 页。
② 德富蘇峰:《日本膨脹論》,《德富蘇峰集》,东京筑摩书房 1974 年,第 253 页。
③ 德富蘇峰:《日本膨脹論》,《德富蘇峰集》,东京筑摩书房 1974 年,第 252 页。

本人及日本国表现出骄慢的态度。"①苏峰希望通过这场战争使欧美人重新认识日本,使日本在世界上真正站立起来。事实上,战争的结果真的让全世界都对日本刮目相看了。

相比较福泽和内村,苏峰具有更为强烈的帝国主义倾向。他主张:"要膺惩清国、永久维持东亚的和平,有两个牵制法,一曰物质的牵制,一曰精神的牵制。物质的牵制法就是让他们支付战争赔偿金,分割他们的土地……所谓分割盛京省(指现在的辽宁省——引者),获取台湾,就是此牵制法的一端……精神的牵制法就是使他们从内心臣服我们的武威,彻底根除他们再度称王称霸的野心。"②此时中国因为连战连败,频频放出信号,希望谈判媾和,并请求西方大国从中调停斡旋,日本的舆论中也出现了微弱的停战谈判的声音,苏峰对此表示坚决反对:"如今绝不是讲和的时期。换句话说,如今应该倾全国之兵力,锐意猛进,一面占领台湾,将此永久归入帝国的版图,一面扼住其咽喉之地,给予其神经一大痛击。"苏峰进一步提出了他的帝国主义设想:"倘若能北占旅顺口,南据台湾,清国再怎么庞大,也犹如一头被揪住了鼻子和尾巴的大象,大则大矣,却已失去了运动其庞大身躯的自由。到了这一步,不仅是一个清国,还北可控制俄国,南可应对英国,这样我们才可发挥出东亚的霸权。霸权在我手里,和与战的主动权也就在我手里了。"③这些言论发表在海城、威海卫等尚未陷落的 1894 年 12 月,苏峰已经有此狂言,到了翌年 4 月签署媾和条约时,除了巨额赔款外,果然辽东半岛和台湾都割让给了日本,舆论领袖的言论,显然在一定程度上左右了政府的决策。

顺便述及,苏峰后来在 1906 年和 1918 年两度来华游历,留下了《七十八日游记》和《支那漫游录》两部著作,思想日趋右倾,1940 年 9 月向当时的首相近卫文麿提出缔结日本、德国、意大利三国军事同盟的建议书,1942 年出任军部主导的"大日本文学报国会"和"大日本言论报国会"的会长,几乎是二战时期日本文化界的最高领袖,坚决反对接受《波茨坦公告》,战后被美国占领军定为甲级战犯的嫌疑人,开除一切公职。

第二章　战后日本学界的对华认知与对华研究

　　日本的对华认知反映的是一种日本民族群体意识中的中国形象,是影响中日关系发展的重要因素。① 明治维新以来中日关系的历史变迁证明,日本的对华认知深刻地影响着日本的对华政策乃至其国家发展战略的选择,而每次日本对华认知的变化,都伴随着其内部社会结构的变化和周边国际关系格局的调整与秩序的重建。

　　本章对战后日本学界的对华认知和对华研究进行梳理,分析其演变历程与不同阶段的特征,着重分析冷战结束后 20 多年来日本学界对华认知和对华研究的新趋向和新特点。主要围绕以下三个问题进行梳理和阐述。1.各阶段从事中国研究、具有发言权的是哪些机构组织、哪些群体? 2.中国的哪些现象成为被研究的对象并被设定为议题? 3.学界的"对华认知"出现什么样的转变,有何新的特点?

一　冷战时期日本学界对华认知与对华研究的演变与特点

　　1945 年日本战败是战后日本学界对华认知和对华研究的分水岭,无论是对华研究机构、研究议题,还是对华认知都产生了深刻的变化。特别是 1949 年新中国成立后,一批知识分子欢呼新中国的诞生,丢弃了明治维新以后对中国的鄙视,他们试图通过对中国社会的解读来表明自己的理想与寻求社会变革的方向。

---

① 刘利华:《影响当代日本对华认知的国内因素分析》,《理论界》2008 年第 8 期。

（一）战后初期日本学界中国研究的主要机构与群体

1945 年 8 月 15 日日本战败,这事实上意味着战前的中国研究与中国观的破产,当时主要的中国研究机构——满铁调查部和东亚研究所等国策研究机构纷纷被解散,因为它们的研究宗旨是为日本侵略中国提供政策依据,战争的失败当然意味着研究的破产。二战后,崭新的中国研究机构开始涌现,而影响较大的中国研究机构主要有中国研究所、日本现代中国学会、亚洲政经学会、爱知大学、亚洲经济研究所、日本国际问题研究所等等。

中国研究所是二战后最早成立并延续至今的日本最有权威的现代中国研究机构之一。它成立于 1946 年 1 月 20 日,并于 1947 年得到日本文部省认可,以社团法人的形式发展至今。中国研究所成立后,聚集了大批战前的中国问题研究专家,使大批因战败后社会动荡而濒于失散的相关资料得以有效地保存。

中国研究所成立后,首先面临如何定位的问题,即如何进行中国研究和处理日中关系等问题。首任所长平野义太郎认为,中国研究所应该担负起日中友好的责任,应该将新中国的信息介绍到日本,让日本民众了解一个全新的中国。当时,聚集到中国研究所的研究群体主要分两类,一是反对日本帝国主义发动侵华战争的学者,二是在侵华战争中协助过政府的文人,但不管哪一类学者都对日本的侵华战争深感内疚而反省,这是中国研究所成立时期的一个特点,同时也对研究所日后发展方向产生了深刻的影响。所以,中国研究所被称为"左翼"中国问题研究机构。

与中国研究所关系密切的现代中国学会(1992 年改称为日本现代中国学会)成立于 1951 年 5 月,其成立背景是对参与侵略战争的战前中国研究的反思和中国革命成功带来的理想刺激,其成员基础是中国研究所的研究人员,大部分是左翼中国问题专家,每年举行全国学术大会,并出版年刊《现代中国》。

战后初期,活跃在学界的左翼中国研究学者对中国的认知带有浓厚的理想主义倾向,日本"战败"与中国"战胜"的现实直接影响到他们的对华认知。一些学者甚至试图通过中国研究来建构日本社会的发展蓝图,表达自己的理想和社会变革的方向。他们认为新中国代表着新的世界发展的方向,中国成为他们理想中的"想象的异邦"。①

战后初期日本学界左翼中国问题学者对现代中国的研究充满热情,主要表现在以下几个方面:

1.反思和批判战前的中国研究,对战争的罪恶进行反思和追究。最大的改变是对中国在观念和认识上的变化,战前和战争期间日本流行的观念是,中国已是丢弃了儒教精华的"落后停滞"的社会,日本有义务将其保存的儒教传回给中国。当时日本的中国研究大多直接或间接地与日本军国主义侵华的"大陆政策"有关。侵华战争失败后,日本学术界深深为战争中的表现愧疚、反省和自责,被称为"悔恨的共同体"。

2.对新中国怀有强烈的亲近感,很多中国研究者信仰马克思主义,特定的社会舆论和思想氛围,使他们获得了一种新的精神和思想,促进他们改变观念。

3.积极宣传新中国的信息,为加强中日民间友好交流发挥了作用。他们将对战争的反省转化为大力介绍中国革命的动力,把中国出现的新鲜事物视为日本学习的榜样,在研究人员的眼中,获得革命成功的中国具有极大的魅力。

亚洲政经学会是二战后日本中国研究的另一个重要机构,它创立于1953年。尽管其研究范围是整个亚洲,但重点却是中国,它的政治立场与中国研究所和现代中国学会不同,被认为是"反共"的中国研究机构。亚洲政经学会与日本外务省关系密切,具有较明显的"国策研究"色彩,其主要成员与外务省定期召开研究会,并接受外务省提供的资金,最多时占其预算的65%。② 其最初的理事会成员除研究人员外,还包括外务省亚洲局局长及财界人士。由于二战后日本被美国单独占领,日本政府推行追随美国的外交政策,很多人的中国观并没有被彻底改造,中国停滞落后的观念依然存在,反共意识也根深蒂固。

与亚洲政经学会(简称"亚政经")关系密切的还有亚洲经济研究所。1957年,"亚政经"几名主要理事在时任首相岸信介秘书的牵线之下,在箱根与岸信介见面,提出了成立"亚洲经济研究所"建议。岸信介是亚洲

---

① 马场公彦:《战后日本人的中国像:从日本战败到文化大革命和日中邦交正常化》,新曜社,2010年版。

② 中板谷茂:《最近十年学会总结和今后展望》,载《亚洲政经学会的四十年》,1993年,第97页。

派政治家,重视日本与亚洲国家的关系,接受了这个建议。1958 年,经过日本通产省批准建立了"亚洲经济研究所"(简称"亚经研")。"亚政经"与"亚经研"两个组织原本以"国策研究"作为发展方向,但随着岸信介1960 年下台,虽然这两个机构依然得到日本政府和财界的资助,但未能直接参与日本政府政治、经济、外交等政策制定过程,与战前"满铁调查部"和"东亚研究所"等"国策研究"机构不能同日而语。

综上所述,现代中国学会与亚政经学会代表了战后日本中国研究的两个侧面,著名中国问题学者加加美光行曾指出:"二战后,日本的现代中国研究表现为'亲中'和'反中'两种立场的对立,即以二战后外交政策和安全保障政策为目的的中国研究,以及与此相反,反对日本的安全保障政策追随美国和继续与中国为敌而进行的中国研究。亚洲政经学会和现代中国学会就是这种对立的代表组织。"①学界的这种对立实际上也反映了当时日本政界的"保革之争",即代表政府的保守派与代表民间的革新派的对立和抗争。

严绍璗教授认为,战后日本很多左翼学者的三种意识主导了他们的中国观,一是原罪意识,他们承认自己有罪恶;二是谢恩意识,感谢中国宽宏大量,保存了他们的民族,遣返了大批战犯;三是追求意识,就是以新中国为榜样,将日本建设成为独立自主的新国家。②

(二)"文革"时期日本学界的中国研究及其特点

1966 年中国进入"文革"时期,日本的中国研究队伍开始出现分裂,一些文化名人联名发表声明,反对"文化大革命"。但有些学者却对"文革"的做法表示理解,认为这是社会主义教育运动的继续和反对干部贪污腐败的运动,而且干部、个人、技术员"三结合"运动是欠发达国家工业化的重要途径,担负起了教育、开发和管理的三种功能,具有划时代的重要性。

严绍璗教授对日本各界对中国"文革"的立场做过精辟分析,他认为,日本学界赞成"文革"的理由大致可以分为三种:③

----

① 加加美光行:《镜子中的日本与中国》,日本评论社,2007 年,第 97 页。
② 严绍璗:《20 世纪日本人的中国观》,《岱宗学刊》1999 年第 2 期。
③ 严绍璗:《20 世纪日本人的中国观》,《岱宗学刊》1999 年第 2 期。

1.在理论上信仰马克思主义,对于中国是充满信仰的,所谓"中国信仰"派。

2.相信"文化大革命"的正确性和必要性。例如,京都大学的中国学者就对"文革"的做法表示理解,吉川次郎认为:红卫兵对文物的破坏,是在完成辛亥革命没有做到的事情,无论是日本的明治维新,还是法国大革命,在历史的某个时期,文学和艺术都被置于一边,人们一门心思地搞政治改革。中国的"文革"也正是这样一个时期。① 还有部分学者认为,中国的"教育革命"充满了朝气,认为这种革命是有意义和有价值的。

3.有一些投机取巧和谋取私利的集团,他们认为依附于中国这样的大国身上会有好处,他们组织社团发表声明来支持"文革",实际上是一种政治投机。

反对"文革"的理由也是复杂和多样的,严绍璗教授将其分为五种:②

1.热爱和执着于中国传统文化的学者或文人,他们对"文革"中打碎传统文化的做法很不理解,甚至感到反感和愤怒。

2.一些对中国历史发展和中国社会情况比较了解的学者,认为这个革命是假借文化进行的一场政治革命,并且在革命过程中很多优秀的学者被迫害,对"文革"持批评立场。

3.对中国革命感到恐惧的一些人,他们对中国的强大有一种恐惧感,"文化大革命"以非常"革命"的姿态,把自己作为全世界革命的圣地表现出来,他们就感到很恐惧。

4.长期敌视中国的日本人,他们对在中国发生的任何事情都要非议,加以抨击,例如"青岚会",长期从事反华活动。

5.日本共产党坚决反对"文化大革命",有他们的特殊原因。

日本学界对"文革"的不同看法和争论,使日本的中国研究队伍出现严重的分裂,由于政治立场的对立导致人与人的对立,损害了研究人员之间开展共同研究的基础。由于中国研究所的大部分研究人员支持"文革",反对"文革"的研究人员就被迫离开研究所。因此,中国研究所被看做是"亲华"的研究机构,在日本学术界受到质疑。

---

① 安藤正士、太田勝洪、小岛丽逸等编:《岩波讲座现代中国》别卷2《现代中国研究案内》,第23页。
② 严绍璗:《20世纪日本人的中国观》,《岱宗学刊》1999年第2期。

（三）改革开放后日本的中国研究及其特点

"文革"结束和中国的改革开放政策，使日本的中国研究进入到一个崭新阶段。1976年毛泽东逝世以后，日本中国研究领域中左与右的对立快速地和解。同时，70年代后中日邦交正常化以及亚太格局的巨大变化，也使日本的中国研究面临转型，对中国简单化、一言堂式的研究已经行不通。中国的巨大变化对日本所谓进步的左翼学者产生了很大影响，他们开始进行所谓"非政治化"的研究，①学术研究多样化成为一种新风尚。

改革开放后，中国方面的信息逐渐公开，学者可以比较自由地到中国去进行调查研究，对于中国的研究方法出现较大的变化，实证研究流行起来。庆应大学教授小岛朋之在1984年至1985年的一年多时间里住在中国，实地观察中国改革开放的具体变化。他在《中国学实况》中指出：观察、分析和研究中国问题不能从单一角度出发，而应采用多种视角，因为中国与世界上的其他国家一样，也是一个普通的国家。同时中国又不仅仅是一个普通国家，因为它是拥有超过11亿人口、有着数千年文明发展史的发展中国家，现代化是它努力奋斗的目标，而且这一目标要在社会主义的框架内实现。此外，中国地大物博，历史悠久，而悠久的历史会对现代化的进程产生种种影响。中国本身就是一个世界。而从世界的角度来看，中国是个既普通又特殊的国家。只有将这几点结合起来，才能理解现代中国发生的变化。② 这种将中国视为既普通又特殊的国家，构成了后来日本学界现代中国研究的基本看法。

日本著名学者毛里和子以研究员身份，在日本驻上海领事馆工作了两年，她进行了深入的调查和研究，并撰写了《改革开放时代的中国》。她在书中认为，中国已不再像过去那样，处于一种假想战争、又假想主要敌人的状况。中国已经发生了深刻的变化，日本的中国研究必须顺应时代主题，进行实事求是的分析和探讨。

由此可见，对日本来说，战后初期的中国是作为自我变革契机的一面

---

① 卫藤沈吉在1983年"亚洲政经学会的三十年"座谈会上的发言。

② 小岛朋之：《中国学实况》1988年。转引自何培忠《日本学界的当代中国观》，《当代中国史国际高级论坛》，2009年9月1日，http://d.wanfans data.com.cn/Conference/7832/63.

镜子,那么改革开放后的中国则成了应该把握的客观对象。马场公彦认为,对日本来说,战后初期的中国是作为思想资源的中国,是日本学者要求进行路线变革的动力源泉之一,但 1980 年代后的中国则是作为观察对象的中国,中国已经不是日本想象和理想中的国度,而是一个实实在在的"普通的外国"。①

二 冷战后日本的对华研究机构及其研究议题

(一)一批有影响力的中国研究机构相继建立与整合

冷战结束后,中国冲破西方国家的经济制裁,进一步深化改革开放,经过 20 多年的努力和发展,中国在国际社会的存在感和影响力不断加强,如何分析和研究作为富强大国的中国,成为日本中国研究学者面临的重大课题。

为了加强日本学界对现代中国研究的力度,1996 年,日本文部省批准了毛里和子申请的"现代中国的结构变动"研究课题,这一课题被认定为文部省"科学研究补助金"中的"重点领域研究"项目。据说这种项目是为日本科研人员实施科学研究设立的资金,是专为社会需求强烈、与解决社会上诸般问题密切相关的课题而设立。通常情况下社会科学项目很难申请,日本文部省首次将"重点领域研究"拨款给研究中国社会变化的课题,在"科学研究补助金"的运作史上也是空前的。② 该课题历时 3 年,资助经费达 5 亿日元。

"现代中国的结构变动"课题组从政治、经济、社会、环境、历史、国际关系等领域全面探讨改革开放后中国的变化,共有 70 人参与了这个课题的研究,其研究成果在 2000—2001 年先后出版了 8 卷本丛书,而各卷的主编均为当时中国问题研究领域最为活跃的学者,其研究水平也代表了

---

① 马场公彦:《战后日本人的中国像:从日本战败到文化大革命和日中邦交正常化》,新曜社,2010 年版,第 414、424 页。
② 何培忠:《日本学界的当代中国观》,《当代中国史国际高级论坛》,2009 年 9 月 1 日,http://d. wanfans data.com.cn/Conference/7832/63.

当时日本现代中国研究的最高水平。①

继 1996 年"现代中国的结构变动"大项目资助之后,日本文部省于 1997 年又批准爱知大学成立以"中国"命名的学部,也是世界高校中的一个创举。爱知大学将中国学专业提升为"现代中国学部"后,把教学重点放在现代中国研究方面,并着力培养学生做到以下两点:学习中国文化,形成包括现代中国政治、经济、社会等内容在内的全方位知识结构;适应中国及亚洲其他国家的生活习惯,成为具有真才实学的国际型人才。

2002 年,日本文部省再次支持爱知大学成立"国际中国学研究中心",给予 3.6 亿日元的资助。该中心是日本文部省 2002 年启动的"21 世纪重点科研基地 COE 工程"之一,是以爱知大学中国研究专业博士课程为核心形成的现代中国学国际性研究教育机构,与世界 10 个国家和地区(中国、中国香港、中国台湾、韩国、美国、澳大利亚、新加坡、英国、法国、德国)的主要大学、研究机构建立了合作关系,相互形成远程多边的教研交流系统。

爱知大学"国际中国学研究中心"的首席主任是该校现代中国学部的知名教授加加美光行。他在谈到成立该中心的宗旨时指出:在西方,古典中国的研究一向被称为"汉学",而当代中国的研究作为学术体系长期未能得到承认,一般只称为"中国观察(China Watching)",直到中国改革开放前,国际上一般不叫做"现代中国学"(而对日本却有"现代日本学")。爱知大学创立"国际中国学研究中心",就是要进一步突破世界中国研究现状的此类弊端,推进包括日本在内的各国学界与中国国内学界之间高水平和真正平等的学术对话,在世界范围内确立对中国展开研究的独立学科——"现代中国学";并力争在这一尝试中培养出具有较高水平的国际交流能力与理解能力的现代中国学的专门人才,从而为繁荣学术和东亚及世界的和平与进步作出贡献。

进入 21 世纪后,中国经济再次高速增长,中国社会日趋多元化、自由

---

① 8 卷本分别为:第一卷毛里和子主编《观察大国中国的视角》,第二卷中兼和津次主编《经济——结构变动与市场化》,第三卷西村称雄主编《民族主义——从历史出发的探讨》,第四卷天儿慧主编《政治——中央与地方构图》,第五卷菱田雅晴主编《社会——与国家的共生关系》,第六卷小岛丽逸主编《环境——能否成为增长的制约》,第七卷毛里和子主编《中华世界——自我统一性的重组》,第八卷田中恭子主编《国际关系——亚洲太平洋的区域秩序》。

化,其国际地位也陡然提高。在这样的背景下,为了能更好地了解和把握中国,由日本大学共同利用机关法人·人间文化研究机构支持的"现代中国区域研究基地"合作项目于 2007 年 8 月正式启动。

"现代中国区域研究基地"的核心基地是早稻田大学的现代中国研究所,它联合其他 5 个高校和研究机构进行合作研究。这种研究方式加强了日本全国各地的相关学者以及研究机构的合作,尤其是每年举办的国际学术研讨会,不仅聚集了日本国内的现代中国研究专家,还有海外优秀的中国研究专家应邀前来,它已成为日本中国问题研究学者进行学术交流的一个重要平台。

(二)"现代中国区域研究基地"的特色及其研究议题

日本人间文化研究机构支持和资助的"现代中国区域研究基地"最大的特色是凝聚了全国 6 个著名中国研究院校和机构进行合作研究,以早稻田大学亚洲研究机构现代中国研究所为核心,联合京都大学人文科学研究所、庆应义塾大学东亚研究所、东京大学社会科学研究所、综合地球环境学研究所、东洋文库共 6 个共建研究基地,着力创建网络型学术组织。该研究项目以开展"中国持续发展的可能性"、"从人文科学的角度分析现代中国的深层结构"、"中国的政治统治"、"中国经济的增长与稳定"、"发展所带来的文化、环境的变化"、"促进现代中国研究资料的收集、利用与现代中国资料研究"等方面的研究,在研究领域和方向上进行分工合作,凝聚现代中国研究的人才力量,合作研究和培养年轻骨干人才成为主要任务。

2007 年到 2012 年的第一期项目顺利结项后,又于 2012 年启动了第二期研究项目,并将合作机构也增加到了 8 个,日本爱知大学与日本法政大学参与其中。第二期项目设定了"现代中国的跨学科研究——如何把握理解新兴大国?"作为各基地的共同主题。

为此,第二期工程设定以下四项具体的目标与课题:

1.重振并发展作为区域研究的中国研究,实现"现代中国学"的体系化。

从国际学术界的走向来看,美国的区域研究日渐衰退、轻视跨学科研究的倾向不断蔓延,考虑到此种现状,日本更加意识到振兴与发展中国研究的必要性,在开展地域研究之际,还有必要将文明论、文化论、历史学、地理学、政治学、经济学、社会学、文化人类学等兼容并蓄,摸索综合性的方法论,以此推进研究分析。

2.以现代中国研究的系统性和有机性课题为基础,力争实现研究质量的提高和发展。

研究课题的制定不是各个基地互不相关地分别进行,而是将个别的课题汇总起来,以此制定涵盖全部课题的大主题。制定研究课题之际,必须留意到相互间的系统性和有机关联。

日本的现代中国研究在国际上也是位列前茅,但由于大部分研究使用日语发表研究成果,其绝大多数不为海外专家所知。为了改善这种情况,基地采取了以下措施:①与海外的专门机构就共同的研究课题开展合作项目;②同海外研究人员合作,积极向英文刊物投稿。以此面向国际学界建立开放的研究活动机制,特别是与亚太地区的从事现代中国学术活动的研究人员开展合作,对日本现代中国研究今后在国际上发挥独特作用具有重要的战略意义。

3.促进现代中国研究做出社会贡献。

该项目的定位不仅局限于研究人员内部开展的旨在提高中国研究水平的共同研究活动,同时还要力求推动社会上对现代中国的广泛理解。所以,基地还要举办面向社会的公开讲座、研讨会以扩大影响力。

4.进一步加大力量培养后继研究人才。

现代中国研究的重要性日益增强的同时,日本国内现代中国研究学者的人才储备越来越薄弱。建立培育后继人才的机制,积极进行培养教育工作已是当务之急。基地大力开展由年轻一代学者自身发挥主导作用的研究活动,例如新生代的国际研讨会、研究会或研讨会等,并在各基地之间共享以上资源,促进相互的切磋交流和相互合作。

三 21世纪后日本学界对华认知与对华研究的新特点

从上述日本学界现代中国研究的演变可以看到,不同时期日本现代中国研究的主题不同,研究人员的政治倾向和特点也不同。进入21世纪后,中国的迅速崛起超出日本想象,国际环境包括亚太秩序的转型使日本面临重大抉择,对崛起中国的研究更为紧迫。日本人间文化研究机构支持的"现代中国区域研究"项目自2007年以来的研究证明,日本的现代中国研究正在发生新一轮的重大转型,主要体现在以下几个方面。

1.研究机构重组整合,研究议题进行分工合作,避免资金和资源的重复浪费。以早稻田大学为核心、联合全国8个主要相关研究院校和研究机构进行合作研究,①同时联合中国、美国等海外的相关研究机构和研究群体,以此扩大日本在国际学术界关于中国研究的影响力,并奠定日本在国际社会关于现代中国研究的学术地位与话语权。

2.关于现代中国研究的重点有三个方面:一是中国内政问题,二是中国外交问题,三是其他国家的中国研究问题。

中国内政研究一直是日本学界研究的重点,中国政治改革问题,贫富差距问题,腐败、贪污、拜金主义蔓延问题,环境恶化与食品安全问题,少数民族政策问题等等,日本对中国内政问题的研究几乎涵盖了所有领域,特别对中国发展过程中面临的问题与挑战表现出浓厚的兴趣。但总体来看对中国内政问题的分析一是存在过多的"负面"描述,甚至不乏"妖魔化"的抹黑;二是以欧美的"民主、自由、人权"等价值观比照中国,批判中国。

同时,随着中国在国际社会的影响力不断上升,中国外交对国际格局的影响力不断扩大,日本学界关于中国外交的研究也日益得到重视。2001年日本著名教授冈部达味发表的两部著作——《围绕中国的国际环境》和《中国的对外战略》,影响深远。随着中国经济的飞速发展和中日关系的不断变化,日本对中国外交的关注更加高涨起来。如何与"富强大国化的中国"相处?富强大国化的中国对日本是机遇、挑战,还是威胁?中国的崛起对日本带来的冲击是复杂的、多面的,可以说是机遇、挑战、威胁错综交杂。在中国国际地位和综合国力不断崛起的今天,日本与中国的关系也进入了全新的时代,日本学界面临着如何回答上述问题的挑战。

此外,由于中国身份的多元性和复杂性,日本需要了解美国、欧洲等

---

① 2012年启动的第二期研究项目将合作单位从原来的6家增加到8家,日本爱知大学和日本法政大学参与研究。

其他国家如何认识中国和定位中国,所以国际交流的重要性凸现出来。美国、欧洲、新加坡等国家的中国问题学者的研究成果对日本学界影响很大,甚至出现了日本的中国问题研究学者不去中国调研,而去欧美调研的现象。同时,日本高度关注中国周边国家的对华认知和对华研究,他们重视与这些国家的中国问题研究学者之间的合作,试图通过共同研究来提高日本学界的影响力和话语权。

3.现代中国研究队伍的重新组合,一批中青年研究骨干走上学术舞台。

早稻田大学现代中国区域研究项目的重要目标之一,就是培养新生代中国问题研究学者。从2007年开始至今的发展过程中,新生代中国问题研究学者已经走上学术界舞台,开始发出自己的声音。各大院校都有意识地推出青年骨干学者走上学术舞台,不仅在主要刊物发表文章,还担任相关机构或科研项目的负责人,承担起重要责任。他们的影响力和话语权不断上升,而非常明显的是这批中青年学者的中国观和研究视角与前辈学者多有不同,具有明显的特征:

(1)由于他们出生成长于日本经济高速发展时期,所以他们对中国有一种优越感,面对中国的崛起有不甘和焦虑双重心态。

(2)虽然这批学者大都学过汉语,并在中国大学留学和生活过,与中国学界的交流也甚多,相对于日本其他领域的学者来说更加了解中国。但是,他们从小接受的是西方式教育,所谓自由、民主、人权等观念深入人心,无法抛开西方理论的基本架构和主流意识形态,对中国的政治偏见依然根深蒂固。

(3)这批学者中很多人具有对国家的"责任感"和"使命感",他们直接参与政府或智库政策报告的撰写,为政府的政策提供咨询,所以,他们的研究议题往往是日本政府所需要的。有些学者则经常在媒体撰写文章,是很有影响力的舆论领袖,这些舆论领袖虽然并不直接参与政策决策过程,但他们通常有沟通上层、影响下层的强大影响力。

(4)面临的困难与挑战:虽然日本学界重视人才培养,但依然面临着人才缺乏的挑战。毛里和子认为:"日本的现代中国研究在世界上具有相当高的水平。但是,这并不意味着我们的研究跟上了21世纪以来在中国发生的急剧变化。如果只把北京、上海等最发达的地区作为研究对象的话,我们可以看到一个经济蓬勃发展和'市民'正在逐渐出现的中国。如果往贵州的农村去走走,展现在你面前的又是一个完全不同的中国,当地的贫困以及贫富悬殊会让你感到震惊。可以说,不断涌现的信息洪流和微观数据已经让我们无法看清中国的全貌。"①她认为,"虽然中国已经不是那么容易把握了,不过中国研究还是颇具挑战性、并充满魅力的一个领域。""现代中国研究今后所需要做的,有以下几点:①要做好至少持续20—30年的思想准备,积累对经济、社会、政治各领域的微观定点观测调查。而且我们的调查必须是在既有假设又有明确的概念的基础上进行的。②在许多领域都要大力推进与中国学者和研究机构的联合调查研究活动。③善于进行纵向的历史比较和横向的比较,并致力于建构新的模式。"②

结　语

战后日本学界的对华认知和对华研究经历了不同时期的阶段性特征,其演变和特点由众多因素决定而成,首先是中国自身社会发展和国家实力的变化在日本学者身上的反映;其次是日本社会内部结构变化和中日关系实力变化的反映。20世纪50年代中国是令人憧憬的"想象异邦",80年代后是"改革开放的优等生中国",进入21世纪后,"崛起而富强中国"的新形象成为日本社会的主流意识。特别是近年来,"中国威胁论"、"中国霸权论"在日本媒体甚嚣尘上,在中日关系出现结构性变化的转型之时,日本的中国问题研究者面临着如何客观认识中国、诠释中国的重大责任,而中国全方位的崛起和独特的发展道路也给日本的中国问题研究者的研究带来了巨大的挑战。

---

① 毛里和子:《转换现代中国研究的范式》,2008年在日本现代中国区域研究基地举办的第一届国际学术研讨会上的讲话。引自"中国改革网",http://www.chinareform.net/2010/0420/15859.html.
② 毛里和子:《转换现代中国研究的范式》,2008年在日本现代中国区域研究基地举办的第一届国际学术研讨会上的讲话。引自"中国改革网",http://www.chinareform.net/2010/0420/15859.html.

第三章　日本对华认知的转型及其背景

进 21 世纪后,除短暂期间,中日关系持续恶化。这种局面已经严重影响到两国政治、经济的正常交往,腐蚀了迄今为止两国构建的双边关系的基础。自 2012 年以来,许多媒体已经开始认真议论双方武力冲突的可能性。为何中日关系会如此严峻? 学术界从各种角度予以论述。笔者以为,中日关系恶化,并非缘于单纯因素,而是各种因素复合、长期刺激,腐蚀了两国关系基础。本章从日本对华认知变化的国内因素着手,分析 1972 年后对华认知模式转变的内部原因。期望通过这种分析,提供理解目前中日关系变化的日本内部因素知识。

一　日本对华认知的三种模式

所谓认知(Cognition),是指人以概念、知觉、判断或想象等方式把握客体的心理过程及结果。对外认知,是外交政策决定的前提和基础。研究日本的对华认知,对中国了解、把握日本对华政策、对华战略的制定意义重大。

在分析国外对华认知模式时,我们可以国家为单位分析,也可以其他层次的单位分析。本章以国家为分析单位。这里讲的"国家",主要包括政府,也包括主流媒体与大众。

近代后,日本对华认知先后有过三种模式。关于第一种,笔者称"甲午模式"。近代日本民众的中国认知"原型"来自"日清战争"即中日甲午战争。这场战争是明治政府发动的第一次大规模对外侵略。那场战争通过报纸、杂志、照片等方式传播。战中,民众争相阅读报纸,报业极大发展。大牌文人纷赴战地,从军记者诞生。战争期间,学校播放战争幻灯,吸引学生。战时的宣传，促进了近代日本民众中国认知的形成。甲午战争，既是日本近代国民国家形成的重要契机，也是导致日本中国观、亚洲观发生根本变化的契机。与那场战争伴随而来的亚洲大国自豪感、民族优越感，仍存在于日本社会之中。而近代日本大众中国认知的深层，仍然是那场战争形成的观念。

日本政府、主流媒体，把这场战争定义为"文明与野蛮"的战争。但日本学者佐谷真木人认为，以甲午之役为契机，日本过激民族主义崛起，社会出现"异常"。① 战争中，日本国民对中国、中国人的蔑视、侮辱情绪空前高涨。在战争中，日本原有中国观颠覆，负面中国观形成。战时，大量从军记者从中国传回大量有关中国的信息。其中除歌颂日军"英勇善战"外，还包括大量清国士兵如何怯懦不堪一击，清国人民如何缺乏国家观念等报道。此外辫发、缠足、吸食鸦片、家居、厕所不洁异臭，都被认为是野蛮的表象，遭到蔑视。猪木正道认为，"日本国民，蔑视十分脆弱、败退的清国，他们把中国人称为'ちゃんごろ'（zhongguoren 的讹音）。正是因为以往日本对中国伟大文明怀有极大尊敬，故他们对清朝如此虚弱十分震惊。这一战加剧了蔑视中国人的鄙习"。②

第二种模式称为"战后模式"。二战后，中日国际地位倒转，中国成为联合国五大常任理事国。新中国成立后，国家实现独立。经过抗美援朝，中国国际地位、国家威望获得提高。反观当时的日本，战后山河荒废，处于美国统治下，丧失主权。日本舆论反思，为何中国"近代化"成功，而日本近代化却误入歧途，导致失败。但是，因为国共对立，日本对华认知呈现"分裂"局面，即日本内部出现中共与国民党两种支持者。这种分裂，反映出意识形态的对立、斗争。1949 年后，国共两党隔海而治，而日本对华关系中，也形成了亲台湾派与亲大陆派。国民党军政要员与日本交往密切，战后蒋介石提出对日要"以德报怨"，赢得日本统治层及民众的感激，日本出现众多台湾拥护派。另一方面，新中国成立后，日本也出现中国支持派。③

① 佐谷真木人：《日清战争——"国民"的诞生》，講談社現代新書，2009 年，第 10 页。
② 猪木正道：《军国日本の興亡——日清戦争から日中戦争へ》，中央公論社，1995 年，第 21 页。
③ 日本中国友好协会全国本部编：《改訂新版　日中友好運動史》，青年出版社，1980 年，第 28—50 页。

在"战后模式"下,日本与中国大陆有少量贸易和人员往来,但在国家层面并无交流。尽管如此,当时日本知识、言论界中日共、社会党力量强大,他们认同中国党与政府的政策,因此当时日本知识界,对中国有同情、亲近乃至支持等广泛的好感。1950 年成立的日中友好协会提出的四项纲领的第一条是,"本协会反省日本国民错误的中国观,并予以纠正"。① 可以看出,战后日本开始反思"甲午模式"下形成的中国观。

第三模式可称为"72 年模式"。这种模式是建立在中日关系的"72年体制"基础之上的。所谓"72 年体制",就是中日两国政府围绕相互关系中的台湾、历史、安全、领土争端等主要问题的处理原则,形成的共识体系。在这种体制下,日本对华认知形成了"72 年模式"。这种认知模式的前提是在美苏对峙环境下,中国、日本成为共同抗击苏联威胁的准盟国。从具体操作方面来讲,日本官方对中国的现代化政策提供经济、技术以及人才方面的支持合作,同时希望换取中国的能源、原材料,并期待开拓中国市场。

值得指出的是,上述三种对华认知模式均与特定历史背景、群体有关。"72 年体制"建立后,"72 年模式"经历了三次巨大浪潮冲击。第一次是"文革"结束,大量支持中国"文革"的日本言论界精英丧失话语权。第二次是 80 年代末中国社会运动出现后,日本国内中国研究队伍遭到洗牌,众多此前亲中国的学者、媒体从业人员失去话语权,普遍主义价值观侵入日本中国问题研究界。第三次则是进入 21 世纪后,中日双方世代交替,此前的双方认知有所调整。这三次冲击,重创了日本国内的亲华力量,日本中国支持派话语权丧失。鉴于本章主要探讨题目的限制,在此主要分析第三次冲击。

二　第三种对华认知模式磨损的内部因素

1972 年的中日邦交正常化,并未根本解决两国关于历史问题的对立,也没有解决钓鱼岛的主权纷争。但是,至少在 20 世纪 70—80 年代,中日关系存在一个相对平稳的时期,那个时期的经验值得总结。同时,究

① 日本中国友好协会全国本部编:《改訂新版　日中友好運動史》,青年出版社,1980 年,第 35 页。

竟是什么力量破坏了那个时代建成的中日控制对立要素激化的框架,这值得研究。

中日邦交正常化以后,两国共同构建了"72 年体制"。今天,这个体制经历 40 余年的风霜,根基虽在,结构却严重受损。这 40 余年历程,前半期尽管存在摩擦、冲突,但基调是友好、协调。进入后半期,挑战体制事件增多,烈度升级、动荡,直到"购岛"事件,导致中日关系降至 40 年来最低点。

对于中日关系"72 年体制",毛里和子认为存在瑕疵。在毛里和子看来,中国的意图与决策是非常战略性的,完全是从对苏战略以及对美新战略的角度而决定对日关系正常化。日本则是作为中美和解的副产品而决定对华关系正常化,被动特点十分明显。此外日本没有从政治、法律角度清算考虑战后处理问题。中国的对日关系正常化过程中,缺乏国民参与,放弃赔偿请求权的决定,国民也没有参与。①

为何"72 年体制"遭受如此重创? 笔者以为,最根本的原因在于中日关系性质的"他者"特性。"72 年体制"的建立,最重要的是美苏对抗的一个组成部分。美中接近,尽管彼此互有需求,但美国是双边关系的主导者。而中日关系改善,也是美国世界战略的一环。为了对抗苏联,美国等西方阵营接纳中国为准盟国。这是中日关系改善的最大背景。这就是说,"72 年体制"是在美苏对抗框架下的产物。对当时的美国来说,不论中国还是日本,都不过是确定世界霸权的一个工具。②

我们不能否定日本国民强大的恢复中日邦交正常化运动的存在,但当时如果没有美国默许,中日关系很难走得那么快。当然,"越顶外交"造成日本统治集团内部混乱。从美日关系看,中日邦交正常化先于美中邦交正常化,这个体制从诞生之初,就让美国怀疑。田中角荣此后身陷丑闻,有人认为这是美国杀一儆百。从中日关系来看,为追求邦交正常化的成果,回避、搁置了很多最为严峻的问题。

从上述角度看,"72 年体制"存在权宜性。这种"权宜性",最大的原因是中日关系在美国对抗苏联这种国际关系中,处于被动从属地位。从

---

① 日中 70 年代再検証シンポジウム実行委員会编:《现代日中关系的源流——再检证 70 年代研讨会报告资料集》,第 7 页。

② 刘迪:《中日关系不能再做美战略附属》,《环球时报》2013 年 6 月 25 日,第 14 版。

这个角度看,中日关系此后随美苏对抗终结而削弱这个事实就不难理解。

　　冷战结束后,美国曾形成短暂的单极世界。但是反恐及美国经济衰退,以及同一时期新兴国家的跃进,改变了美国的单极世界霸权。近年,美国利用其军事强势及价值观等软势力"重返亚太"。恰在此时,撞船事件、"购岛"事件接连发生。

　　进入 21 世纪后,日本出现一种不同于前两者的新型民族主义。小熊英二将其定义为"赞美战前型民粹主义",这种民粹主义的特点是拒绝反省战前外交,谴责中国、韩国,专注于历史认识、领土这类象征性的主题。他把这种"赞美战前型民粹主义"的背景,归结于日本国内秩序流动化造成的家庭、雇佣、地域共同体的动摇。[①]

　　欧美国家在向后工业化社会转型时,非正式雇佣多为外国移民或少数族裔填充,而本国劳动者则被安排到职业训练所培训。小熊认为,日本在向后工业化社会转型时,社会缺乏这种安排,同时也没有欧美社会那样庞大的移民、少数族裔充填非雇佣队伍,因此非正式雇佣多为年轻人、妇女。90 年代后,日本社会 McJob(麦当劳式工作)大量增加,这些工作大多由年轻人承担。[②]

　　小熊英二从社会转型、世代交替两个角度观察日本对华认知变化的背景。1990 年代中期日本向后工业化社会转型时,"70 后"的日本年轻一代大量进入非正式雇佣行列。后工业化社会中工作形态的变化,导致失业、非正式雇佣大量增加,其中尤以年轻人为甚。这造成收入、雇佣的不稳定,进而造成整个社会晚婚晚育,造成青年期延长化。大量成年男女,因为收入太低无法独立,他们必须与父母同住,以节约住房费用。

　　这些人,恰好是战后第三代。他们与第一代不同,没有战争体验,与战后第二代即他们的父辈"团块世代"也不同,没有接触战争体验一代的教育。因此,日本"70 后"对战争问题关心淡薄。同时,他们认为造成自己不幸境遇的根源是中国、韩国。小熊英二指出,日本"70 后"在"革新—保守"论争中,常常倾向守旧派。此外"70 后"中还有部分人对保守民粹主义倾心。此外日本年长的保守层,对于"70 后"的思想,往往以"道德教

---

① 小熊英二编:《平成史》,河出ブックス,第 453 页。
② McJob 的特点是低工资、低技能、长时间过度疲劳的劳动。

育"、"义工"、"历史教育"加以矫正。这也增加了"70后"的民族主义倾向。

对于战后民族主义的时代特征,小熊英二认为,1960年代日本的民族主义,主要是针对美国。那是因为那时存在败于美国的战争记忆,以及日本尚未达到美国同等程度富裕而产生的劣等感。但是在1990年代,日本民族主义的对象,主要指向导致日本经济实力下降的根源,或被认为是日本经济"威胁"的势力。他说日本民族主义把中国、韩国当作威胁本国经济地位、导致日本经济衰退的元凶。

今天日本大众的中国认知,主要受到大众传媒的影响。中国走向市场化尤其是"入世"后,经济飞速增长。与此对照,日本经济20年停滞,人心涣散。这种鲜明对比让日本普通国民感到压力。而媒体在报道中国经济增长的同时,中日围绕历史认识问题的冲突,也造成日本大众的不安。同时,日本媒体的中国报道不断进行"议题设定"。沈阳领馆事件、毒饺子、军费增长、反日游行等概念,均代表了主流媒体对日本民众中国认知形成的诱导。这些概念操作,导致民众对中国好感迅速下降,直接刺激了日本大众的民族主义情绪。

三 亚洲文明定位与对华认知

2012年,对中日关系来说是一个重大转折的年份。这年,日本政府决定购岛,中日矛盾激化、升级。此时中日两国关系急转直下,高层交往停止。在中国看来,日本社会急剧右倾化。从日本社会转变来看,日本经济自20世纪90年代起陷入长期停滞,与此同时中国经济迅速发展,军费开支增加。在这种背景下,日本"中国威胁论"高涨。

当代日本知识层的中国认知,存在复杂的层面,其中既有"新脱亚"的思考,也有"东亚共同体"的主张。为近代日本中国认知提供理论基础的是福泽谕吉。其实,这种中国认知标准,是源于近代西方的"亚洲停滞论"。福泽谕吉曾号召日本要"一切以西洋为目标"。日本近代中国认知,即形成于明治时代。这种认知类型的特点是以西化程度进行价值判断,区分"文明程度"高低优劣。例如福泽认为,国家选择友邦,也要按照这套标准。他说,"为今日谋事,我国不能等待邻国开明,共同谋求亚洲复兴。毋宁脱离其伍,与西洋文明国家共进退。我们对待支那、朝鲜的方法,不应因其是邻国而予以特别关照,只如西洋人对待他们那样处理即可。如亲近恶友,则不可免除同样恶名。我们应从心底里谢绝亚洲东方的恶友"。①

20世纪80年代,日本出现"回归亚洲"的口号。日本经济学界提出以日本为领导的"雁型发展理论",日本政治家希望在亚洲发挥领导地位。但是泡沫经济破灭以及"失去的20年",让日本丧失了作为亚洲领袖的信心。最近20年的中国崛起,日本存在不适应。目前,日本意见领袖、政治精英层中,存在一种"新脱亚论"。在这种情况下"新脱亚论"登场。"新脱亚论"者认为,进入21世纪,日本周边危机四伏,与明治时代类似。这种主张把日本定义为"海洋国家",认为要解除日本的危机,则要建立"日美海洋国家同盟",以应对周边的"压力"和"威胁"。这种观点主张以日美为主导重构亚洲国际秩序。

2008年,渡边利夫推出《新脱亚论》,该书主要从历史角度谈日本国家战略。早在20世纪80年代,渡边以"雁形理论"倡导者闻名,他认为东亚经济日本位居雁头,其他各国依次发展。这个理论曾经博得相当人气,随日本长期萧条、中国经济快速发展,该理论随之沉寂。上述《新脱亚论》并非是一本经济学图书,而是一部借史喻今的著作。在书中,渡边利夫通过对陆奥宗光、福泽谕吉等人的对外政策思想、外交手法的叙述,表达了其本人对明治时期日本对外政策的共鸣。他认为,日本对朝鲜半岛的支配以及对中国的侵略,都是日本自卫的方法,如果不采用那些方法,日本可能在列强争夺的帝国主义时代无法维护自己的自立。②

渡边认为进入21世纪后,日本面临的周边环境与明治时代非常相近,充满危机。对于解决日本危机的方法,渡边提出建立"海洋国家同盟",以应对周边的"压力"和"威胁"。该书第12章的主标题就是"捍卫日美海洋国家同盟",副标题为"自卫权"。在封腰上,渡边的一段话耐人寻味:"我想对中国、韩国友人做一忠告。如果中韩认为,对于来自中韩的'冷遇'和'侮辱',日本人将永远忍耐下去的话,那么这个前提将是极

① 福沢谕吉:《脱亜論》,《時事新報》1885年3月16日。
② 渡辺利夫:《新脱亜論》,文春新書,2008年,第300页。

其危险的。"

对于未来日本的道路选择,渡边明确反对"东亚共同体",但不反对自由贸易区。他说,"应该积极建立双边或多边 FTA、EPA,在该地区建立多重自由化的功能性制度网络"。但对于东亚共同体,"只能作为 FTA、EPA 这种功能性制度建设的最终目标,而绝不能逾越这一线"。他认为,如经济发展阶段差异、政治体制不同、安全保障问题等,都是建立共同体的障碍。他特别强调,"东亚共同体"构想背后"是中国的地域霸权主义"。①

国际政治中乃至文化类型中日本的国家定位,是明治维新以来日本人不断思索的问题。明治时代的"脱亚论",其实是日本力图把自己区别于其他亚洲国家的一种政治考虑,如同福泽谕吉所说的,是为了不让欧洲人把日本与中国、朝鲜混同视之。同时,也为日本以"先进文明"的名义干涉亚洲提供了借口。

上述"新脱亚论"是在特殊背景下产生的。在冷战后的全球化进程中,新兴工业国家崛起,而日本则进入 20 年的萧条期。随着国际地位的下降,日本国内的危机感增强。如何解决日本经济在全球地位下降的问题,这不仅是一个经济政策问题,也在很大程度取决于国际政治。如今日本跨国企业在亚洲的表现,本来已为日本经济的未来提示了方向,但日本某些把中国崛起视为威胁的势力很强。

那么,日本未来的战略立足点在哪里呢?渡边写道,日本"要想在权力政治的世界中生存下去,必须与利益共有的国家为友邦,与其结成同盟。同时,还要拥有集团自卫权。按照上述标准,同盟国应选择拥有强大军事力量、注重国际信用的海洋霸权国家"。渡边利夫说,"日本近代史的成败告诉我们,以日美同盟为基轴,联合台湾、东南亚、印度、澳大利亚、新西兰,以此牵制欧亚大陆,谋求日本自身的生存与繁荣的生存方法,是一种明智的选择"。②

其实,"新脱亚论"并非新理论,而是日本与亚洲外交中的一种常态。日本政治学者猪口孝认为,日本的历史是一部以在压倒性优势的中国文明面前确立民族自我为由,寻求脱离亚洲的故事。究其原因,是因为日本

---

① 渡辺利夫:《新脱亜論》,文春新書,2008 年,第 276 页。
② 渡辺利夫:《新脱亜論》,文春新書,2008 年,第 272 页。

对中国怀有一种深刻的文化负债感,从而导致产生要与中国保持一定距离的强迫性观念。

这种思考强调日本的特殊性,把日本同亚洲大陆割裂,要求日本与海洋国家站在一起。猪口孝认为,在对亚太国家态度中日本存在"负债"、"蔑视"、"脱离"这三种感情,这使日本人在与该地区其他国家人民的关系中积累了一种强烈的自卑。他认为,如果要与亚太国家建立一种更加健全、更加和谐的关系,日本人必须消除这种自卑。①

四　日本对华认知转型的原因

一般来说,某一国家对其他国家的认知,可分为政府—主流媒体认知、知识精英认知与民众认知。对上述三种当代日本中国认知类型、特点展开讨论,可以了解今日中日关系的深层根源。

日本政府—主流媒体的对华认知,既受日美关系的制约,也有自己的独特主张。奥巴马上台后,美国开始撤回在阿富汗、伊拉克的派遣军。与此同时,美国加强了其在亚洲的存在。最近中国周边国家的各种冲突背后,明显存在美国战略调整的背景。

在日美关系上,表面上日本政府惟美国马首是瞻。但另外一个方面,日本政府的真心意图其实是"借船出海",利用日美同盟,扩大日本在国际上的活动空间。20世纪90年代起,日本就提起"普通国家论"。②"9·11"为日本提供了一个突破战后秩序的机会。1991年以后,日本部分官僚、政治家谋求的派遣自卫队出国的愿望,在小泉内阁得以实现。布什政权建立以及9·11冲击,加速了日美军事合作的步伐。9·11后,小泉政权在外交安全保障方面实现了重大转换。9·11后,美国要求阿富汗塔力班政权交出阿尔盖达分子,但遭到拒绝。2003年11月,美国进攻阿富汗。日本国会为支援美军攻击阿富汗,制定了《反恐特别措施法》,向印度洋派遣自卫队。当时,美国副国务卿阿蒂米奇要求日本"要亮出日本的旗帜"。为了回应美国的要求,日本政府向印度洋派遣海上自卫

① 猪口孝:《国际政治の见方—9·11後の日本外交》,ちくま新书,2005年,第117页。
② 猪口孝:《国际政治の见方—9·11後の日本外交》,ちくま新书,2005年,第25—26页。

队,为美军提供燃料、饮水、非战地医疗救援等。① 进入21世纪后,日本的自我定位、调整趋势仍然没有改变。

五百旗头真指出,9·11后,小泉纯一郎首相在反恐问题上与美国建立了紧密合作关系,发挥了指导作用,日本在国际安全保障领域的作用增强。他说"小泉外交的特征是赋予日美关系特别例外的重要性"。但是,五百旗头真指出,有些日本首相在重视对美基轴的同时,在亚洲外交上获得了成功。例如岸信介东南亚外交与对美外交、佐藤荣作在越南周边国家外交与美国外交、中曾根康弘韩国中国外交与美国。他实际是对小泉亚洲外交进行了批判。②

进入21世纪后,中日关系开始出现强烈扭曲。这在很大程度上来自小泉对中国的轻视。小泉曾经说,只要对美关系搞好了,对华关系自然会好。这种认识,是他中国外交失败的根源。小泉执政时期,中日关系停滞、冰冻,两国关系因历史问题、领土问题陷入僵局。

第一次安倍内阁建立后,日本记者清水美和说:"尽管在政府层面的外交关系好转,但是对中国的拒绝感、嫌弃感似乎反而增强了。"他说,尽管中国发生了许多变化,但是日本人对中国的一般认识却依然停留在"共产党独裁没有自由"、"贫困落后",即日本人对中国的认知仍受到数十年前先入观控制,没有改变。③ 这个时期,日本对华认知存在的问题,阻碍了东亚关系的稳定。日本舆论的中国认知如何调适值得瞩目。安倍第二次内阁,坚持实施价值观外交,拓展中国包围网外交,这已经成为中日关系发展的严重障碍。今天日本政府的对华认知主线,是以意识形态的色彩观察中国。冷战时代的中国观察框架,仍然在规定日本中国观察的方向。

猪口孝说,冷战后,因苏联崩溃日美安保条约任务大幅改变。他认为,对于9·11后恐怖的全球化,日本只是随美国战略的调整而调整,日本外交的方向与特点并未发生大的变化。④

在冷战结束后,东亚国际政治格局却依然处于冰封状态。日本政府

---

① 石川真澄、山口二郎:《战后日本政治史》(第三版),东京岩波新书,2010年,第206—207页。
② 五百旗头真编:《战后日本外交史 新版》,有斐阁,2006年,第274页。
③ 清水美和:《"中国问题"的核心》,ちくま新书,2009年,第16页。
④ 猪口孝:《国际政治の见方—9·11後の日本外交》,ちくま新书,2005年,第20页。

智库的对华认知,强调日本处于历史阶段的先进阶段,面对中国充满优越感。在这种优越感支配下的对华认知明显带有民族主义,缺乏外交亲和力。这种对华认知,提倡"积极的和平主义",重视日美同盟。日本智库提出"后现代国家论",即认为在文明序列上看,日本与亚洲其他国家不同,处于"后现代国家"。这种观点贬抑中国处于"现代"阶段,固执于国家主权,常陷入"本国利益至上"的狭隘国家利益追求。而日本则是处于"后现代"阶段的国家,对"国家利益"可从更广阔视野把握,对维护国际公共利益需求有更强烈自觉。这种观点充满居高临下的态度,有意割裂了亚洲的一体性。①

麻生内阁时日本提出"自由与繁荣之弧"外交,第二次安倍内阁提倡价值观外交,两者一脉相承,均表达了当代日本政府—媒体中国认知的重要侧面。这种认知引导日本政府实施中国包围网,并推动日本加入 TPP(跨太平洋伙伴关系协定)的进程。不过,东京新闻论说委员清水美和曾说,对于外交来说,"价值观"并不能成为决定性要素。他认为美国在安全保障等领域开始与中国进行"战略经济对话",而硬实力、软实力比美国逊色很多的日本,即使在国际上不断高喊,也只能遭到中国反抗,不是明智的做法。②

日本国际政治学者冈部达味说,"日本长期是东亚唯一的发达国家,因此很多人对中国的崛起有抵抗"。"但是,不论如何,对方是世界最大的国家。假定日本可以对抗一时,但是不会长久。争夺霸权是非常愚蠢的。对策只能是与东亚其他国家交往,发挥自己的特长,建立相互协作相互协调的友好关系。"③

结　语

"撞船事件"以来,中日关系持续紧张。至少从目前看,两国关系并无明显改善迹象。即使从中长期看,中日关系的对立是否可以得到解决,

---

① 财团法人日本国际フォーラム政策委员会:《日本国际フォーラム第 32 政策提言》,《朝日新闻》2009 年 10 月 23 日 8 面。
② 猪口孝:《国际政治の见方—9・11 后の日本外交》,ちくま新书,2005 年,第 217—218 页。
③ 冈部达味:《日中关系の过去と将来——误解を超えて》,东京岩波书店,2006 年,第 151 页。

我们也无法断言。这是因为中日关系的对立具有持久性。

甲午之役后至今,已有 120 年。其间中日关系有好有坏,坏时居多。这是因为,从中日两国近代国家建构看,其所动用的资源是对立的。至今,日本的文学影视作品,仍将甲午战争对华胜利作为其民族最辉煌的一页。从中国近代国家构建来看,甲午败绩、抗战历史记忆,至今仍是中国国家构建主要资源。这种对立已经深深凝聚在双方各自国家建构结构之中。

前述中日关系存在的"他者"性质,是"72 年体制"崩溃的重要原因。对中日双方来说,今天最重要的是,要建立一种主体关系,而不是作为某个主体的附属品或伴生物。这是摆在中日两国政府面前的一个十分重要的任务。

中日建交时代,两个国家对于可能影响两国关系的历史认识问题进行了封存。但自 20 世纪 90 年代起,这些要素陆续解冻复活。日本普通国家论、参拜靖国神社、废除宪法第九条、解禁集体自卫权等要求改变现状的主张日益崛起,引起了中国的警惕、反弹,这种反弹,被日本主流媒体利用,加工成为中国反日的概念。结果,则是损耗了"72 体制"建立起来的中国认知模式。

经过以上关于日本中国认知形成的分析,我们可以了解,日本政府—主流媒体的中国认知,对日本中国认知的形成发挥了主要作用。日本的中国认知,强化了日本政府的对华强硬政策。中日有关历史认识、领土方面的对立不能短期得到解决,但双方对立导致的冲突是可以控制、避免的。20 世纪七八十年代的经验告诉我们,一个共同的目标,可以凝聚双方的意志。从目前看,进一步加强域内经济合作十分必要,从中长期看,中日两国应对亚洲共同体建设负有重要责任。

前述日本的"新脱亚论",暴露出日本对亚洲文明缺乏信心,可能导致亚洲文明的分裂。面对亚洲分裂的危机,亚洲各国应以维系亚洲稳定、和平与繁荣的责任感,共同设计更高层次的亚洲经济合作方式,奠定亚洲未来繁荣的制度基础。其中最重要的,是亚洲共同体的制度基础、亚洲共同体的集体安全保障设计。同时,亚洲必须积极创造自己的价值。

一个正在崛起的亚洲,呈现了对各种文明兼容并蓄的面貌。亚洲应该构筑一种新的共同体,既相互包容,又对外开放。亚洲国家没有排斥西方,同时又拥有、维持自己的存在方式。例如强调宗教融合、重视感性、实践理性都是亚洲共同资源。克己勤勉、注重教育也是亚洲的传统。这些都是亚洲共同体设计的基础。

中日关系的复杂性决定了两国对立的长期性。笔者认为,可以通过亚洲共同体的建设,实现日本的中国认知向良性转变。

第四章　日本知识精英的对华认知及其美国因素

　　进入 21 世纪以来中日关系的发展很不平坦,特别是近年来中日关系更是跌至恢复邦交以来的最低点。可能没有比当下的中日关系更让人有时代错觉,一方面世界上第二大与第三大经济体高度相互依存展现了不断深化的全球化时代主要特征。根据日本外务省的数据,2007 年,中国成为日本最大的贸易伙伴、2012 年日中贸易额占日本贸易总额的 20%,相比之下日美贸易额比重为 13.6%。2012 年,日本为中国第二大贸易伙伴、最大投资国,在华日本企业 2 万多家居各国之首。① 而另一方面,政治关系的恶化似乎不断在提醒人们中日双方仍然生活在 20 世纪 30—40 年代的民族主义激烈对抗时代。2013 年的民意调查显示,中日双方受访者回答对另一方印象不好的比例都超过了 90%。② 为什么中日相互依存不断加深的情况下双方关系却在不断恶化? 从中国看来,这是因为日本偏离了友好政策,其原因在于"要么是日本对华认知出现了偏差,要么是要想通过渲染'中国威胁'来达到不可告人的政治目的"。③ 究竟日本如何看待中国? 如果是后者,日本出于敌意将中国的发展主要认知为对日本的威胁甚至敌对,那么日本的对华政策也势必走对华对抗性的道路。如果是前者,那么日本对华认知出现了什么样的具体偏差,又是如何形成的? 认知偏差是否已经固化到不可逆转地步? 对于这些问题的回答直接关系到中国对于日本的基本认知和政策选择。本研究将从认知与政策关

---

① 日本外务省:《最近の日中関係と中国情勢》,2013 年 4 月,http://www.mofa.go.jp/mofaj/area/china/,2014 年 1 月 29 日链接。
② 日本言論 NPO:《日中共同世論調査 2013》,2013 年 8 月,第 2 页。
③ 《中日友协会长唐家璇:日方需明确对中国定位》,2013 年 10 月 26 日,国际在线。

联性,以及这两者同中、美、日三边关系的相互影响角度展开分析。

一　认知的三个层面与知识精英认知的重要性

《韦伯英文词典》将认知(perception)定义为"认识的结果"。[①]《牛津高阶英汉双解词典》则将认知定义为"观察事物的方式"。[②] 尽管定义有所不同,但核心内容都包含了如何看待对方的内容,这说明认知本身具有主观性(subjectivity),那就可能出现误认知(misperception)[③]的情况,而且在现实中完全准确的认知几乎不可能,如何减少误认知就显得尤为重要。

从学术角度来看,"认知"首先是一个心理学的术语,冷战时期由于两极格局下美苏为了避免核战争双方需要不断地对于对方的战略意图进行评估来决定对外政策(冷战本身就是一场心理战),"认知"被正式引进到国际关系学科,特别在美国成为支撑庞大的威慑理论(deterrence theory)的重要变量。尽管在之后的国际关系研究和实践中"认知"被广泛使用和接受,但其在国际关系学科中的内涵并没有得到很好的界定。[④] 与此同时,"认知"作为一个主观的智力活动就不可避免地包括两个部分,即理性的认识过程和感性的认识过程。在国际关系学科中对于"认知"的研究存在着侧重于感性因素的程度高于理性因素的倾向。[⑤] 这一点在中日关系研究中尤为明显,例如双方在有意无意中常常把对于对方领导人亲华或者知日的认知作为影响双方关系的主变量之一,同时中日关系的相互认知的研究中还存在着过度关注官方政府认知的倾向。

本研究认为"认知"至少可以粗略地分为三个层面:政府官方认知,知识精英认知和民众认知(参见图1)。研究日本对中国认知演变当然最

---

① *Merrianm-Webster's Collegiate Dictionary*(MA:Springfield,1999),p.861.

② 《牛津高阶英汉双解词典》(第7版),商务印书馆·牛津大学出版社,2009年,第1473页。

③ 笔者在考虑misperception的译法的时候最初想到的是"认知错误"、"错误认知",但最后认为"误认知"更加合适,因为人的认知不可能完全错误或完全正确,有偏差的"误认知"普遍存在,只是程度不同。参见张云:《误认知的困境与中日关系》,《联合早报》2013年5月30日。

④ 关于认知的理论文献并没有明确在国际关系中认知的主体究竟是谁,而基本上默认决策者是认知的主体。Robert Jervis, *Perception and Misperception in International Politics*(New Jersey:Princeton University Press,1976).

⑤ Robert Jervis, *Perception and Misperception in International Politics*(New Jersey:Princeton University Press,1976),p.3.

为理想的方式是同时考察上述三个层面的认知演变轨迹,但这样做的工作量异常庞大,使其不太具备现实操作性。而从分析日本对华政策演变背后的逻辑来说,最直接的方式应当追踪政府官方的对华认知轨迹,然而政府文件、官方谈话往往言语谨慎并且试图尽量保持连续性的特点,容易掩盖事实上已经发生的认知变化和实际存在的内部的智力博弈,即官方认知常具有滞后性、单一化的问题。与此同时毋庸讳言,民众认知在现代政府决策中具有很重要的作用,但民间讨论和评论往往容易被一时一事所左右,缺少系统性,且掺杂较多感情因素,具有短期性、易变性和感性化的缺点。本研究认为把焦点放在研究日本知识精英对中国认知上,可以较好地克服上述问题,帮助我们梳理日本对华相关认知与对华政策以及中、美、日三边关系之间的联系。

图 1　认知的三个层面

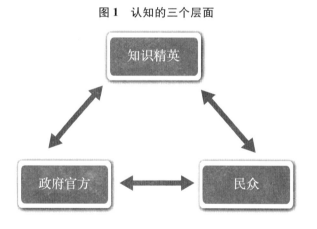

首先,知识精英的专业性和自由度为研究整体认知提供了很好的标本。他们往往接受过较好教育和训练,有学术或者实务经验和从专业角度长期追踪的经历,这些让知识精英的认知比大众认知更具理性,能够从较长的时间和空间跨度看问题,减少短视、感性的缺点;知识界发表意见,观点自由度同官方相比要高得多,这让他们的认知可以比官方认知体现出丰富的多样性,研究者从而能看到一个比较完整的政策逻辑的光谱,并在此基础上找出主次,较高的自由度意味着知识精英还可以比较及时地反映认知的变化。

　　第二，知识精英本身具有相对的独立性，加之处于官方和大众之间具有较强的双向性和可进入性(accessibility)，其对官方认知和大众认知常常具有较强塑造性的影响力。同第一点提及的知识精英的专业性相关联，这一群体往往在知识、信息、经验等方面处于相对垄断的状态(当然高级官员在某些方面可能更强)，无论作为政府咨询委员会的专家成员，还是在媒体或者其他平台上面向大众发表专业看法，知识精英影响另外两个层面认知的渠道和方式较多。他们以提供"智力产品"(intellectual products)的方式，一方面对政府决策提供智力支持，另一方面向大众提供解释。在讨论议题的聚焦(topic framing)和政策议程(agenda setting)的设置方面也发挥着重要作用，同时在现代信息传播工具的帮助下可以迅速普及和扩散(proliferation)。

　　第三，知识精英的认知除了在国内有对政府和大众的影响力，在国际上同样有国际可进入性和影响力。知识精英在一个网络化的国际精英圈，频繁地同其他国家的知识精英交换看法获得信息，这种国际可进入性的特点让他们获得了能够影响他国知识精英的机会(尽管有效性还需要研究)，进而获得可能间接影响对方国家的官方和大众认知的优势。

二　分析框架与三边关系视角的重要性

　　日本一位著名中国问题专家曾写道，"如何看待中国崛起的问题说到底就是回答中国对日本是否构成威胁的问题"。① 按照这个标准，日本知识精英的对华认知可以定义为是否认为中国对日本构成威胁的看法。笔者部分赞同上述标准，但认为这是日本知识精英有关中国认知中最为直接的部分，看上去这部分认知理所当然应是构成日本对华政策判断的决定性材料，但是否真的如此则需要通过研究来验证。如果认为日本的对华政策的逻辑基础主要在对于中国对日本构成威胁有多少上的话，那么在研究中可以预期的结果应为日本对中国威胁的认知越强烈，日本对华政策就应该越不积极，反之日本对中国威胁的认知变化幅度不大的话，那么日本对华政策的积极程度也不会有大的变动，对于这一点将在下面

---

① 　天児慧:《挑戦者から協調へ:多元化する中国外交への視座》,《論座》2008 年 8 月,第 42 页。

进行论证。

本研究认为日本的对华外交首先是日本整体外交中的一部分,日本对华政策不大可能仅仅依靠对中国本身或者中日关系影响的认知来制定,对华外交受制于日本整体外交框架的限制。日本在关心中国的发展对日本构不构成威胁、程度如何的同时,日本的战略家们可能有理由更关心中国的发展会给世界体系带来什么样的结构性变化。与此同时,作为一个在战略和外交上同美国紧密结盟的国家,日本天然地关心中国的发展对于日美同盟会产生什么样的结构性变化。如果国际体系和日美同盟将发生变化,日本的整体外交就必须随之变化,对中国外交也就相应地需要变化。所以,本研究认为要搞清楚日本对华政策背后的逻辑,不仅需要考察知识精英对中国崛起认知的直接部分(direct perception,以下称直接认知),还必须分析对中国崛起认知的间接部分(indirect perception,以下称间接认知),才能看清全貌,且后者可能更具支配性(参见图2)。

图2　日本知识精英对华认知的组成框架

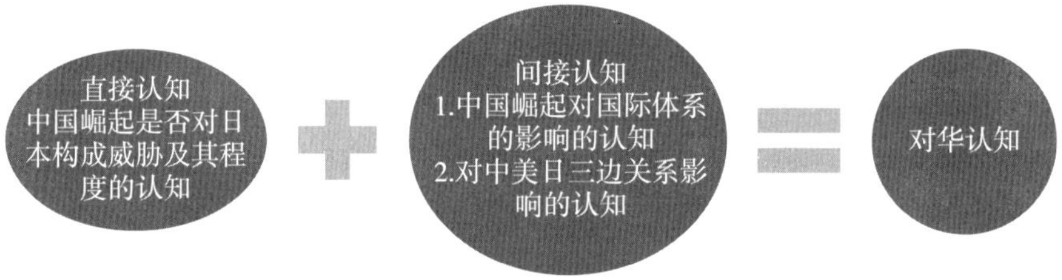

笔者始终认为研究中日关系不能够就双边关系研究双边关系。首先,不能够脱离美国因素,由于日美属于不平等的安全同盟关系,美国因素对日本外交整体有很大影响,有的时候甚至可能会是决定性影响,日本的对中国外交也不例外会受到日美同盟影响。离开日美关系和中美关系讨论中日关系就可能会陷入"只见树木,不见森林"的困境,这也是研究三边关系重要性所在;第二,研究中日关系不可以脱离中日对于国际体系的整体认知和判断,双方的政策决定者在制定对外战略对策时,首先在对国际体系整体以及自身国际定位的判断基础上设计同对方的关系定位,离开整体国际形势的认知的分析同样会让中日关系的研究处于狭隘和短视的困境;第三,研究中日关系当然需要关注各自内部的政治经济发展对于中日关系的影响,但是要注意不能过度评估各自内政对于中日关系的影响程度。

三　日本知识精英对中国崛起的直接认知

如前所述,日本知识精英对华认知最为直接的体现形式为实力(power)增长后的中国对于日本是否构成威胁的看法上。国际关系学科中关于实力的定义长期以来众说纷纭。哈佛大学教授约瑟夫·奈将国家实力细分为硬实力和软实力,使得学术界对于实力的认识更加全面。[①]本章也希望能从硬实力和软实力两个方面来探讨日本对中国崛起的反应,但是由于软实力在定义、衡量标准以及影响力评估上有较大争议,并考虑到国家在考量外部威胁时往往倾向于优先评估硬实力威胁的现实,笔者主要关注日本知识界对中国的硬实力崛起(经济实力和军事实力的发展)的反应。与此同时,考虑到中日经济结构存在并将继续存在的巨大互补性以及中国经济发展给日本带来的机遇和利益增大,中国经济威胁论在日本知识界几乎没有市场,而且在国际关系中讨论崛起国家是否构成威胁,主要判断还在于迅速增长的经济力量是否会转化为军事力量,本章将焦点放在日本知识精英对中国在安全和军事上的崛起的认知上。

冷战时期,由于中、美、日有着共同的敌人——苏联,中日之间经济实力又差距悬殊,加上中日关系整体良好,在日本基本没有关于中国对日本构成安全威胁的讨论。冷战结束后,尽管日本的学者可能在世界上最早明确提出两极格局解体带来的实力结构变化和中国人民解放军现代化将会导致中国成为潜在的威胁的所谓"中国威胁论"[②],然而20世纪90年代日本关于安全保障的讨论主要集中在日美同盟上,到90年代末期开始增加对朝鲜半岛的关心,对于中国军事威胁论的讨论属于"少数(minority)"。[③]进入新世纪后,随着中国加入世界贸易组织(WTO),实力增长迅

---

① Joseph S. Nye, Jr., *Soft Power: The Means to Success in World Politics* (New York: Public Affairs, 2004).

② 村井友秀:《新中国脅威論》,《諸君》1990年5月,第186—197页。

③ Chikako Kawakatsu Ueki, *The Rise of "China Threat" Arguments*, Ph. D. Dissertation to Massachusetts Institute of Technology, September 2006, pp.334—336. 早稻田大学教授天儿慧编著的《中国是否是威胁》一书就属于"少数"中有代表性的著作,而且该书的作者们对中国成为威胁的可能性持怀疑态度。天儿慧:《中国は脅威か》,勁草書房,1997年。

速,相关的讨论呈现出明显活跃趋势。① 日本防卫大纲在 2004 年首次暗示中国可能会成为"潜在威胁"。② 2005 年 12 月,当时的日本外相麻生太郎和民主党代表前原诚司都在公开发言中提及"中国威胁论"。③ 这些经常性地被解读为日本的对华认知已经形成了共识——中国对日本构成全面而且巨大的安全威胁。这个结论看上去有道理,然而我们很容易就发现情况并不那样直线式。如果日本认为中国是日本全面而且巨大安全威胁已经成为主流认知的共识的话,那么为什么日本的防卫预算到 2012 年底为止连续 10 年没有增长相反是减少的?④ 这说明选择性地使用一些表态得出的笼统结论很有可能导致"误认知",这就要求我们更加精致地使用学术框架和具体证据来细致考察,以摆脱以"感情认知"(emotion perception)来代替"认识认知"(cognitive perception)的危险(尽管认知中天然地存在着感情判断的因素,但如果有意识地加以避免可以尽量减少)。是否能够准确全面地认知日本对华认知也是中国对日决策的重要依据,尽量减少"误认知"从政策层面也有重要意义。

美国麻省理工学院的理查德·萨缪尔森教授在对日本明治后到现在的大战略思想进行研究的基础上认为,日本开国以来摆在精英们面前的一个不变的课题就是"如何才能让日本更加安全"。他认为事实上日本精英的大战略(grand strategy)思想流派组成并没有太大的变化,只是主流变化了。他把冷战后日本精英层的大战略流派分成四类,这个框架对于我们梳理和细化研究日本知识精英对华认知具有重要的借鉴意义,因

---

① 2000 年被认为是日本的"中国安全威胁论"讨论的重要转折点。Chikako Kawakatsu Ueki, *The Rise of "China Threat" Arguments*, Ph. D. Dissertation to Massachusetts Institute of Technology, September 2006, p.334.

② 《平成 17 年度以降に係る防衛計画の大綱》。Richard J.Samuels, *Securing Japan: Tokyo's Grand Strategy and the Future of East Asia* (Ithaca, N.Y.: Cornell University, 2007), p.69.

③ 2005 年 12 月 22 日,麻生太郎外相在记者会见时表示:"中国人口十几亿,又有原子弹,同时过去 17 年间军费两位数增长,而且内容不透明,我认为正在成为很大威胁。"2005 年 12 月 8 日,日本民主党代表前原诚司在美国国际战略研究中心(CSIS)演讲中表示"中国经济发展为背景的军力增强和现代化是现实威胁",并认为"日本应当考虑修改宪法以允许日本行使集团自卫权"。照屋宽德:《中国脅威論に関する質問主意書》,平成 18 年(2006)1 月 23 日,<http://www.shugiin.go.jp/itdb_shitsumon.nsf/html/shitsumon/a164007.htm>,2011 年 2 月 17 日链接。

④ 安倍晋三内阁执政后,日本从 2013 年度开始比前一年度相比增加了防卫预算,目前的增幅并不大,但今后的动向需要紧密观察。

为中国崛起对于日本来说本身更多的就是一个战略问题而不仅仅是一个双边问题。如表1所示,笔者认为日本知识精英对中国崛起认知的直接部分可以用萨缪尔森教授提出的四类群体再加上日本的中国问题专家群体的五类分类框架来梳理。[①] 同时,结合2010年后日本对华认知的新变化,笔者认为第三和第五群体内部出现了分化的情况,值得持续关注。[②]

表1　战略安保角度日本知识精英对中国崛起直接认知的光谱(5类群体)

新和平主义者 Neo-Pacifists	新自主主义者 Neo-Autonomists	正常国家民族主义者 Normal Nationalists	中等大国国际主义者 Middle Power Internationalists	中国问题专家 China Experts
绝对和平论,绝对非武装,反对安保条约,反对基地中国没有威胁左翼政党和平团体影响力衰退	中国军事威胁全面且巨大美日同盟不可靠自主防卫核武装论非主流	中国崛起对日本的安全挑战威胁是有限的,局部的和可控的日美同盟加上自主防卫能够应对战略知识精英主流派	中国崛起对日本的安全挑战威胁是有限的,局部的和可控的不反对日美同盟但对其有效性有怀疑中等国家定位多边外交联合国亚洲外交地区一体化	中国国内问题制约中国外交中国对日本构成挑战威胁有限主张积极接触对中外交以东亚多边主义来改善中日关系
2010年后无变化	2010年后无变化	2010年后分化为现状派:基本坚持原有的"中国挑战(威胁)有限和可控论"修正派:"中国的挑战(威胁)扩大论"没有发生质变	2010年后认为中国外交变得比以往强硬,但坚持多边主义,没有明显变化	2010年后分化为温和派:中国外交发生了变化,但还没有质变激进派:中国外交革命性变化,放弃了韬光养晦政策

　　第一类,新和平主义者(neo-pacifists)。[③] 该群体的主张起源于冷战时期日本社会党与日本自民党长期对峙的"55年体制",当时以社会党为

① 前四类的分类方法参考了萨缪尔森的对日本大战略思想分类模型。Richard J.Samuels, *Securing Japan: Tokyo's Grand Strategy and the Future of East Asia* (Ithaca, N.Y.: Cornell University, 2007), p.112.
② 相关内容参见后面的分析。
③ 目前的和平主义者的主张与冷战时期绝对和平主义者的主张既有继承,也有区别,因此笔者主张称其为新和平主义者。萨缪尔森教授在书中仍然沿用和平主义者的提法。

首的日本左翼政党奉行完全反对日本再军备,反对美军基地的非武装中立(unarmed neutrality)。[1] 但冷战结束后,这种绝对和平主义的思想在日本影响力日微。首先,1994 年日本社会党党首村山富市当选首相,随后该党放弃了坚持了近 40 年的不承认自卫队,不承认日美同盟的立场,日本国内政坛在安保问题上的立场尖锐的"国内小冷战"对立情况消失。第二,冷战后日本周边安全形势的变化,特别是朝鲜半岛局势和中国的崛起,以及日本国内关于日本参与国际贡献的诉求增加使得绝对和平主义者不再具有现实吸引力。目前,日本社民党、共产党以及一些和平团体还继承着一定程度的绝对和平主义色彩的主张,但是在日本知识界很难找到相应的有影响的支持者。

第二类,新自主主义者(neo-autonomists)。该群体可以被看成是日本二战前和战时的"国粹主义者"(nativists)的继承人。[2] 新自主主义者主张日本应当走自主防卫的路线,他们主张放弃日美同盟或者对日美同盟持较强的怀疑态度,认为日本"追随"美国使得日本"国体"受损,主张修改宪法并对历史问题持"修正主义"态度,甚至主张日本应当进行核武装,新自主主义者也常常被等同于"极右派"。[3]

新自主主义者认为中国是日本国家安全的全面且巨大的威胁,并认为日美同盟在对应中国威胁上是不可靠的。西部迈从美国的意愿角度出发分析,认为"美国不会同日本一道去对应正在崛起的中国"。[4] 中西辉政虽然不完全反对日美同盟,但是从美国实力下降角度出发主张"日本应当发展核武器以对应中国军事特别是海军力量发展的威胁"。[5] 除上述两位学术界代表人物外,日本前自卫队航空幕僚长田母神俊雄和评论家樱井良子则是活跃在主要是右翼性质媒体和集会上的新自主主义者,

[1] Richard J.Samuels, *Securing Japan: Tokyo's Grand Strategy and the Future of East Asia* (Ithaca, N.Y.: Cornell University, 2007), p.112.

[2] Richard J.Samuels, *Securing Japan: Tokyo's Grand Strategy and the Future of East Asia* (Ithaca, N.Y.: Cornell University, 2007), p.112.

[3] Shinzo Yoshida, *Japan's Path in the 21st Century*, East Asian Intellectual Community, Weatherhead Center for International Affairs, Harvard University, December 3, 2010.在政治家中,代表性的人物是前东京都知事石原慎太郎。

[4] 《アジアの舞台に21世紀のゲームが始まっている》,《論座》2005 年 3 月,第 28—45 页。

[5] 中西辉政:《日本国核武装への决断》,《諸君》2003 年 8 月,第 22—37 页。

两人都认为中国是具有侵略倾向的危险国家。① 这位前自卫队高级将领的田母神在历史问题上认为"日本不是侵略国家",并对日美同盟的有效性持强烈怀疑态度。虽然新自主主义者的言论容易吸引媒体的注目,但是作为日本极右翼的代言人,他们的主张并不代表日本大多数国民的主流心态,也非日本知识界的主流。

第三类,正常国家民族主义者(normal nationalists),他们代表了日本战略和安保知识精英的主流。从思想源流来说,该群体是战后日本"重经济,轻军备"的"吉田主义"与战败前"大日本主义"思想的混合物。② 日本战败后进入美国占领时期,"美制"的"和平宪法"事实上决定了战后日本失去了建立战前军事强国的可能。20世纪50年代初东亚冷战降临,《旧金山和约》拉开了日本全面融入以美国为首的西方世界的序幕,同时日本也失去了与中国、朝鲜半岛及时和解的机会,日本在战后国际政治中的外交自主受到很大的限制。面对战败的现实,日本的政治精英们达成共识,走"彻底的经济优先"路线,即"吉田主义"。东京大学名誉教授佐藤诚三郎认为"日本也因此(由于选择了"吉田路线")失去了左右国际政治的基本框架的大国地位"。③ 正常国家民族主义者首先清醒地认识到了日本在战后失去了传统的国际政治重量级大国(great power)的地位,他们认为"吉田路线"的核心内容是依靠日美同盟和重视经济。与此同时,虽然日本战后经济恢复并一跃成为世界第二大经济体填补了战后日本国民对于大国地位国家认同(national identity)的一定程度上的需要,但是不可否认"吉田主义"也为战后日本政治和社会"带来的深刻的认同分裂和混乱"。④ 无论日本精英还是国民的潜意识中仍然强烈地保留着希望成为政治大国的心理需求,特别是当日本经济发展的目标完成以后。冷战后,日本的政治精英围绕着国家认同始终在追求"传统意义上的大国地位"(即正常国家)与"现有的经济大国地位"之间摇摆。⑤ 在

---

① 参见两人的个人主页。天母神:<http://www.toshio-tamogami.jp/>,樱井よしこ:<http://yoshiko-sakurai.jp/>。
② 旧式"大日本主义"主要指希望通过军事扩张成为国际政治中的大国的思想。
③ 添谷芳秀:《日本からみた米中関係》,《アイテイオン》2005年No.63,第94页。
④ 添谷芳秀:《日本からみた米中関係》,《アイテイオン》2005年No.63,第94页。
⑤ 佐々木毅:《変革期日本のナショナル・アイデンティティー》,《国際問題》No.558,2007年1·2月,第1页。

政治家中明确主张"正常国家论"的代表人物是小泽一郎。①"正常国家论"产生的背景是日本经济实力高涨后出现的含有理想主义色彩的"国际贡献"的讨论，冷战后东亚安全形势的变化使得"正常国家论"进一步吸引现实主义者。正常国家民族主义论者认为在政治安全上日本应该在坚持日美同盟的基础上加强自身的努力，并在国际安全贡献上更加积极能动。他们普遍认为中国的军费增加和军力增强对日本构成挑战和潜在的威胁，并有可能引发军事冲突，但是他们认为中国崛起对日本的安全挑战（威胁）是有限的、局部的和可控的。

从安全研究来说，"威胁"可以从"意图"（intention）和"能力"（capability）两个层面来讨论。但"意图"不能够用量化和可视的指标来衡量，对于安全保障研究人员来说就不得不做最坏的情形设想以及预先规划如何对应这样情形出现的方案。对于中国的"意图"，这一群体的主流不认为中国会对日本进行大规模侵略，但是不否认中国构成威胁的可能（主要是小规模的军事冲突，特别是海上）。日本内阁在回应"中国威胁论"的质询中则指出"在意图方面，基于中日已经缔结了互不侵犯的和平条约，中国不存在对日侵略的意图，因此日本政府不认为中国是威胁"。但是，该回复同时又指出"所谓的'意图'是变化的，'潜在的可能威胁'的提法是基于对于可能发动侵略的军事能力的着眼，综合判断而使用的"。②从某种意义上说，日本内阁的上述表态就是从官方层面将中国定义为"潜在的威胁"。东京大学战略与安全保障专家田中明彦教授指出"目前还不能知晓中国是否会对日本和美国构成安全保障上的威胁"，有必要对"如果中国出现了可能采取单边主义行动的领导人出现"的情况做准备。③日本主流安保专家是默认中国可能成为日本安全潜在挑战或者威胁前提下展开研究和讨论的，这样重点就自然地转向对中国军事"能力"的关注上。尽管日本知识界中安保专家中的主流承认中国对日本的潜在威胁，主张坚持和强化日美同盟，但应当看到他们中的大多数认为从"能

---

① 小沢一郎:《日本改造計画》，講談社，1993 年。

② 内閣総理大臣小泉純一郎:《衆議院議員照屋寛徳提出中国脅威論に関する質問に対する答弁書》，平成 18 年（2006）1 月 31 日，<http://www.shugiin.go.jp/itdb_shitsumon_pdf_t.nsf/html/shitsumon/pdfT/b164007.pdf/＄File/b164007.pdf>，2014 年 2 月 17 日链接。

③ 田中明彦:《日本の外交戦略と日米同盟》，《国際問題》No.594，2010 年 9 月，第 41 页。

力"角度来看中国的威胁是有限的,而且是可控的。更有意思的是,上述主流认知在 21 世纪第一个 10 年时间内保持了高度的连贯性。同时需要指出的是发生在 2010 年的中日"撞船事件"对日本知识精英的对华认知产生了较大的影响,同样对战略安保专家的上述主流认知也产生了挑战,尽管 2010 年后这个群体对中国威胁的认知和对策出现了分歧,但并没有发生质的变化。①

　　2000 年,担任过多届内阁有关安全保障恳谈会委员的田中明彦教授写道,虽然中国威胁论出现不奇怪,但对"中国军事实力冷静地评价的话,对于在日美同盟基础上的日本和美国不构成威胁是一清二楚的"。②而且"中国威胁论"也没有在日本的政策中反映。③ 在 2010 年前,这一群体在对华认知上比较普遍地体现了上述共识,即"中国挑战(威胁)有限和可控论"。曾经担任麻生太郎内阁时期"安全保障与防卫力恳谈会"委员的日本早稻田大学国际安全问题专家植木千知子教授认为中国崛起构成对于日本安全的挑战,但认为"中国的攻击性的军事实力增长是有限的",④在此基础上她进一步指出"很多的安全保障的专家认为中国尚不具备攻占台湾的军事力量,更谈不上距离中国更远,武器装备更加精良的日本"。⑤ 她还指出"尽管中国在过去 20 年间军费以两位数百分比增长,但是与美国相比尚有很大的差距"。⑥ 另一位被认为更加保守派的战略安保专家北冈伸一在 2010 年初写道"对于中国的未来不悲观,中国是有可能成为国际社会中有责任的一员的",要实现这个目标就必须强化日美同盟。⑦

① 关于日本知识界对华认知的新变化的分析将专门论述。
② 田中明彦:《ワード·ポリテイクス:グローバリゼーションの中の日本外交》,筑摩书房,2000年,第 118 页。
③ 田中明彦:《ワード·ポリテイクス:グローバリゼーションの中の日本外交》,筑摩书房,2000年,第 112 页。
④ Chikako Kawakatsu Ueki, *The Rise of "China Threat" Arguments*, Ph. D. Dissertation to Massachusetts Institute of Technology, September 2006, p.334.
⑤ 植木(川勝)千可子:《"世界の構造変動と日米中関係—リベラル抑止"政策の重要性》,《国際問題》No.586,2009 年 11 月,第 23 页。
⑥ 植木(川勝)千可子:《"世界の構造変動と日米中関係—リベラル抑止"政策の重要性》,《国際問題》No.586,2009 年 11 月,第 19 页。
⑦ 北冈伸一:《2010 年の日本外交》,《国際問題》No.588,2010 年 1 月,第 2—3 页。

2010 年可以说是一个分水岭,日本知识精英普遍认为中国比以前更自我主张(assertive),甚至强硬,但在认知中国"新变化"带来的安全威胁上则出现了分叉。

第一部分是基本坚持原有的"中国挑战(威胁)有限和可控论"的现状派(status quo group)。他们的主要政策处方仍然是强化日美同盟基础上更加积极的安全战略政策。田中明彦在 2011 年的文章中写道:"整体来说,中国的崛起带来战争的危险并不大,可以判断权力和平转移可能性很大。"① 他还认为可能引起战争的具体的问题(包括东海争端)在美国和盟国的军事优势威慑下是可以管理的。② 这表明田中教授在 2010 年中日经济总量逆转、中日在钓鱼岛问题上的争端激化的情况下,对华认知与 2000 年中国的经济实力尚不到日本 1/4 时候的认知没有发生太大的变化。另一位主流战略安保专家日本防卫大学前校长五百旗头真在 2010 年的防卫大学校建校纪念日的讲话中提及东海"中日撞船事件"后含蓄地指出了来自中国的潜在军事威胁,但是他认为日本有办法让"经济实力和军事实力都将超过日本的国家不出手"。③ 五百旗头真首先对日本的防卫能力表示了信心,认为"日本防卫的技术水平和综合利用能力很高",即使"不用威慑力的提法,至少日本也拥有很强的反抗力"。④ 他认为"在此基础上配以日美同盟和外交,那么任何国家都不可能轻易对日本出手"。⑤

与现状派形成对照的另一部分可以称为"中国的挑战(威胁)扩大论"的修正派(revisionist group)。北冈伸一在 2010 年下半年写道,"对于中国所说的和平崛起不能轻易期待是很明显的事情"。⑥ 对此,他主张"日本需要毅然对应,不是强硬的语言,而是防卫政策的强化",因为对待

---

① 田中明彦:《パワー・トランジッションと国際政治の変容:中国台頭の影響》,《国際問題》No. 604,2011 年 9 月,第 11 页。
② 田中明彦:《パワー・トランジッションと国際政治の変容:中国台頭の影響》,《国際問題》No. 604,2011 年 9 月,第 11 页。
③ 五百旗頭真:《防衛大学校開講記念祭スピーチ》,《毎日新聞》2010 年 11 月 28 日。
④ 五百旗頭真:《防衛大学校開講記念祭スピーチ》,《毎日新聞》2010 年 11 月 28 日。
⑤ 五百旗頭真:《防衛大学校開講記念祭スピーチ》,《毎日新聞》2010 年 11 月 28 日。
⑥ 北冈伸一:《グローバルプレイヤーとしての日本》,NTT 出版,2010 年,第 323 页。

"中国没有实力作为背景的外交没有意义"。① 他虽同样主张必须强化日美同盟,然而同现状派不同的是更加突出日本自主努力的重要性。尽管修正派的主张看上去比较激进,但事实上并没有对以往的基本对华认知有本质上的修正,也没有提出大力发展军备甚至脱离日美同盟自主武装的革命性政策建议。所以,尽管日本战略安保知识界主流的对华认知出现了新的变化,但目前仍然不能认为质变已经发生了。

第四类,中等大国国际主义者(middle power internationalists)。萨缪尔森教授在著作中将这一群体的思想根源追溯到战前的"小日本主义"。② 这一群体的逻辑基础是日本在战后既然已经从大国位置上落下就应当将自身定位为中等国家,而中等国家最优的外交途径应当是多边主义和国际主义。

庆应大学添谷芳秀教授是日本学术界中主张日本应当走中等国家国际主义路线的代表性人物。他在2005年出版的《日本的中等国家外交:战后日本的选择与构想》一书中阐述了日本应当首先将自身定义为同加拿大和德国那样的中等国家并在此基础上建立中等国家的大战略和外交。③ 添谷承认中国的崛起对日本来说是挑战,但是认为推进东亚共同体建设与日美同盟并重,这样不仅可以将中国包容在该机制内,还可以在一定程度上将美国包容进来,由于东亚地区的安全主要是由中美的战略关系决定,因此日本只有走东亚外交的道路才能发挥自身的长处。④

这一群体对于中国崛起的认知同正常国家民族主义者相近,即中国的安全"挑战(威胁)有限和可控"。他们承认对日本构成一定的安全挑战(威胁),也不反对日美同盟(但是有保留地支持),但认为"可控"的方

---

① 北冈伸一:《グローバルプレイヤーとしての日本》,NTT出版,2010年,第324页。

② Richard J.Samuels, *Securing Japan:Tokyo's Grand Strategy and the Future of East Asia*(Ithaca,N.Y.:Cornell University,2007),p.112.所谓"小日本主义"是指以石桥湛山代表在战前主张日本应当走本土防卫、经济繁荣的小国主义的外交路线,避免大英帝国因为管理过多殖民地而发生崩溃危机的情况。该思想是在承认日本国土狭小、资源匮乏的前提下,主张不应当不切实际地追求大国地位,特别是军事大国地位的思想。松尾尊兊:《石橋湛山評論集》,岩波文庫,1984年。

③ 添谷芳秀:《日本のミドル・パワー外交:戦後日本の選択と構想》,ちくま新書,2005年。

④ 添谷芳秀:《アジア外交60年—敗戦から東アジア共同体へ》,《外交フォーラム》2005年8月,第33页。

式更多地应当是努力走多边主义道路,特别是在亚洲地区推进地区主义政策,这样既符合日本和平国家的形象,又能够不让周边国家对日本产生不必要的戒备心。日本京都大学中西宽教授是另一位属于此流派的代表性学者。同样,尽管他没有明确表态过中国是否构成日本的安全威胁,但是他在论文中含蓄地指出随着中国的发展"中国的海洋政策与日本的海洋活动相重叠,不能否认安全保障方面发生摩擦的可能性增大"。[①] 他主张日本应当积极进行亚洲外交,[②]通过与中国加强互信,避免冲突。[③] 日本外务省原审议官、日本国际交流中心资深专家田中均也是积极主张联美入亚的代表人物,他认为日本的战略目标应当是"让中国不成为威胁"。[④] 对此,他提出在坚持日美安保的同时,应当把东亚战略作为国家战略的核心来看待,首先建立包括美国在内加上东盟峰会16个成员国参加的非传统安全合作框架机制。[⑤] 在传统安全方面,田中均提出应当继续"六方会谈"机制并考虑建设中美日三边协商机制的可能性。[⑥] 著名评论家寺岛实郎认为虽然中国的"军备增长惊人",但对"强化日美同盟来对应中国威胁"的观点持怀疑态度。他在文章中以钓鱼岛(日本称为"尖阁群岛")为例,指出即使发生"中国武力占领尖阁群岛","美国的真意也是微妙的"。[⑦](有意思的是此观点同新自主主义者有相同之处,只不过提出的解决办法不同。)正因为对于美国的决心的怀疑,虽然他主张日美同盟应当保留,但认为驻日美军应当减少,日本应当积极推进亚洲外交,特别是东亚经济共同体的建设来强化日本的安全感。[⑧] 由于寺岛被认为是前首相鸠山由纪夫的智囊,[⑨]他的"联美入亚"的思想可能对鸠山执政

① 中西宽:《グローバル多極秩序への移行と日本外交の課題》,RIETI Discussion Paper Series 10-J-048,第 15 页。<http://www.rieti.go.jp/jp/publications/dp/10j048.pdf>,2014 年 2 月 21 日链接。
② 中西宽:《改革から構築へ:小泉外交の経験と日本外交の課題》,《国際問題》No.550,2006 年 4 月,第 7—10 页。
③ 中西宽:《改革から構築へ:小泉外交の経験と日本外交の課題》,《国際問題》No.550,2006 年 4 月,第 7—10 页。
④ 田中均:《外交の力》,日本経済新聞社,2009 年,第 193 页。
⑤ 田中均:《国際政治の構造変動と日本》,《国際問題》No.586,2009 年 11 月,第 3 页。
⑥ 田中均:《国際政治の構造変動と日本》,《国際問題》No.586,2009 年 11 月,第 3 页。
⑦ 寺岛实郎:《普天間移設問題の真実》,《世界》2010 年 2 月,第 124 页。
⑧ 《論座》2005 年 3 月,第 28—45 页。
⑨ 寺岛实郎也公开承认是鸠山首相的老友,而且有时交换意见。参见寺岛实郎:《普天間移設問題の真実》,《世界》2010 年 2 月,第 119 页。

后提出"对等的对美关系"与"东亚共同体"构想有一定的影响。

2010年后,这一群体同样认为中国强化了"强压外交",说明中国崛起正在成为"自由和开放的国际秩序的搅乱因素",①但不认为日本需要过多地改变战后在"安全保障领域相当的禁欲主义政策",一方面"日本一个国家的能力是有限的",另一方面认为更重要的是强化"很多国家认同的自由和开放的国际秩序"来对应。② 他们还认为对于中国的权力政治的游戏需要有防备,安保政策加强当然也需要,但强调"安全政策是国家战略中最小的防备,这同国际主义的理念并不矛盾",对中关系的基本应当放在"日美同盟,韩国、澳大利亚、东南亚等国家一起以及联合国为代表的国际社会进行多边外交"。③ 这说明这一群体的对华认知也没有发生质的变化。

第五类,中国问题专家。与上述四类群体从国际关系理论、国际体系结构或者意识形态的角度看待中国崛起带来的挑战(威胁)不同,日本的中国问题专家主要从中国内部角度出发来分析。

2010年前,日本主要中国专家认为中国国内问题将制约中国外交。东京大学高原明生教授认为,"对于日本来说来自中国的最大威胁是中国崩溃和社会动荡"。④ 而中国社会秩序真的崩溃的话,不仅日本不能承受,整个国际社会都无法承受由此带来的风险。⑤ 正是出于以上认识,高原教授提出为了中国的利益,也为了日本的利益,日本应当继续对中国提供政府开发援助,帮助解决中国的社会问题,同时在国际规则、司法制度、公务员培训方面积极扩大对华工作以减少风险。⑥ 另一位现代中国研究

---

① 添谷芳秀:《尖閣諸島衝突事件の真の教訓とは》,《外交》Vol.122,第134页。

② 添谷芳秀:《尖閣諸島衝突事件の真の教訓とは》,《外交》Vol.122,第138页。

③ 添谷芳秀:《尖閣諸島衝突事件の真の教訓とは》,《外交》Vol.122,第138页。

④ 高原明生:《中国の台頭とその近隣外交:日本外交への示唆》,RIETI Discussion Paper Series 09-J-012,2009年6月,第15页。<http://www.rieti.go.jp/jp/publications/summary/09060002.html>,2011年2月18日链接。

⑤ 高原明生:《中国の台頭とその近隣外交:日本外交への示唆》,RIETI Discussion Paper Series 09-J-012,2009年6月,第15—16页。<http://www.rieti.go.jp/jp/publications/summary/09060002.html>,2011年2月18日链接。

⑥ 高原明生:《中国の台頭とその近隣外交:日本外交への示唆》,RIETI Discussion Paper Series 09-J-012,2009年6月,第15—16页。<http://www.rieti.go.jp/jp/publications/summary/09060002.html>,2011年2月18日链接。

专家早稻田大学天儿慧教授同样认为中国的国内问题突出,他写道,"中国就像一个马拉松选手,到目前的确以惊人的速度发展并不断赶超别的国家,但是持续忍耐积存下来的身体各个部分的疼痛和出血也开始显现,并不断严重。从外表上看的确中国发展的势头不减,但已经到了需要护理的时候"。① 他认为,中国的国内社会问题的负面影响正在扩大,并且日益成为国际问题,例如黄沙、酸雨等环境问题,以及食品安全问题。② 但是,天儿教授认为中国的国内问题带来的国际挑战主要的负面影响是对中国的国际形象的损害,而中国社会整体主要面是在走向开放和多元,他对中国解决这些国内问题和国际负面影响表示持乐观态度。③ 由于这一群体不是战略安全或者国际关系学专家,因而他们有关中国战略安全挑战(威胁)方面的论述在 2010 年受到的关注有限。

如前所述,2010 年"撞船事件"后日本开始形成的"强硬"中国"新形象",使得知识界和民众对于为什么中国变得在安全外交上"咄咄逼人"有了强烈的知识需求,从中国内部因素的解释的需求变得空前迫切,中国问题专家很自然地被期待提供相应的知识产品。中国问题专家对于上述正在形成的新认知的解释可以细分为两类。第一类可以称为新认知的温和派,他们认为中国在金融危机中自信增加,外交政策出现了不同以往的积极变化,军队和媒体的极端言论抬头,但不认为中国外交已经发生了革命性变化。④ 第二类可以称为新认知的激进派,他们认为中国强硬的原因不仅仅因为经济危机中信心大增,而是新的外交利益集团的出现和内部的权力斗争导致中国已经修正甚至开始放弃传统的韬光养晦的政策。⑤ 中国问题专家可能不是 2010 年后开始显露对中国的新的认知的定义者,但起到了诠释新认知的作用。尽管一部分中国专家认为中国发生

① 天儿慧:《挑战者から協調へ:多元化する中国外交への視座》,《論座》2008 年 8 月,第 43 页。
② 天儿慧:《挑战者から協調へ:多元化する中国外交への視座》,《論座》2008 年 8 月,第 43 页。
③ 天儿慧:《挑战者から協調へ:多元化する中国外交への視座》,《論座》2008 年 8 月,第 46—47、51 页。
④ 高原明生:《中国にどのような変化が起きているか:日中関係の脆弱性と強靭性》,《世界》2010 年 12 月号,第 100—107 页。
⑤ 濱本良一:《強硬な中国外交の背後に転換中国の動向》,《東亜》522 号,2010 年 12 月。清水美和:《対外強硬姿勢の国内政治》,国分良成編:《中国は、いま》,东京岩波新书,2011 年,第 1—18 页。清水美和:《中国との外交政策をどう更新するか》,《世界》別冊《日中関係私たち考えるはこう》,2011 年 3 月,第 120—125 页。

了"质变",但尚未成为统一共识。

表 2　日本知识精英主流对中国崛起直接认知与日本对华政策比较

	对中国崛起直接认知主流	对华政策
小泉内阁	中国威胁有限,可控	无视
第一次安倍内阁	中国威胁有限,可控	积极接触
福田内阁	中国威胁有限,可控	积极接触
麻生内阁	中国威胁有限,可控	积极接触
鸠山内阁	中国威胁有限,可控	搭车
菅内阁	挑战,威胁增加,但可控	软制衡
野田内阁	挑战,威胁增加,但可控	软制衡
第二次安倍内阁	?	?

　　综合上述分析(参见表 2),日本知识精英主流在 2010 年代的第一个十年对于中国崛起是否构成战略安全挑战的认知上保持了高度连贯性,即认为存在挑战和潜在威胁,但是有限和可控的。2010 年后,知识界主流对于这种挑战和威胁程度的认知有比较明显的提升,一个更加自我主张强硬中国的新认知在形成,①但还没有认为已经发展到不可控的革命性变化的程度。(尽管一部分认为中国已经发生质变,但目前来看还没有固化为主流。)既然,日本知识界主流在对待中国崛起对日本的战略安全挑战的认知上保持了连贯性,那么为什么我们在过去 10 多年里看到的日本对华政策却出现了很大的起伏,这里就存在着一个基本认知的连贯性与基本政策的不连续性的落差,这是为什么? 笔者认为这说明对于中国崛起的认知的直接部分并不是知识界和政策界关心的主变量,而真正的主变量在于日本如何看待中国崛起会对国际体系带来什么样的改变以及对于日美同盟的影响,也就是对于中国崛起认知的间接的部分。

---

①　认为中国更加强硬并不代表认为中国对日本的战略安全威胁已经快到失控程度,不能够把中国强硬论同中国威胁论作为两种程度不同的认知混为一谈,严格区分是有必要的。当然中国强硬论的量的积累也有可能将来会导致中国威胁论的质的变化,关于中国强硬的新认知的形成的讨论将在本章后半部分展开。

四　日本知识精英对华认知中的美国因素

（一）第一阶段：优先应对同盟困境，对华关系定位"间接稳定论"（2001—2005）

与所有的同盟关系一样，日美同盟也不能摆脱"同盟困境"（alliance dilemma），即"被抛弃"的恐惧（the fear of abandonment）和"被卷入"（the fear of entrapment）的恐惧。[①] 特别是作为同盟中较弱一方的日本从日美同盟建立那一刻开始就始终在这两种恐惧中寻找平衡。20世纪70年代初，所谓的中美关系缓和带来的"尼克松冲击"就是日本担心"被抛弃"的体现，而日本对越南战争的态度以及对美国对其加强自身军备要求的消极则是日本不愿意"被卷入"冲突的明证。冷战时期日本的大战略逻辑非常清楚，即只要保证日美同盟稳定，日本就可以获得美国的市场、资金、技术从而发展经济，只要有美国的支持，日本就可以顺利地利用亚洲国家的原料和市场发展经济，而日本付出的代价是为美国提供军事基地和后方支持，这是双方之间的"战略交易"，如何管理日美同盟也就成为日本战略的核心问题。冷战中，由于美国面临着苏联这个巨大的战略对手，因而日本可能被美国抛弃的恐惧并不强烈，日本在管理同盟关系中更加担心可能卷入同自身安全和利益没有太大关系的美国"战争"和"冲突"。

然而，冷战结束后亚太地区国际格局发生巨大变化，美日共同战略对手苏联事实上退出了本地区，日美同盟的存在意义一时间受到了双方的怀疑，双边关系出现了"漂流"。[②] 20世纪90年代初，日本经济达到顶峰，亚洲国家间关系解冻，地区主义升温，冷战后的日本有了比冷战时期更多的战略选择。除了日美同盟外，日本还可以有两种大战略选择：第一是加

[①] Glenn H. Snyder, "The Security Dilemma in Alliance Politics," *World Politics*, Vol. 36, No 4（July 1984），pp.461—495. Glenn H. Snyder, *Alliance Politics*（Ithaca, Cornell University Press, 1997），pp. 180—186.

[②] Yoichi Funabashi, "Tokyo's Depression Diplomacy," *Foreign Affairs*, November/December 1998, p.35. INSS Special Report, *The United States and Japan：Advancing toward A mature Partnership*, Institute for National Strategic Studies, October 11, 2000, p.2.

强本身的实力,特别是军事实力和经济实力,走名副其实的"正常国家"道路;①第二是积极融入亚洲,走"脱美入亚"或者"入美入亚"道路。这两种战略选择是否能让日本感到更加安全呢?这首先要确定日本可能感到不安全的因素。一位美国著名日本问题专家将日本在冷战后面临的战略挑战总结为四个"新威胁":"一个崛起的中国;北朝鲜的邪恶政权;被美国抛弃的可能性;以及日本经济实力的相对下降。"②"正常国家"战略可以增强日本的独立性,可以应对上述"新威胁",但无疑会增加日本的负担并使周边国家产生戒心;而"脱美入亚"的战略也可以一定程度上应对上述威胁,但是"入亚"是否能够有效缓解日本的不安,同时能否被亚洲接受日本也缺乏信心,"入美入亚"虽然极具吸引力,但是操作起来并不容易。更为让日本担心的是这两种选择共有的风险是可能让美国对于日本产生怀疑,从而出现被美国"抛弃"甚至同盟崩溃的危险。经过一段时间的战略"漂流",从20世纪90年代中期日本回到了原有的认识,即日本的大战略"成本和风险最小"仍然是坚持日美同盟基轴,而管理日美同盟关系照旧是日本战略和外交中的中心问题。但也要看到日本在90年代后半期对于日本的大战略应当是"对美一边倒"还是同时强化多边主义国内存在着分歧,例如小渊惠三政府时期就特别突出在多边国家外交中强调"人的安全保障"的概念。

　　90年代中期开始,日本为了强化日美同盟作了很多努力。1996年4月,日美签署了《日美安全保障联合宣言》。1997年9月,两国通过了修订后的《日美防卫合作指针》,这个指针将安全防卫着眼点从日本自身安全扩展到"整个亚洲和太平洋地区的和平与安全";对应重点从"日本有事"扩展到"日本周边有事"。③ 1998年4月,桥本龙太郎内阁将《日美防卫合作指针相关法案》提交国会审议,包括《周边事态法》、《自卫队修改法》和《日美物品劳役相互提供协定》。④ 从表面上来看日美关系走出了克林顿政府第一任期的"漂流"状态,但是日美同盟不稳定因素仍然明显。

---

① 正常国家概念的提出请参见小泽一郎:《日本改造计画》,讲谈社,1993年,第102—171页。

② Richard J.Samuels, *Securing Japan : Tokyo's Grand Strategy and the Future of East Asia* (Ithaca : Cornell University, 2007) , p.4.

③ 任晓、胡泳浩等著:《中美日三边关系》,浙江人民出版社,2002年,第144页。

④ 任晓、胡泳浩等著:《中美日三边关系》,浙江人民出版社,2002年,第144页。

1998 年日美关系因为双方在亚太经济合作组织(Asia Pacific Economic Co-operation,简称 APEC)关于贸易自由化问题上发生很大分歧,双边关系出现冷淡。[①] 与此同时,对于日本迟迟不能够进行积极的国内改革,美国一直对日本持批评的态度。[②] 新世纪初,日美关系也没有明显升温的迹象,2000 年 7 月,八国峰会在日本冲绳举行,美国表现出明显不重视的态度,奥尔布赖特国务卿没有参加外长会议,而克林顿总统则是晚到早走。[③] 正如阿伯拉姆维兹所指出的那样,"克林顿时期美国对日本的压力和不停的说教几乎成为了日美关系中一个不可或缺的部分(integral part)"。[④]

与此相对照的是这一时期的中美关系以惊人的速度得到改善和发展。1997 年秋,中国国家主席江泽民对美国进行了国事访问,双方同意推动"建设性战略伙伴关系",1998 年 6 月美国总统克林顿对中国进行了长达 9 天的国事访问,这不仅是 1989 年后第一位出访中国的美国总统,也是访问中国逗留时间最长的美国总统。在这次访问中,克林顿高度评价了中国在缓解亚洲金融危机中发挥的积极作用,同时在台湾问题上克林顿总统公开作出"三不"承诺。[⑤] 田中明彦认为,"金融危机中日本正在被急剧的边缘化,美国总统对中国访问九天而不在日本做任何的停留,'敲打日本'首先被'绕开日本'到现在的'日本无所谓'所取代"。[⑥] 甚至双方互访的日程都成为日本担心的内容,江泽民访美第一站选择了珍珠港,而 1998 年克林顿访问了南京,东京感到"被华盛顿的抛弃和伤害"。[⑦]

进入 21 世纪,中国成功加入世界贸易组织,中国崛起在日本成为了热门的话题,相对照的是日本经济增长的长期停滞,这对日本战后的经济

---

① David P.Rapkin,"The United States,Japan,and the power to block:the APEC and AMF cases," *The Pacific Review*,Vol.14 No.3,2001,pp.381—394.

② Morton I.Abramowitz,"The State of East Asia and the Trilateral Relationship," Morton I.Abramowitz,Yoichi Funabashi and Wang Jisi (eds.), *China-Japan-U. S. Relations*:*Meeting New Challenge*,Japan Center for International Exchange,2002,p.41.

③ 金熙德:《日本外交 30 年:从福田纠夫到福田康夫》,青岛出版社,2008 年,第 215 页。

④ Morton I.Abramowitz,The State of East Asia and the Trilateral Relationship,Morton I.Abramowitz,Yoichi Funabashi and Wang Jisi (eds.), *China-Japan-U.S.Relations*:*Meeting New Challenge*,Japan Center for International Exchange,2002,p.41.

⑤ 不支持台湾独立,不支持一中一台,不支持台湾加入任何由主权国家参加的国际组织。

⑥ Akihiko Tanaka,The Development of the ASEAN + 3 Framework,Melissa G. Curley and Nicholas Thomas,*Advancing East Asian Regionalism* (London:Routledge,2007),p.63.

⑦ Yoichi Funabashi,Tokyo's Depression Diplomacy,*Foreign Affairs*,November/December 1998,p.32.

大国的国家认同构成了挑战。日本的国家认同出现"空洞化"甚至"丧失感",以至于出现了急于填补认同缺位的"饥饿感"和"焦躁感",失去了以往的从容。① 日本的民众在对外关系上则表现出"更加支持强硬的,鹰派的,自我主张的有时候甚至是对抗式的外交姿态"。② 与此同时,克林顿政府时期的对日冷淡的冲击波更让日本感到不安。小泉纯一郎 2001 年当选日本首相的时候,日本对于日美同盟的未来有不确定感。③ 尽管中国威胁论在这个时期首次在政府文书中出现,但是中日之间的力量差距仍然悬殊,日本并没有真正感到中国崛起对国际体系和日本有决定性的影响。对于日本来说更为重要的是如何认知美国和世界,而不是中国。

　　"9·11 恐怖事件"发生后,美国开始的全球反恐战争(the Global War on Terror)成为结束日本政治和知识精英对于冷战后世界认知分歧的重要转折点。④ 美国在阿富汗和伊拉克战争中的军事胜利让日本的战略家们坚信美国霸权主导的单极世界国际体系将持续。⑤ 甚至还有些专家学者提出了美国可能变成世界帝国,世界将成为"美国治下的和平"(Pax-Americana)。⑥ 对于美国超级独大的霸权的深信不疑构成了日本战略精英们思考的知识基础。按照这样的逻辑,选择"搭车"(向没有挑战的美国一边倒)就理所当然地成为了聪明的选择。⑦ 美国作为日本外交中最主要的变量的重要性得到了进一步加强,当然也包括在日本的对中外交

---

① 佐々木毅:《変革期日本のナショナル・アイデンティティー》,《国際問題》No.558,2007 年 1·2月,第 1 页。

② Yutaka Kawashima, *Japanese Foreign Policy at the Crossroads: Challenges and Options for the Twenty-First Century* (Washington DC: The Brookings Institution Press, 2003), p.3.

③ Yun Zhang, "Multilateral means for bilateral ends: Japan, regionalism, and China-Japan-US trilateral dynamism," *The Pacific Review*, August 2, 2013, p.11. INSS Special Report, *The United States and Japan: Advancing Toward a Mature Partnership*, October 11, 2000.

④ 冷战后到 9·11 前,日本存在着对于世界体系将会更多是美国单极独霸还是多极化的争论。

⑤ 藤原帰一:《帝国と大国のあいだ—日本にとってのアメリカ・中国にとってのアメリカ》,毛里和子、張蘊嶺編:《日中関係をどう構築するか:アジアの共生と協力をめざして》,东京岩波书店,2004 年,第 193 页。

⑥ 藤原帰一:《帝国と大国のあいだ—日本にとってのアメリカ・中国にとってのアメリカ》,毛里和子、張蘊嶺編:《日中関係をどう構築するか:アジアの共生と協力をめざして》,东京岩波书店,2004 年,第 210 页。

⑦ 事实上,这种倾向不仅仅存在于日本,加拿大等美国的盟国在这一时期同样显示出"搭车"的强烈倾向。Jerome Klassen and Greg Albo, *Empire's Ally: Canada and the War in Afghanistan* (Toronto: University of Toronto Press, 2013).

考量中。东京大学国际政治专家藤原归一教授认为中国与日本的政策外交前提深深地受制于美国的选择。① 基于同样的逻辑前提,另一位东京大学国际政治学教授则通过权力平衡理论来解释中、美、日三边关系,认为"美中、日美关系如果为正,日中关系就必然为正。换句话说,日中双方不怎么努力日中关系也会稳定,现在的日中关系的稳定(该文的发表时间为 2004 年 3 月)有间接形成的一面"。② 他认为 2001 年"9·11 事件"后的中日关系的稳定可以用"间接稳定论"(stability by default)来解释而不是来源于双方的积极努力。③ 换言之,稳定的中日关系可以被稳定的日美关系与中美关系结构性地创造出来。从政策层面来看,上述逻辑正好同小泉纯一郎首相任期内在外交上"赋予日美关系以特殊的重要性的单打一外交"④相呼应。日本对美国予以全方位的支持(unstinting support),并将加强美日同盟作为日本与世界交往中的核心。⑤ 五百旗头真教授认为,小泉并非真正关心伊拉克局势,而是将其看成是从属于日美关系的一个变数。⑥ 2005 年 11 月,小泉纯一郎在同布什总统会谈后的记者会上说:日美关系越是好,日本同中国、韩国、亚洲以及世界其他关系就会好。⑦

　　"间接稳定论"认为中日关系的稳定可以从日美关系和中美关系中

---

① 藤原帰一:《帝国と大国のあいだ—日本にとってのアメリカ・中国にとってのアメリカ》,毛里和子、張蘊嶺編:《日中関係をどう構築するか:アジアの共生と協力をめざして》,东京岩波書店,2004 年,第 211 页。

② 山本吉宣:《グローバル・システムの中の日中》,毛里和子、張蘊嶺編:《日中関係をどう構築するか:アジアの共生と協力をめざして》,东京岩波書店,2004 年,第 165 页。

③ 关于"间接稳定论"的简单说明参见山本吉宣:《グローバル・システムの中の日中》,毛里和子、張蘊嶺編:《日中関係をどう構築するか:アジアの共生と協力をめざして》,东京岩波書店,2004 年,第 175 页。

④ 五百旗头真主编,吴万虹译:《战后日本外交史(1945—2005)》,世界知识出版社,2007 年,第 210 页。

⑤ The Edwin O. Reischauer Center for East Asian Studies, The Paul H. Nitze School of Advanced International Studies, The Johns Hopkins University, *The United States and Japan in Global Context*: 2008, Introduction, The Japan Times, 2008.

⑥ 五百旗头真主编,吴万虹译:《战后日本外交史(1945—2005)》,世界知识出版社,2007 年,第 208 页。

⑦ 《朝日新闻》2005 年 11 月 17 日。

自动获得的逻辑则同小泉纯一郎首相在对华政策上几乎是无视态度相吻合。① 正如前面所述,日本知识精英对于国际体系的认知为美国作为唯一超级大国的单极世界将会在很长时间内持续,那样中国崛起的影响就会在美国独霸的框架内消化。与此同时,为了对应国内民族主义的抬头,日本首相在靖国神社问题上采取了无视中国的做法。尽管小泉首相接连参拜靖国神社,但 2001—2004 年中日关系并没有出现极度的恶化,虽然中日首脑双边互访从 2002 年后停滞,但中国领导人一直在多边场合同日本首相进行了会见。日本的知识精英认为不把中国作为一个主要变量的"间接稳定论"的解释有效性获得了"证明"。② 某种意义上来说,对于日本决策者而言无视或者忽视中国的代价并不大,体现了在日美同盟巩固的情况下为了国内政治的需要牺牲部分中日关系也没有关系的暗含逻辑。由于上述"间接稳定论"思维的存在,这一时期日本的中国专家尽管主张更加积极的对中政策来对应中国的崛起,但似乎影响力有限。③

(二)第二阶段:转向"积极稳定论"(2005—2009)

这一时期,日本知识界对于世界形势的判断以及日美同盟的认知也出现了变化。特别是美国深陷伊拉克战争泥沼,2007 年"次贷危机"以及 2008 年世界经济危机发生后,主流的日本战略专家认为全球力量正在发生转移。他们对于国际体系的基本看法是美国为中心的单极体系正在趋向结束,尽管美国相对于其他大国仍将享有明显的优势,④世界正在从美

---

① 需要指出的是日本的知识精英虽然主张"间接稳定论"的作用,但是中日关系需要从间接稳定走向自律稳定,然而这方面的论述很少。山本吉宣:《グローバル・システムの中の日中》,毛里和子、張蘊嶺编:《日中関係をどう構築するか:アジアの共生と協力をめざして》,东京岩波書店,2004 年,第 166—167 页。
② 日本的战略专家可能较好地解释了日本外交的逻辑中的美国因素,但是可能过度估计了中国外交中美国因素的作用的程度。
③ 天儿慧教授认为需要对中国国内出现的对日新思维予以重视,从长期来看日本需要创造平衡的国际框架,不是在中美之间两者选其一,而是探求第三条道路。天児慧:《日中外交比較からみた日中関係—正常化三十年後を中心に》,毛里和子、張蘊嶺编:《日中関係をどう構築するか:アジアの共生と協力をめざして》,东京岩波書店,2004 年,第 51 页。有意思的是日本主要中国问题专家在这一时期开始普遍转向积极提倡建立东亚共同体来构建新的中日关系。
④ 植木(川勝)千可子:《"世界の構造変動と日米中関係—リベラル抑止"政策の重要性》,《国際問題》No.586,2009 年 11 月,第 15—28 页。

国独霸向多极化体系转变,尽管这个过程将会漫长。① 美国也不再被认为将会成为现代版的罗马帝国。2005 年,发生在中国主要城市的反日游行对于上述的"间接稳定论"逻辑构成直接挑战,强化了的日美关系和相对稳定的中美关系很明显并没有自动带来中日关系的稳定。

基于上述的认知,日本主流的正常国家民族主义知识精英开始认识到中国的崛起已经逐渐成为日本对外政策中不可无视的变量,但是在如何应对方面存在着细微的差别。

第一类是在某种意义上坚持原有的"间接稳定论"的基础上强调日本自身的自主努力来应对。这一群体的代表人物东京大学国际政治专家北冈伸一教授在对美国在反恐战争中的失败进行批评的基础上,②指出美国在后危机时代在很多国际问题上需要中国的合作。③ 在这个巨大的国际体系的变化进程中,日本在对外战略上不能够像以前在美国的单极世界国际体系中那样"消极地等待",而应当努力成为在新兴的国际体系中的"积极的全球行为者",采取更为积极的安全政策包括重新解释集团自卫权。④ 北冈伸一认为判断中美关系会紧密尚为时过早,因此日本的作用依然很重要,日本不应当总是预测中国和美国的想法,而应当积极地引导。⑤ "日本如果是可以依赖的话,自然会成为美国的伙伴,否则美国就会和中国协调处理问题,这就会对中国有利。"⑥另一位战略专家冈崎久彦认为,"美国越感到中国军事崛起的重要性,日美同盟的重要性就会增加,这是权力政治(power politics)的原理。"⑦中国崛起,美国重视中国,中美接近是正常的发展,这本身并不直接构成美国抛弃日本的原因,只要日本对美国有价值,美国就不会抛弃日本。只有日本自主强化战略意图和能力才能够巩固日美同盟来对应中国的崛起带来的挑战,这事实上体现了日本知识精英对于后金融危机时代的美国的实力和日美同盟的有效

① 田中明彦:《日本の外交戦略と日米同盟》,《国際問題》No.594,2010 年 9 月,第 39—40 页。
② 北岡伸一:《新たな世界秩序の模索》,《アステイオン》No.70,2009,第 54—55 页。
③ 北岡伸一:《新たな世界秩序の模索》,《アステイオン》No.70,2009,第 63 页。
④ 北岡伸一:《グローバルプレイヤーとしての日本》,NTT 出版,2010。Shinichi Kitaoka, "Japan's Turning Point:Proactive Pacifism and Global Diplomacy,"*Gaiko Forum*,Nov.2008,No.244,pp.8—15.
⑤ 北岡伸一:《2010 年代の日本外交》,《国際問題》No.588,2010 年 1・2 月,第 2 页。
⑥ 北岡伸一:《新たな世界秩序の模索》,《アステイオン》No.70,2009 年,第 63 页。
⑦ 《日はまた沈むのか——米中"同盟"の狭間に消える日本》,《中央公論》2009 年 7 月,第 37 页。

性存在着怀疑。

第二类则认为金融危机后的美国由于国力的相对减弱以及从布什时期的单边主义向奥巴马时期的多边协调的方向转变,对于日美同盟的稳定和有效性显示了信心。① 尽管强调坚持日美同盟基轴,他们认为在后经济危机时代"日本对外政策的最大课题是中国的软着陆"(今后 10—30 年中国能否实现安定的寻求国际合作的繁荣国家是日本对外活动的首要目标)。② 为了实现这个目标,田中建议在避免刺激中国民族主义的基础上对中国采取"深度接触"政策。③ 植木认为尽管中国有核武器并且持续 20 年增强军力,但无论从能力还是意图方面来看中国对日本采取大规模的攻击的可能性低,④就算中国对日采取敌对行动,日美同盟的可靠性高,双方会共同行动,认为中国对于日美同盟的威慑力不会存在误认。⑤ 但是,美国在经济危机和反恐战争后正在变得内向(inward-looking),⑥为了促使中国发挥合作和建设性的作用,日美今后应当把重点放在建立中、美、日三边的对话和协调机制上。⑦

正常国家民族主义知识精英们在判断国际体系趋势方面并没有大的失误,在对中国崛起的认识上并没有太大的差别,都认为构成有限挑战,对于坚持日美同盟也没有分歧,然而对日美同盟的有效性方面有不同的看法,当然提出的政策处方也就有所不同。对日美同盟有效性持相对悲观观点的知识精英认为要继续让同盟有效,让美国承诺可靠需要加强日本自主的努力,在亚洲展现日本的价值,同价值观相近的国家以及东盟国

---

① 田中明彦:《ポスト・クライシスの世界:新多極時代を動かすパワー原理》,日本経済新聞出版社,2009 年,第 216 頁。
② 田中明彦:《ポスト・クライシスの世界:新多極時代を動かすパワー原理》,日本経済新聞出版社,2009 年,第 208—212 頁。
③ 田中明彦:《ポスト・クライシスの世界:新多極時代を動かすパワー原理》,日本経済新聞出版社,2009 年,第 212—216 頁。
④ 植木(川勝)千可子:《"世界の構造変動と日米中関係—リベラル抑止"政策の重要性》,《国際問題》No.586,2009 年 11 月,第 22 頁。
⑤ 植木(川勝)千可子:《"世界の構造変動と日米中関係—リベラル抑止"政策の重要性》,《国際問題》No.586,2009 年 11 月,第 22 頁。
⑥ 植木(川勝)千可子:《"世界の構造変動と日米中関係—リベラル抑止"政策の重要性》,《国際問題》No.586,2009 年 11 月,第 24 頁。
⑦ 植木(川勝)千可子:《"世界の構造変動と日米中関係—リベラル抑止"政策の重要性》,《国際問題》No.586,2009 年 11 月,第 25 頁。

家加强关系为日美同盟作补充,认为同中国直接接触需要有一个牢固的基础,准备不充足的情况下的接触会适得其反。对日美同盟的基础性的威慑功能持相对乐观观点的知识精英认为仅依靠日美同盟是不够的,日本需要做的是主动加强同中国的互相信任的建立,最终推动三边框架的形成,认为后金融危机时代是日本同中国建立互信、为将来到来的新体系中能够占领有利地位做准备的机会。从安倍晋三第一次执政开始到民主党上台前的几届内阁实际上的政策反映了正常国家民族主义中的相对乐观主义派的认知。

值得注意的是,这一个时期在对于小泉的中国和亚洲外交的反思过程中,日本知识界中的中等国家国际主义派也显示了一定的影响力,主要体现在他们对于国际体系的权力转移以及中国独立变量的重要性比上述知识精英更强烈的认知。

京都大学教授中西宽批评小泉外交失衡,没有看到以中国为首的新兴国家重要性的增加,①认为小泉首相所说的"日美关系越是紧密,日本与亚洲关系越好"是时代错误,日美关系和亚洲外交需要同时实现。② 他还以日本要求加入联合国常任理事国的失败为例批评了对美一边倒的外交对于日本的全球外交的不利点。③ 他同时指出亚洲政治、经济正在经历重大变动,认为经济相互依存深化就会自动带来关系的和谐的想法是危险的,需要有意识地选择对抑制排外主义和民族主义倾向的政策。④ 他还强调了日本外交应当在推动东亚地区主义和全球多边体制中发挥积极作用。⑤

日本庆应大学添谷芳秀教授认为东亚地区的安全主要是由中美的战

---

① 中西寛:《改革から構築へ:小泉外交の経験と日本外交の課題》,《国際問題》No.550,2006 年 4 月,第 4 页。

② 中西寛:《改革から構築へ:小泉外交の経験と日本外交の課題》,《国際問題》No.550,2006 年 4 月,第 10 页。

③ 中西寛:《改革から構築へ:小泉外交の経験と日本外交の課題》,《国際問題》No.550,2006 年 4 月,第 10—12 页。

④ 中西寛:《改革から構築へ:小泉外交の経験と日本外交の課題》,《国際問題》No.550,2006 年 4 月,第 10 页。

⑤ 中西寛:《改革から構築へ:小泉外交の経験と日本外交の課題》,《国際問題》No.550,2006 年 4 月,第 9—10、12 页。

略关系决定,因此日本只有走东亚外交的道路才能发挥自身的长处。①
添谷认为日本应当首先将自身定义为同加拿大和德国那样的中等国家并
在此基础上建立中等国家的大战略和外交,推进东亚共同体建设应当与
日美同盟并重,这样不仅可以将中国包容在该机制内,还可以在一定程度
上将美国包容进来。② 添谷芳秀教授认为小泉时期的日本外交被过度的
"反中"意识所左右,结果自我束缚了外交空间。他认为中国在东亚地区
的积极外交的根本动因是担心美国利用中国周边国家孤立中国,因此日
本没有必要将中国的动作放在对立面来看待,而应当努力准备好系统地
包容中国的构想,并努力让其他亚洲国家共有这些构想,这才是日本亚洲
外交的关键。③ 然而,从政策层面来看东亚地区主义并没有在小泉后的
自民党内阁中占据多大的地位。

正因为日本主流认为日美关系稳定,中美关系也相对稳定,积极主动
开展中国外交就比较可能成为决策者的选项。安倍晋三首相在第一次当
选后对中国采取了建立战略互惠关系的积极外交,并且在对美外交上保
持了一定的距离。福田康夫和麻生太郎基本上继承了上述的路线。这也
被大多数日本的国际关系和战略专家们所认可。④

(三) 第三阶段:脱离主流认知的非常规时期(2009—2010)

2009 年,日本民主党以压倒优势在日本战后首次完全击败自民党实
现单独执政,结束了日本长期以来自民党一党独大的"55 年体制"。鸠山
由纪夫就任日本首相期间,正常国家民族主义者在政策决定过程中被边
缘化。⑤ 鸠山一方面提出了"对等的日美关系",另一方面提出建立在中
日合作基础上的东亚共同体。有些专家学者认为因为鸠山亲华所以希望

---

① 添谷芳秀:《アジア外交 60 年—敗戦から東アジア共同体へ》,《外交フォーラム》2005 年 8 月,
第 33 页。
② 添谷芳秀:《日本のミドル・パワー外交:戦後日本の選択と構想》,ちくま新書,2005 年。
③ 添谷芳秀:《アジア外交の再編:官邸外交を機能させるために》,《国際問題》No.558,2007 年 1
月・2 月,第 31—32 页。
④ Makoto Iokibe, "America and Asia:Synergy of the Two Arenas and Japan's Diplomacy," *Gaiko Forum*,
Dec.2008, No.245, pp.8—10. Hiroshi Nakanishi, " From Reform to Construction:The Experiences of
Koizumi Diplomacy and the Questions of Japan's Diplomacy," *International Affairs*, No.550, April 2006,
pp.4—6.Shinichi Kitaoka, "Seeking a New World System," *AETEION*, Np.70, pp.46—67.
⑤ 例如田中明彦与北冈伸一都没有进入首相关于安全政策的咨询会议。

对日本战后的外交做出历史性的改革，然而作为政治家的鸠山的主要判断依据还是主要建立在经济危机后的世界美国实力相对下降与中国实力上升后国际力量变化的认识上。鸠山的政策明显带有"搭车"（bandwagoning）中国和"离美"的倾向。

从长远来看，鸠山对国际形势的判断以及外交政策调整的方向并没有错误，坚持日美同盟但保持适当距离，加强中日合作发展多边框架这些政策倾向无疑符合日本的国家利益。但问题在于鸠山的剧烈的政策变化严重挑战了从战后一直积累起来的正常国家民族主义者的大战略的共同智力基础：一个牢固的日美同盟。他们担心日中关系的快速接近会以牺牲日美同盟为代价。田中明彦尽管认为"从世界趋势来说，真正意义上的经济多中心化深化是没有疑问的事情，中国和印度经济持续增长中，日本的经济规模会相对缩小。挑战美国的军事实力的国家还不会出现，但是在经济领域则相对影响力下降"。[1] 在一个体现了权力弥散（the diffusion of power）和不确定因素增加的新的国际体系中，日美同盟需要重新定位，采取积极的安全政策。[2] 田中认为日美同盟应当超越美国向日本提供安全的层面而为更大范围的日本外交发挥作用，把强化的日美同盟变成促使一个不断强大的中国采取"自制的装置"来保证日本的安全。[3] 其中暗含的意味是鉴于美国实力的相对下降，实现日美同盟的强化日本需要做出更多的努力。为此，田中提出日本需要成为一个美国的"普通的同盟国家"，重新对集团自卫权提出宪法解释，放宽联合国维和行动中的武器使用限制、武器全面禁止出口等来消除和减少日美同盟中的"非对称性"问题。[4] 他指出了同中国加强直接接触和通过多边主义来包容中国崛起的挑战，但是强调这些努力都应该建立在一个巩固的日美同盟和日本更加积极的安全政策基础上。[5] 对日美同盟的可靠性更有信心的正常国家民族主义知识精英对鸠山的外交再平衡政策表示了赞同。植木认为"在美国表现出内向的倾向，如何才能让中国发挥合作的建设

---

① 田中明彦：《日本の外交戦略と日米同盟》，《国際問題》No.594，第39—40页。
② 田中明彦：《日本の外交戦略と日米同盟》，《国際問題》No.594，第40—41页。
③ 田中明彦：《日本の外交戦略と日米同盟》，《国際問題》No.594，第41页。
④ 田中明彦：《日本の外交戦略と日米同盟》，《国際問題》No.594，第40页。
⑤ 田中明彦：《日本の外交戦略と日米同盟》，《国際問題》No.594，第41页。

性作用,今后日美需要做的是在经济、安保、危机管理等方面尽快建立中、美、日三边的框架"。① 他们对鸠山由纪夫内阁同中国积极推进建立信任关系给予高度评价。② 然而,大部分的正常国家民族主义者在鸠山执政期间认为日美同盟受到了损害。

美国对于鸠山的离美倾向也高度戒备。奥巴马政府的东亚事务高级官员贝德在回忆录中写道:"日本民主党的一些立场和在竞选运动中的口号让华盛顿忧虑。"③贝德还回忆道:"他们(民主党议员)还暗示将在美国和中国之间保持平衡,减少对于美国的依赖。还有一些对于美军在冲绳的存在表示怀疑态度,并且提到了选举承诺中提及的普天间代替设施重新考虑。"④2009 年 10 月,盖茨国防部长访问日本,他在私下对日本政府官员相当严厉,不允许在普天间问题上有进一步的变更。⑤ 奥巴马总统在 2009 年 11 月访问日本的时候对鸠山的外交上的离美自主倾向表示了警戒,这也加强了日本民众的不安。⑥ 2010 年 3 月,"天安号事件"让日本的媒体和民众对于鸠山由纪夫的离美倾向的担心进一步增加。2010 年 5 月,鸠山突然宣布辞职,最终证明了他的外交思维过于超前,日本无论主流精英层还是民众对如此重大的转变还没有准备好,这是一个非寻常的时期。

(四)第四阶段:回归"间接稳定论"(2010 以后)

2010 年 5 月,鸠山由纪夫内阁辞职后,正常国家民族主义知识精英中的坚持日美同盟基础上加强自主积极努力的倾向进一步加强。他们对于国际形势的判断并没有很大的变化,仍然认为国际力量转移过程中美

---

① 植木(川勝)千可子:《"世界の構造変動と日米中関係―リベラル抑止"政策の重要性》,《国際問題》No.586,2009 年 11 月,第 24—25 页。

② 植木(川勝)千可子:《"世界の構造変動と日米中関係―リベラル抑止"政策の重要性》,《国際問題》No.586,2009 年 11 月,第 25 页。

③ Jeffrey A.Bader, *Obama and China's Rise:An Insider's Account of America's Asia Strategy*(Washington, D.C.:Brookings Institution Press,2012),p.42.

④ Jeffrey A.Bader, *Obama and China's Rise:An Insider's Account of America's Asia Strategy*(Washington, D.C.:Brookings Institution Press,2012),p.42.

⑤ Jeffrey A.Bader, *Obama and China's Rise:An Insider's Account of America's Asia Strategy*(Washington, D.C.:Brookings Institution Press,2012),p.44.

⑥ 《重い注文と見るべきだ　オバマ演説》,《毎日新聞》2009 年 11 月 15 日。

国实力相对降低,美国单极世界的国际体系行将结束,世界在向多极化或者"无极化"(nopolar)①的方向发展。在新的形势下,日本需要更加能动地设定"自身的坐标轴",以积极地参与国际社会的姿态来主动地强化日美同盟。② 他们对于在鸠山内阁执政时期被"破坏"的日美同盟感到担心,认为日美同盟的修复要建立在日本积极主动努力的基础上。

日本知识精英对中国的主流认知发生变化主要有两个动因。第一是日本对于美国的对华认知和政策的变化。第二是 2010 年 9 月发生的中日"撞船事件"。美国在 2010 年初实质上开始"亚太再平衡"政策,在东盟地区论坛上美国国务卿直接介入南海问题。③ 日本专家媒体开始认为美国已经放弃奥巴马第一任期刚开始时候的对华"绥靖政策",④批评中国外交的"强硬"(assertiveness)的声音越来越强。⑤ 美国的变化给日本的知识界和决策者的对华认知和政策选择提供了认知基础和框架,事实上 2010 年以后日本国内关于中国的认知变化很多都能够在美国的知识界中找到原型。尽管美国的变化为日本的认知变化提供了思想上的准备,但是直接促成变化的是"撞船事件"。⑥ "撞船事件"发生后,日本知识界首先对于美国的新姿态以及对日本的影响很快进行了新的解读。北冈

---

① Ian Bremmer,"*Every Nation For Itself: Winners and Losers in a G-Zero World*"(London: the Penguin Group,2012).

② 谷内正太郎:《日本の外交と総合的安全保障》,ウェッジ,2011 年,第 7—9 页。

③ Jeffrey A.Bader, *Obama and China's Rise: An Insider's Account of America's Asia Strategy*(Washington, D.C.: Brookings Institution Press,2012),pp.104—105.清水美和:《中国との外交政策をどう更新するか》,《世界》2011 年 3 月別冊《日中関係 私たちはこう考える》,第 124 页。

④ Jeffrey A.Bader, *Obama and China's Rise: An Insider's Account of America's Asia Strategy*(Washington, D.C.: Brookings Institution Press,2012),pp.104—105.清水美和:《中国との外交政策をどう更新するか》,《世界》2011 年 3 月別冊《日中関係 私たちはこう考える》,第 124 页。

⑤ Jeffrey A.Bader, *Obama and China's Rise: An Insider's Account of America's Asia Strategy*(Washington, D.C.: Brookings Institution Press,2012),pp.104—105.清水美和:《中国との外交政策をどう更新するか》,《世界》2011 年 3 月別冊《日中関係 私たちはこう考える》,第 124 页。美国对于中国的自我主张强化的文章、评论、回顾请参见 Alastair Iain Johnston,"How New and Assertive Is China's New Assertiveness?" *International Security*,Vol.37,No.4(Spring 2013),pp.7—48.

⑥ "撞船事件"发生前,日本知识精英和政策人士尽管开始认为中国的外交姿态的变化引起了美国的政策变化,但对于中国的认知和政策选择并没有发生大的改变。例如曾经担任外务次官的薮中三十二在 2010 年出版的书籍中仅提到了"2009 年 12 月的哥本哈根会议上中国的傲慢,美国对中国的政策变化"。参见薮中三十二:《国家の運命》,新潮新书,2010 年 11 月,第 43 页。他并没有涉及到日本对中国的认知,也没有提出对中国的新的政策建议。

伸一认为"美国的回归亚洲在日本被解读为向中国传递坚决的信号,中美两国集团论(G2)的幻灭以及日本对美的战略价值提升"。① 中国的问题是急速的大国化导致大国意识抬头,特别是解放军的主张强化。② 还有的学者对于中国是否已经放弃了"韬光养晦"对外合作政策提出了严重质疑。③ 有的甚至认为中国已经从负责任的大国向建立中国秩序的方向发展。④

尽管日本的战略专家们认为中国变得比以前更加"自我主张"(assertive),但把更多的重点放在三边关系和国际体系上而不是中国。田中明彦认为中国的崛起带来战争的可能性不大,国际权力和平转移的可能性很大。⑤ 在权力转移的漫长过程中,他认为依靠美国和盟国的合力能够包容中国崛起带来的挑战。他认为最大的危险在于中国过大评估自己的力量和美国对于中国崛起的对应不够灵活。从这个意义来说,一个巩固的日美同盟可以成为一个让中国不至于高估自己的装置,一个稳定的中美关系被认为在这个过程中很重要。⑥ 很有意思的是同之前不同,他没有提及在权力转移过程中日本要积极开展对中国的直接接触的努力,相反,田中指出了对于外部刺激可能会造成内部不稳定情绪的危险。⑦ 这似乎在提醒日本如果不够精致,对华接触可能会适得其反。

同日本的中国专家不同,日本的战略专家们对于中国外交方向的变化与否没有显示出特别的关心。他们在很大程度上仍然延续着原来对于中国崛起的认知,即有限挑战而且稳固的日美同盟可以对应。尽管中国

---

① 北冈伸一:《日本外交の座標軸—外交三原則再考》,《外交》Vol.6,2011 年 2 月,第 15 页。虽然日本的战略专家们不断强调日本需要建立自己独立的对外战略而不是经常性地猜测美国战略或者中美关系如何,但事实上都没有摆脱在判断美国战略基础上设定日本政策的框架。

② 薮中三十二:《今後の日本の外交・安全保障はいあにあるべきか》,《外交》Vol.6,2011 年 2 月,第 34 页。

③ 伊藤憲一:《膨張する中国と日本の対応》,《日本国際フォーラム第 35 政策提言》,2012 年 1 月,第 1 页。

④ 北野充:《中国の対外戦略"4つの潮流"からみる大国化と中国的秩序への志向》,《国際問題》2011 年 9 月,No.604,第 47—62 页。

⑤ 田中明彦:《パワー・トランジッションと国際政治の変容:中国台頭の影響》,《国際問題》No.604,2011 年 9 月,第 11 页。

⑥ 田中明彦:《パワー・トランジッションと国際政治の変容:中国台頭の影響》,《国際問題》No.604,2011 年 9 月,第 11 页。

⑦ 田中明彦:《パワー・トランジッションと国際政治の変容:中国台頭の影響》,《国際問題》No.604,2011 年 9 月,第 10 页。

的崛起正在引起世界体系的结构性变革,但主要的参与者就是中国和美国。从这个意义上来说,他们暗示对于日本来说聪明的办法是强化同盟国的同盟关系,积极推进同世界其他地区的外交而不是加深同中国的直接接触。这个背后的逻辑在于首先日本不是力量结构变化的主角,第二对华积极接触政策也不一定有效。北冈伸一在 2011 年指出同中国的接触政策必须建立在强化了的日美同盟与日本同其他东亚国家的关系基础上。① 这些说明日本对华认知的逻辑又回到了 21 世纪初第一个十年前半期的"间接稳定论"。

但是,这个逻辑的智力基础同以往既有相同也有区别。十年前,日本认为没有必要同中国进行积极外交主要建立在相信美国单极帝国的世界体系同时日本在经济实力上也比中国具有明显优势的基础上。当时,日本没有很强的对华积极外交的动力,日本对华还处于从上向下看的姿态。而进入第二个十年的日本开始担心由于实力变化和直接接触不成功的成本让其在单独面对中国的时候信心减少,同时又认为日美同盟以及强化同美国的同盟国的关系,再加上自身努力尚足以对应中国崛起的挑战。考虑到如果积极接触不成功可能引起的负效应,追求"政治安全的思维方式"就合乎情理地比开展有创新性的外交占了上风。强调日美同盟的加强也可以被认为是为了减少由于缺乏同中国的实质性关系的不安的心理安慰。同时为了平衡日本过于依存美国可能引起的国内反弹,日本采取了同其他地区加强关系的态度。

从战略角度来说,日本试图避免直接面对中国。因为一个强化了的日美同盟和更加积极的安全政策调整起来似乎不那么困难,政治上也安全。(中国的对日政策决策中是否也存在类似逻辑的可能性值得探讨。)然而这样的政策的结果是牺牲了更加主动积极的对中政策的可能性和灵活度。从政策层面来看,鸠山内阁倒台后,菅直人首相立即改变了前任的离美倾向,日美关系作为日本外交的基轴的定位被重新强调,几乎也听不到谈及东亚共同体话题。上述思维逻辑构成了从菅直人到安倍晋三的日本政府对华政策的智力基础,即仍然延续小泉时期的"间接稳定"而不是"自律稳定"。(鸠山的失败让后来的内阁也感到对中外交的国内政治风

---

① 北冈伸一:《日本外交の座標軸—外交三原則再考》,《外交》Vol.6,2011 年 2 月,第 15 页。

险。）安倍晋三在第二次当选首相后不久在接受采访的时候说，"外交首先是强化日美同盟，然后将同东南亚和印度的关系提高到更高水的基础上再来同中国搞好关系"。①

综合本节分析，表3是笔者对日本战略安全知识精英主流对中国崛起认知的间接部分的高度抽象的概括，尽管这样高度简单化的方法必然存在忽略了其他因素的问题，但能够为梳理清楚错综复杂的认知与政策关系的逻辑脉络、找出主要变量提供有用的视角，否则面面俱到的分析会让研究限于永无止境的文献回顾的困境。

表3　日本知识精英主流对中国崛起间接认知与对华政策

	国际体系认知	日美关系认知	中美关系认知	对华政策
小泉内阁	美国单极体系	不稳定—稳定	稳定	无视，间接稳定论
第一次安倍内阁	美国单极体系	稳定	稳定	积极接触，自律稳定论
福田内阁	多极化，美国相对衰落	稳定	稳定	积极接触，自律稳定论
麻生内阁	多极化，美国相对衰落	稳定	稳定，中美接近	积极接触，自律稳定论
鸠山内阁	多极化，权力弥散，国际体系潜在不稳定	不稳定	稳定，中美接近	搭车，自律稳定论
菅内阁	多极化，权力弥散，国际体系潜在不稳定，但美国仍然是最强国家（特别在安全上）	不稳定	不稳定	软制衡，间接稳定论
野田内阁	多极化，权力弥散，国际体系潜在不稳定，但美国仍然是最强国家（特别在安全上）	不稳定	不稳定	软制衡，间接稳定论
第二次安倍内阁	？	？	？	？

———————

① 《日本经济新聞》2013年1月11日。

五 2010 年后日本知识精英对华认知的新变化[①]

（一）对华认知的新变化的形成

正如前面分析所显示的那样,无论从日本知识精英主流对华认知的直接部分还是间接部分看,现在还没有足够的证据来判断日本对中国的认知已经从原来的"有限潜在挑战(威胁)可控论"根本性地转变为"全面巨大不可控的威胁"。但是认为"中国变了"的新认知在逐渐成为主流却是事实。其主要内容包括:世界经济危机中中国经济一枝独秀,国际力量对比发生深刻变化,中国的大国意识被突然激发,自信增强。在此背景下中国外交在 2009 年经历重大转变,过去的经济发展优先的"韬光养晦"政策改变的势头高涨,中国对外关系上变得日益强势(assertive),于是在东海和南海的领土主权和海洋权益问题上同周边国家产生争端。更加激进的观点认为中国对外关系定位正从"负责任的大国"向"建立中华秩序"的方向发展,并认为"北京共识"可以超越新自由主义市场经济路线的"华盛顿共识",还有的认为中国外交已经发生了"革命性转变"。

2010 年是这种认为"中国变了"的新认知开始形成的重要年份,主要原因并不在于中日经济总量的排名逆转了,而是"撞船事件"对传统主流认知提出了挑战。"撞船事件"和随后发生的反日游行,以及日本媒体报道的中国对日本采取稀土禁运,停止各类交流活动等让保守政治家、学者和民众们有了挑战原有的"中国和平崛起·有限潜在挑战"的主流认知有了具体的材料,而支持上述主流认知的知识精英开始面对如何解释看上去同过去的认知"相矛盾"的中国外交"新动向"问题,日本民众也存在迫切需要有人告诉他们"为什么中国人这样反日游行,为什么中国政府如此'高压'"的认知需求。在这个突发事件的巨大冲击下原有的认知发生动摇,认知的新需求促动了新的认知产品的产生。

---

① 这部分的部分内容来源于拙作:《日本对"中国外交 2009 年大转变"的新主流认知与中日关系》,《北京大学国际战略研究简报》,北京大学国际战略研究中心,2013 年 8 月 23 日,第 1—4 页。

　　日本政府的官方表态从 2010 年后也体现出"中国变了"的新认知倾向。2010 年的日本《外交蓝皮书》对于中国的外交的认知沿袭了从冷战结束后的基本判断,"中国为了维持持续的经济发展,提高综合国力,必须有和平与稳定的国际环境的基本认识下,继续开展全方位外交"。①2011 的《外交蓝皮书》除了沿用了上述判断外,加上了"2010 年随着中国经济规模世界第二,中国应当承担的国际责任,围绕以美国为中心的发达国家同中国之间的主张有差距,中国主张的核心利益,中国同美国、欧洲国家、韩国以及东盟各国之间产生了种种矛盾"。②2010 年的《防卫白皮书》中仅仅指出"近年来,中国的经济飞跃发展,金融危机中保持经济增长,08 年召开的国际会议上存在感加强,中国在国际社会中自信增加,更加积极的姿态的背景,可以看成是中国经济较早脱离了金融危机的影响"。③2011 年的《防卫白皮书》在提及了中国在金融危机中的优良表现,以及 2010 年成为第二大经济大国的基础上,加入了"中国同包括日本在内的周边国家利益对立的问题,表现出被认为是高压的对应,对中国今后的方向感到不安的一面存在"。④2013 年进一步增加了"中国根据同现存国际法不相容的单方面主张,包括试图通过依靠力量来改变现状的做法被指为高压对应,还显示了会引发不测的事态的危险行动,对中国今后的方向感到不安的一面存在。"⑤

　　按照上述逻辑,日本认为中国国力增强,国内舆论多元化,军队主导外交,中国在领土和历史等问题上变得对日本日益强势和高压。对于中国的"咄咄逼人"日本认为必须要"毅然"对应,退让只会给中国进一步"得寸进尺"提供可能,而不会获得"中日友好"。安倍晋三是这种观点的代表,他说自己"对中国几乎没有让步过",过去的中日关系是建立在"日本削减国家利益制造了友好的状态"的前提上,潜台词即现在需要让步的是中国而不是日本。⑥

---

①　日本外务省:《外交青書 2010》,2011 年,参见日本外务省网站。

②　日本外务省:《外交青書 2011》,2012 年,参见日本外务省网站。

③　日本防衛省:《防衛白書 2010》,2010 年 10 月,第 49 页。

④　日本防衛省:《防衛白書 2011》,2011 年 8 月,第 75 页。

⑤　日本防衛省:《防衛白書 2013》,2013 年 8 月,第 30 页。

⑥　《日中関係、国益を第一に　安倍晋三》,《日本経済新聞》2010 年 10 月 28 日。

（二）新认知的脆弱性和可重塑性

这一时期日本知识界主流对华认知呈现出重要的变化,从过去的有限挑战威胁向全面负面转变。很多读者看到这里可能会想,既然日本对中国的负面的认知已经上升为主流,那么中国无论做什么都将是徒劳的。这里就涉及一个"认知改变"的问题。的确,认知的改变并非易事,因为认知不仅具有保持连续性的倾向,还有固化的特点。但也要看到,认知本身也存在是否合理和是否可塑的问题,不应当人为预设目前日本的主流负面认知是既定和不能改变的,那样做的结果将会导致决策者政策选择自由度的减少。

首先,日本的新认知形成的时间短,认知的逻辑和实证基础并不扎实。从上述分析可以看出,日本的新认知的出现始于 2010 年下半年,距现在仅 3 年。与此同时,目前出现的日本对中国外交的新认知的产生并不是基于日本对中国国家战略和对外关系进行系统研究的基础之上,而是为了应对所谓的中国"强势外交"的短期迫切需求而作出的新的解读的结果,某种意义上是知识性的短期供需关系的不匹配所造成的。虽然日本认为中国外交在 2009 年发生了大转变,但这一认知并非产生于 2009 年,而是为了紧急回应"撞船事件"处理过程中中国的"变化"与原来的主流认知之间的不相容才重新编辑过去的信息来匹配新认知。新认知并没有回答一个关键问题:为什么很好地服务于中国过去 30 年发展的和平崛起道路在后金融危机时代就一定会被简单地放弃?而且日本知识界的相关解读较多出现在媒体评论、时事杂志而非学术论文中。新认知的很多内容在逻辑上存在明显缺陷,例如,如果说中国在领土主权问题上的强硬是因为经济实力增长后的自信而导致的路线变更,那么如何解释 1995—1996 年中国还未崛起、应对台海危机时候的"强硬"立场呢?从这个意义上来说,这一新认知的基础并不牢固。

第二,日本新的认知并没有完全形成和固化,原有的较正面的认知还没有被完全破坏,目前的负面认知在一定程度上还存在逆转的可能性。随着中国经济的减速,新的认知的重要逻辑基础即中国持续高增长导致国际力量对比大变化将会受到质疑。如果继续发展经济、改善民生仍然是中国的首要目标,中国将继续需要和平的国际环境,那么原来的主流认知的逻辑就很有可能会重新回来。皮尤研究所的最新调查显示,认为中国会在经济上超过美国的日本民众从 2011 年的 37% 下降到 2013 年 24%。按照日本的新认知,一个日益强硬的中国的逻辑结果应当是中国对外关系出现全面紧张。中美冷战、中国同东南亚关系恶化等比较符合这种认知的预期。但中美对话畅通,首脑会晤频繁,中国继续奉行积极的地区主义政策将很容易削弱新认知的有效性。新的认知不能固化,旧的认知便仍将有效。

第三,日本主流认知受美国对中国主流认知的影响程度很深,在政策认知和形成上日本高度依赖美国。日美是同盟关系,而且是不对等的同盟关系,这不仅体现在政治经济的决策上,也反映在通常不那么显眼的思想传播、认知影响和舆论形成等软的方面。战后日本在对外关系上从精英培训、学术训练到情报获取和媒体传播等各个方面都高度依赖美国,美国对华认知的变化会明显影响日本对中国的看法。上述 2010 年下半年日本对中国认知的变化同该年上半年美国对中国认知的变化有一个半年左右的时间差,但内容非常相似,即认为中国变"强势"了,日本方面也多次引用美国指责中国强硬的证据。今年以来,美国开始出现反思所谓的"中国强硬论"以及基于此认识而提出的"亚太再平衡政策"的危险性的论调,这对日本也会产生一定影响。

要充分认识到 2010 年后日本出现的对华负面新认知的危险,同时也不能对这一危险予以过度评估,要看到其内在的脆弱性和可重塑性。通过各种方式,努力使日本的主流对华认知从"中国变了"向"中国并没怎么变"的方向逆转,将会对改善中日关系起到事半功倍的效果。在这场智力游戏中,真正受到考验的很可能是两国知识界的能力。

结　语

日本对华政策的主要变量是其对日美同盟有效性的认知。如果日美同盟被认为不稳定,日本就不大可能采取比较积极主动的对华政策。没有稳定的日美同盟作为基础的积极对华外交不仅会减少日本在同中国交往中的信心,还可能面临被美国抛弃的危险(参见表3)。① 与此同时,日本对中美关系的认知在日本对华政策中是一个从变量。如果日美关系被认为是稳定的话,一个稳定的中美关系将会更容易为日本采取积极稳定的对华外交创造良性环境。换句话说,中美关系与中日关系并不是一个"零和游戏",不是有些专家认为的中美关系越好日本的对华政策就会越负面。日本对于中国本身是否构成对日威胁的认知的重要性正在增加,而且呈现负面转向的新认知形成的状况,但日本知识精英中对于中国外交转变和中国威胁的认知程度上存在着认知分裂。这就决定了日本对于中国和中日关系的认知也处于日本决定对华政策的次要变量,而缺乏共识至少让日本很难考虑更加积极主动的对华政策,政治风险规避会成为更受欢迎的选择。

从中国角度来看待日本的对华认知需要注意以下几个问题。首先,判断日本对华认知是否变化要分清程度和内容,而不能因为一时一事作短期仓促的判断。从上述分析可以看出,日本知识精英对华认知的核心内容没有发生根本性或者说革命性的变化,只要旧认知没有被取代就会继续有效。同时也要看到新的负面认知正在形成也是事实,但并没有取代延续了较长时间的原有认知的核心。目前的变化还属于新生的和边缘化的新认知出现阶段,当然我们不能排除其将来有可能取代旧认知成为核心认知的可能性。第二,要理解认知本身所具有的生命力和可逆性。如果一种认知一旦被广泛接受的话,就会具有自身的生命力,而不会迅速消失,如前所指出的日本知识精英长期的对华主流认知不可能在一夜之间就会发生彻底的变化。与此同时新的认知形成需要一个过程,不可能一蹴而就,在没有固化之前就有可逆性。否定上述两点,中国就可能会认为日本的正在形成的新认知已经占了主流而且固化,那样反过来事实上会缩小中国战略思考的自由度和政策选择的幅度。中国对于日本对华认知如果出现了"误认知"同样会增加风险。第三,需要区分负面认知产生的动机是出于"恶意的误认"还是"理性的误认"。在中国看来日本对华认知的负面转向要么出于错误认知,要么出于在意愿上反华。应该说两种可能性都存在,但是哪一种成分更强则需要更加精致的研究。因为一

① 如前所述,鸠山内阁时期属于例外,其政策的逻辑基础同主流知识精英的认知具有明显距离。

旦认为负面认知绝大部分出于"恶意",那么任何的政策努力都会被认为是"徒劳"的。对于日本国内部分政治家和知识精英夸大中国威胁、实现别的政治政策的目的需要高度警惕,也需注意不要把所有对中国的担心都看成是对华敌视,毕竟中国的再次崛起带来一些不安情绪并不奇怪。

　　还有一点需要特别指出,目前存在的一种误解,即在谈论日本知识界对于中国认知的时候往往容易默认等同于日本的中国问题专家的对华认知。在大部分日本决策者和国民对中国缺乏足够知识和感性接触的情况下,中国专家具有提供信息和分析的桥梁作用,对于决策者和民众形成对于中国的认知具有重要影响。但是,对于决策者来说不大可能仅仅依靠对于中国的情况的判断来构筑对中国的政策。这就是说对于中国的认知是一回事情,而对中国政策很可能是另外一回事情。日本的对华外交政策作为日本的整体外交的一个部分受制于日本外交基本格局和框架,这也是为什么本研究强调在分析日本对华认知的时候需要有日本对于国际体系的整体认知,特别是对于美国的判断和中、日、美三边关系的认知的视角。

　　中国如何认知日本对华认知本身直接关系到今后中国在对外战略中如何定位日本的重大问题,而动态灵活并且有系统地跟踪日本对华认知将会为中国提供更为准确的政策判断基础。

第五章 日本经济界的对华认知与特点

——以小泉内阁时期为中心的分析

前　言

本章以进入 21 世纪的头十年为例,梳理日本经济界作为社会行为体对中日关系产生的政策要求,分析其变化、汇集过程中的影响因素以及对日本政府对华政策产生影响的机制,借此来考察中日之间"政冷经热"现象的成因,[1]或者说经济合作发展为什么没有带来相应的政治合作发展这一问题。

针对这个时期的中日关系,国际政治领域的研究一般强调中日之间的结构性变化。[2] 尤其强调国家间实力对比的结构性变化下,不断深化的经济相互依赖对于减轻政治冲突具有局限性,并以此来解释靖国神社等政治摩擦产生的原因。[3] 关注社会层面的研究则强调,中日之间的结构性变化同时也出现在社会行为体自身及其与本国政府关系上,这些变化成为了引发政治摩擦的诱因,主要包括历史认识的变化,两国民族主义

---

① 根据刘江永的解释,中日之间的"政冷经热"现象早在 20 世纪 90 年代中期就已出现。见刘江永:《中国与日本:变化中的"政冷经热"关系》,人民出版社,2007 年,第 2—4、24 页。

② 例如,毛里和子:《日中関係—戦後から新時代へ》,东京岩波新书,2006 年。国分良成:《座談会 日中関係の構造変化に目を向けよ》,《外交フォーラム》2006 年 5 月。Ming Wan, *Sino-Japanese Relations : Interaction , Logic , and Transformation* , Stanford University Press , 2006.

③ 可参考 Wang Jisi, "The China-Japan-US Triangle : A Power Balance Analysis" , in Gerald Curtis , Ryosei Kokubun , and Wang Jisi eds.*Getting the Triangle Straight : Managing China-Japan-US Relationship* , Japan Center for International Exchange , 2010.佐藤壮:《中国の台頭と日米安全保障体制》,宇野重昭、唐燕霞编:《転機に立つ日中関係とアメリカ》,国際書院,2008 年。封永平:《大国崛起的安全困境与中日关系》,《现代国际关系》2008 年第 12 期。

的新发展，以及日本国内社会的保守化与右倾化，中国政府对社会舆论的选择性宽容等。① 只有少数研究提到了经济关系的深化对于政治关系发展的积极性、促进性影响。②

对于本章所提出的问题，现有的研究观点可以归纳为两类。一种认为 2000 年以后经济界中对华合作的声音不占主流。究其原因，一方面对中国持有特殊感情的"中日友好世代"已经不复存在，③另一方面是由于中日经济关系中存在竞争与摩擦。④ 第二种流行的解释正如"政冷经热"一词所示，即政治与经济关系相互独立互不影响也即"政经分离"，日本经济界对政治本来就不关心或者抱有不应插手政治事务的态度，经济界对外交政策也没有制度性的影响渠道。这两种解释首先对于经济界不同个体、不同群体的态度变化缺乏系统的实证性研究，因而显得时而论据不足时而相互矛盾；其次，忽略了小泉内阁后期日本国内政治结构发生的变化及其在对华政策上造成的结果。

本章主要利用日本贸易振兴会（JETRO）、经济产业省（经产省）、国际协力银行（JBIC）等机构的问卷调查与报告，日本经团联、经济同友会、日中经济协会等经济团体的机关刊物和内部报告，经济类专业杂志、报刊

---

① 帰泳涛：《日本における新保守主義の台頭と中・米・日関係》，宇野重昭、唐燕霞編：《転機に立つ日中関係とアメリカ》，国際書院，2008 年。家近亮子：《歴史認識問題》，家近亮子、松田康博、段瑞聡編著：《岐路に立つ日中関係—過去との対話・未来への模索》，晃洋書房，2007 年。朱锋：《权力变更、认同对立与战略选择—中日关系的战略未来》，《世界经济与政治》2007 年第 3 期。李建民：《冷战后的中日关系史 1989—2006》，中国经济出版社，2007 年。James Reilly, *Strong Society*, *Smart State*: *the Rise of Public Opinion in China's Japan Policy*, Columbia University Press, 2013.

② 例如贵家（Sasuga）认为，2000 年后中国的地方政府在汽车产业的发展上加强了与日美的合作，经济关系的深化促进了地方政府与美日政治关系的发展。Katsuhiro Sasuga, "Cooperation and competition in the Chinese automobile Industry: The Emerging Architecture of China-Japan-US Economic Relations", in Gerald Curtis, Ryosei Kokubun, and Wang Jisi eds. *Getting the Triangle Straight*: *Managing China-Japan-US Relationship*.另外，Min Gyo Koo 强调了钓鱼岛纠纷中经济相互依存对纠纷激化起到了缓和作用。Min Gyo Koo, The Senkaku/Diaoyu dispute and Sino-Japanese political-economic relations: cold politics and hot economics?, *The Pacific Review*, Vol. 22, No. 2, Spring, 2009.

③ 国分良成：《冷戦終結後の日中関係—"七二年体制"の転換》，《国際問題》2001 年 1 月号，就已指出了世代交替对中日关系产生的影响。

④ Michel Yahuda, "The Limits of Economic Interdependence: Sino-Japanese Relations", in Alastair Iain Johnson and Robert S.Ross, eds. *New Directions in the Study of China's Foreign Policy*, University of Cal-ifornia University Press, 2006.

报道等材料,对经济界中存在的政策要求进行历史性追踪(process tracing),力图提高研究的实证性。在分析其态度变化时,将经济界划分为企业与行业、经济团体与财界两个层面考察,注重个体的经济行为与企业的集体行为之间的区别。①

　　本章的主要结论是,首先,进入 21 世纪以后,经济界的对华认识经历了一次重大转折,从一开始的"中国威胁论"转变为"中国特需论";同时经济团体/财界层面形成了改善、加强对华关系的共识以及政策要求。经济界态度变化背后的原因主要是在国际经济结构中中国市场地位的凸升以及中日企业间合作模式的调整。2005 年春中国爆发涉日游行之后,经济界在日本国内的政治表达趋于活跃,同时也加大了推进"东亚经济共同体"理念的力度。

　　其次,经济界影响政权政策的主要途径是通过在专业领域的合作关系为首相、政权提供政策理念,但是当经济界的意见与现任的首相与政权发生严重分歧时,则很难通过公开的批评、对立来说服和改变现政权的态度,只能寄希望于与下一任政权候选人拉近距离。② 小泉内阁后期,在参拜靖国神社问题上的对立及与首相之间在多项经济政策上的渐行渐远也阻碍了经济界的政治表达。后小泉时期,经济界虽然一直努力重建与政权的合作关系,其结果却并非一帆风顺,甚至困难重重,这种结构性的变化减弱了其对日本对华政策的影响。

---

① 对二战后日本经济界在对华政策中的作用率先进行研究的是绪方贞子,根据她的提法,经济界指由财界、业界(指分工较细的行业团体)、企业三个层次构成的人的集合体。而财界一般指的是经济团体联合会(经团联)、日本商工会议所(日商)、日本经营者团体联盟(日经联)、经济同友会四个中心团体,见绪方贞子:《日本の对外政策决定過程と财界》,细谷千博、绵贯譲治编:《对外政策决定の日米比较》,東京大学出版会,1977 年。2002 年旧经团联与日经联合并成为日本经团联。另外关西财界虽然地方性较强,但在全国经济中占有较大比重,主要包括关西经济联合会、大阪商工会议所、关西经济同友会、关西经营者协会、大阪工业会这五个综合经济团体,见《関西财界外史　戦後编》,関西经济连合会,1978 年,第 270 页。

② 经济界对对华政策的影响可以参考 70 年代后期的例子,对发展中国家的成套设备出口是这个时期经济界与政权取得共识的政策理念,在这个政策领域当中经济界与政府在对华问题上培育了很强的合作关系。李彦铭:《日中经济协力の展開における日本经济界の对应とその背景—"プラント輸出"戦略との連動を中心に》,富士ゼロックス小林節太郎纪念基金 2011 年度研究助成论文,2013 年 4 月。

一 经济界对华认知的变化——2005年之前

(一)企业/行业层面:从"中国威胁"到"中国特需"

2001年以后,随着中国正式加入WTO,中日之间的投资与贸易量急速扩大,至2003年,日本已经连续11年成为中国第一大贸易伙伴,但此后却被美国与欧盟相继超越,成为第三位。不过2005年中国(包括香港地区)第一次超越美国成为了日本的第一大贸易伙伴国。[①] 除贸易以外,在投资方面日资企业也加快步伐,2000年左右开始形成了新一轮的对华投资热潮(参考图1)。

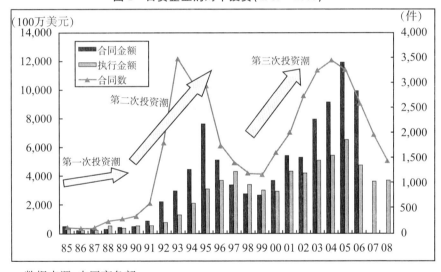

图1 日资企业的对华投资(1985—2008)[②]

数据来源:中国商务部。

经济关系发展的同时,中日产业间的竞争关系也越来越明显。在贸

---

① 日本经济产业省:《通商白书》,2005年版。
② 原图出处:柴生田敦夫(元经济产业研究所·贸易经济协力局长):《日本企业の对中投资》,RIETI Policy Discussion Paper Series 09-P-004,2009年11月。

易与制造业的对华投资这两个领域都出现了"中国威胁论"的声音。① 下面将追踪贸易和投资两个领域中主要产业的对华认识及其变化,并指出其产生变化的主要原因。

1.贸易领域

2000 年起,纺织产品、IT 相关电子机器、农产品等由中国大量进入日本,中国对日出口的大幅增长直接成为"中国威胁论"的一个重要背景。② 据 2001 年 JETRO 的调查,21% 的日本企业对于中国产品进入日本市场"现在感到了威胁",29% 则"感到在不远的未来有威胁"。③ 产业竞争力较弱的农产品、纺织行业则要求日本政府根据 WTO 相关条款对中国产品的短期内大量涌入启动应急性保护措施(safeguard)。2001 年 4 月,日本政府应相关产业要求决定对大葱、香菇、灯心草这三类农产品启动紧急进口限制。④

另一方面,成套设备出口(plant export,或称装备出口)的相关行业,如重工业制造公司、工程公司、商社等,在此之前虽然一直具有较强的国际竞争力,但在这一时期开始面临与中方的竞争,对华态度产生了行业内或行业间的分化。

成套设备出口在日本的总出口中占有基础性地位,虽然自 70 年代以来,成套设备的对华出口一直是支撑中日互补性贸易结构的主要力量,相关行业也与中国政府保持了良好稳定的合作关系,但从 90 年代中后期开始其国际竞争力急剧下降,1999 年成交额跌至谷底(80.4 亿美元)。在韩国、中国的价格优势之下,日本企业在国际市场的份额迅速缩小(参见表1)。中国企业虽然在技术上水平上与日本差距较大,在价格上却具有巨大竞争力。

---

① 伊藤元重:《中国脅威論に惑わされるな》,《産経新聞》2002 年 8 月 1 日。
② 《日中交流と日本の戦略》,《関経連四季報(中国経済)》,2002 年冬,第 68 号,第 26—27 页。
③ 日本貿易振興会:《日本市場における中国製品の競争力に関するアンケート調査》,2001 年 8 月。
④ 不过之后日本政府回避了保护措施的正式启动,通过与中方的沟通最终解决,中日相关部门之间的定期协商制度也作为协调结果被保留下来。具体过程可以参考俞敏浩:《中国の対外経済政策決定過程に関する一考察—日中農産物セーフガード問題を事例として》,《法学政治学論究》2007 年,第 75 号;和田芳隆:《検証セーフガードはなぜ発動されたか》,《エコノミスト》,2002 年 4 月 23 日,第 88—93 页;美甘哲秀:《日中関係に波紋を投げかけるセーフガード問題》,《日中経協ジャーナル》2001 年 10 月号,第 60—64 页;程永明、石其宝:《中日経貿関係六十年》,天津社会科学院出版社,2006 年,第 277—286 页。

表 1　中、日、韩国际市场所占份额①

年度	日本	韩国	中国
1998 年	14.1%	4.0%	4.3%
1999 年	9.7%	2.3%	5.1%
2000 年	7.6%	5.1%	4.6%

数据来源：ENR 杂志 Top 225 International Contractors 的估算。

对于中韩国际竞争力的迅速提高,相关行业中的意见并不一致。重工业制造公司认为成套设备的制造向国外转移会导致国内工业的空心化;商社却相反,甚至提出日本公司应该积极利用中韩的价格优势,通过与中韩的企业联合来提高产业竞争力。为了讨论成套设备出口的前景,形成新的共识和政策方向,经产省制造产业局从 2002 年 3 月开始召集专家和各行业代表召开了"成套设备、工程建设设计产业恳谈会",其后发表了中间报告《成套设备、工程建设设计产业政策的基本方向》。

这次讨论对成套设备、工程建设设计产业(Engineering)重新进行了定义,强调其以技术和服务为第一特征,因此规定在产业结构上,提供工程建设设计职能的公司是第一层,而提供设备的重工业制造部门则是第二层,第三层是其他潜在的能间接提供设备与服务功能的公司。②

关于今后发展的方向,其结论是应该深化工程建设设计职能,强化技术优势,拓展分社,实现国内不同行业间和国际同行业间的事业整合。认为目前仍处于产业链下游的中韩对日本的技术优势来说尚不构成威胁,应该努力提高处于产业链上游位置的竞争力,深化国际合作。相关产业在此后也调整了经营战略,开始从制造—销售模式向投资—合作模式转化,加大了与中国企业的合作力度,扩大在华直接投资。加上中国国内新一轮基础设施建设高潮到来,对日本成套设备的需要大幅扩张,根据经产省的统计 2004 年度与中国的成交额达到 33.8 亿美元,是国别成交额第一位,而这一年的总成交额为 193.7 亿美元,成套设备贸易领域里的中国

---

① 日本経済産業省製造産業局編:《"知"で競う産業プラント・エンジニアリングの未来》,同友館,2003 年,第 26 頁。

② 岡本厳(経済産業省製造産業局産業局長):《刊行にあたって》,経済産業省製造産業局編:《"知"で競う産業　プラント・エンジニアリングの未来》,同友館,2003 年。

威胁论日渐消散。

表2　海外成套设备/工程建设设计合同额(单位:亿美元)

	合同单数	总成交额	成交额中日本国内购入金额	成交额中日本国外购入金额
1997 年度	930	120.1	77.4	42.6
1998 年度	903	103	66.3	36.7
1999 年度	577	80.4	52.9	27.5
2000 年度	634	153.7	97.4	56.3
2001 年度	643	124.4	73.3	51.1
2002 年度	913	139.7	71.7	68
2003 年度	1,005	188.8	103.3	85.5
2004 年度	1,061	193.7	106.2	87.6

数据来源:经产省。　　　　　　　　　　　　　　(单位:亿美元)

2.投资领域

90 年代末日本企业对中国加大投资,在收益上却呈现了两极分化严重的趋势。在部分企业取得了巨大收益的同时,有相当一部分投资失败,甚至损失惨重。[1] 这种局面也造成对华投资的企业间或不同行业之中对中国的认识差异较大。

而对于一般舆论而言,对华投资带来的威胁主要是指"产业空心化",担心越来越多的对华投资和制造业转移,将使日本国内的企业接连关闭,减少就业机会,甚至工业基础都将崩溃。[2] 根据第一生命经济研究所的统计,1997 年到 2000 年日本企业增加在中国投资导致了日本国内雇佣数额减少以及通货紧缩。[3] 美国也有研究结果认为,日本制造业向

---

① 波多野淳彦:《日本の対中直接投資の検証》,《日中経協ジャーナル》2002 年 7 月号,第 20—25 页。

② 伊藤元重:《中国脅威論に惑わされるな》,《産経新聞》2002 年 8 月 1 日。

③ 《日中交流と日本の戦略》,《関経連四季報(中国経済)》,2002 年冬,第 68 号,第 30 页。

中国的转移是造成日本经济停滞的主要原因。① 为了降低成本而关闭国内工厂、转向海外生产特别显著的是与 IT 相关的电子产业、家电等组装制造业。根据 2001 年 JBIC 的调查，与上一年度调查相比较，表示"将要强化、扩大海外事业"的企业从 54.5% 激增到 71.6%，"将用海外生产代替国内生产并减少国内生产量"的企业也从 13.6% 提升到 22.5%，②而这又加重了日本国内"空心化"的忧虑。

对于产业空心化的担心，在企业家群体中是素来有争议的。2001 年后半年就有企业家公开提出中国"可能是威胁但也可能是机会"，早于小泉首相 2002 年在博鳌论坛的发言。③ 2002 年，有经济观察家认为，企业个体的行为实际上都与中国威胁论保持了距离。④ 著名企业的经营者们纷纷在经济专业杂志的访谈或撰文中发表个人意见，批驳中国威胁论。伊藤忠商事常务董事、中国总代表佐佐木聪吉认为威胁论是过分夸张，⑤ ARGO 21 Corp（アルゴ21，后成为佳能集团的子公司）会长佐藤雄二郎则认为空洞化的想法早已落伍了。⑥ 欧姆龙的代表执行董事长立石信雄认为，抑制中国是没有意义的，解决教科书、靖国神社问题才更为重要。⑦ 针对空心化的问题，佳能社长御手洗富士夫提出中日之间发生的正是类似七八十年代日美之间经济摩擦的情况。⑧

"中国威胁论"被"中国特需论"所取代而能成为主流认识，主要背景之一是中日经济关系的不断深化，多个产业在东亚地区中都形成了国际分工。根据《通商白书》的分析，2003 年的贸易量与流向说明，"三角贸

---

① 《産経新聞》2002 年 11 月 23 日。

② 《日中交流と日本の戦略》，《関経連四季報（中国経済）》，2002 年冬，第 68 号，第 28 页。

③ 《日中経済討論会— 21 世紀の日中経済関係　中国は脅威かチャンスか》，《経済人》2001 年 12 月号，第 26—29 页。

④ 国吉澄夫：《中国企業の虚像・実像と日本製造業》，《日中経協ジャーナル》2002 年 2 月号，第 2—3 页。

⑤ 《産経新聞》2002 年 2 月 15 日。

⑥ 佐藤雄二郎（インタビュー）：《空洞化という考えが時代遅れ》，《エコノミスト》2002 年 2 月 4 日，第 40—41 页。

⑦ 立石信雄（インタビュー）：《二一世紀に残された巨大なフロンティア》，《エコノミスト》2002 年 2 月 4 日，第 42—43 页。

⑧ 《インタビュー　御手洗冨士夫キャノン社長》，《エコノミスト》2002 年 4 月 8 日，第 8—9 页。其他经营者个人的意见可以参考《日中交流と日本の戦略》中的归纳。

易"在东亚地区已经成熟——"三角贸易"即由日本与 NIEs(新兴工业经济体)生产中间产品,出口到中国和东盟进行组装成为最终产品,最后出口到欧美等消费市场。①

同一产业甚至同一企业的制造流程在中日之间形成了水平分工。这种积极推动产业内、企业内国际分工的企业行为则成为了成功的经营战略(Business Strategy),②在跨行业的企业间迅速得到普及,促使企业的对华态度也纷纷明确化。不同行业企业间这种海外战略的相似性,是经济界在对华政策上能够形成比较一致的政策要求的基础条件。③

另一个原因是,中国加入 WTO 后开始对外资企业开放国内市场,纺织、加工食品与电子电器等产业从原来在中国生产、组装产品并出口到日本的"出口优先"型战略,转变为重视开拓中国市场,"出口型"与"内销型"并重的战略。尤其是电子电器产业,在出口与内销的两个方向上都有了显著的扩大,还出现了日资企业与中国企业签订战略合作协议进行全面合作的例子。④ 而钢铁、石油化工、产业机械等重工业,汽车、服务业等行业则主要以独资形式扩大了在中国市场的份额。

企业战略转变改变企业对华认识的典型案例之一是纺织行业。如前所述,由于日本市场中的中国产品激增,该行业中盛行"中国威胁论"并要求政府针对中国制品发动应急性保护措施。但行业内部对于这种保护主义举措却是有反对意见的,2001 年 8 月,就在日本毛巾工业组合联合会准备向经产省申诉早日启动保护措施之前,联合会下属的十家公司却对经产省递交了"反对启动意见书"。⑤ 这主要来自大荣、伊都锦等采取

---

① 日本经济产业省:《通商白書》,2005 年版,第 156—166 页。

② 庭野博史(みずほコーポレート銀行产业调查部):《部品・材料では中国恐れるに足りず》,《エコノミスト》2002 年 4 月 16 日,第 40—41 页。

③ 米尔纳认为,同一行业内企业的经营模式越相近,就越容易在行业内部形成统一的政策要求。Helen V.Milner and David B.Yoffie, "Between Free Trade and Protectionism:Strategic Trade Policy and a Theory of Corporate Trade Demands", *in International Organization*, Vol.43, No2, Spring, 1989.

④ 井上隆一郎:《拡大続く日中ビジネスの展望―产业別にみた競合・分業関係と企業戦略》,《ジェトロセンサー》2005 年 5 月号,第 39—47 页;JETRO:《日本企业の中国における国内販売活動に関する調査報告書》,2002 年 8 月,以及 JETRO 编:《中国市場を挑む日系企业》,JETRO,2004 年。

⑤ 《产経新聞》2001 年 8 月 20 日。

通过综合商社在中国进行产品开发式进口的少数业内成功企业。① 到了2004年,优衣库的经营方式开始成为成功经营模式:在产品开发上下功夫,走快速廉价且优质时尚的路线;在充分利用中国廉价劳动力的同时,通过产销一体化改进物流方式;把中国市场也纳入经营视野当中,成功地使其在国际竞争中获得了比较优势。正是在这样的经营模式转变和成功企业的示范效应之下,纤维产业中的"中国威胁论"也销声匿迹了。

2004年经济上的"中国威胁论"已失去势头,经济界中的主流认识已转变为"中国特需"。② 瑞穗实业银行董事长齐藤宏认为,日本现在能恢复景气,大约有五成是依靠中国特需,这次特需大概是从三年前开始的,今后也将持续,对于日本来说不可或缺。③ 经济界之中还有人提议应当更多地建立"中日企业联盟"这样的综合性合作关系。④

(二)经济团体/财界层面:缺乏政治表达与组织职能的变化

经济团体与财界层面的认识可以从对待中国威胁论和中日之间历史问题的态度中得到观察。经济团体联合会(旧经团联)在2001年提出的意见书《思考21世纪的中日关系—关于为了建立中日相互信赖与扩大经济交流的建议》中提到了中国制造业崛起所带来的影响。随后其中国委员会开始在企划部会讨论"中国制造业崛起及其对亚洲国际分工体制的影响",结论认为中国的发展并不是威胁,中日之间存在共同繁荣的可能性。⑤ 而亚洲/大洋洲地区委会企划部会的中间报告《关于与ASEAN各

---

① 《日本はセーフガードで二度死ぬ》,《エコノミスト》2001年6月12日。横田高明:《日本の繊維産業の現状とメイド・イン・チャイナ》,《日中経協ジャーナル》2001年6月号,第6—15页。

② 类似观点可还参考 Gregory W.Noble, "Japan's Business Community in Sino-Japanese Relations", in Masaru Kohno and Frances Rosenbluth eds., *Japan and the World-Japan's Contemporary Geopolitical Chanllenges*, Yale CEAS Occasional Publications Vol.2,2008.

③ 《今月の視点 副会長に聞く 斎藤宏》,《日中経協ジャーナル》2004年9月号,第3页。

④ 比如第八届日中产业国际会议的第二部分的题目就是"日中事业中的新型联盟"(日中ビジネスの新たなアライアンス),奥田硕(日本经团联会长):《第八回日中産業シンポジュウム新しい次元へ進化する日中経済関係》,《経済 Trend》2004年1月,第42—43页。另可参考浦上清:《日ビジネス・アライアンスを考える視点と課題—電子産業を中心として》,《日中経協ジャーナル》2004年7月号,第4—9页。

⑤ 勝俣恒久(日本経団連中国委員会企画部会長・東京電力副社長):《WTO加盟後の中国経済をどう見るか》,《経済 Trend》2002年8月,第26页。

国加强经济合作的基本想法》也明确表示日本欢迎中国的发展,与中国的关系既是挑战又是机遇。[①] 面对经济上的"中国威胁论",经团联引导了讨论并率先表态。

但是在首相参拜靖国神社、历史认识及中日政治关系恶化的问题上,财界中态度分歧则比较大。经济同友代表小林阳太郎(1999 年 4 月至2003 年 4 月在任)早在 2001 年就表示不支持首相参拜靖国神社,2004 年同友会直接提出希望首相能中止参拜靖国神社。[②] 日中经济协会的 21世纪日中关系展望委员会则在 2003 年发表题为《谋求中日关的进化——理念与课题》的意见书,主张要"明确历史认识,建立面向未来的信赖关系"。[③] 经团联中也有人认为中日之间的政治问题主要是在于靖国神社参拜问题。[④]

另一方面,经团联则与同友会的表态保持了距离,一直在表面上坚持"参拜靖国神社并不是和中国经济关系的障碍"。[⑤] 财界人士当中也确实有人认为政经应当分离,经济人士不应过多参与两国政治关系。不过早在 2001 年 2 月,经团联的意见书《思考 21 世纪的中日关系》就曾提到过历史认识与台湾问题。在意见书中讨论中日之间悬而未决的政治问题,这在经团联历史上是比较少见的。[⑥]

2003 年底,中方政府要人开始在与日本经济人士的交流中频繁使用"政冷经热"一词,并借此来敦促经济界为改善两国政治关系做出更大的努力。[⑦] 此后,不仅温家宝总理在会见 2004 年度中日经济协会访华团时谈及了政治问题,刚刚到任的驻日大使王毅也直接向经济界提出希

---

① 長谷川康司(日本経団連アジア大洋州地域委員会前企画部会長):《ASEAN 諸国の経済連携強化を》,《経済 Trend》2002 年 8 月,第 27 頁。

② 《産経新聞》2001 年 7 月 14 日及 2004 年 9 月 9 日。

③ 此委员会成立于 2002 年,参见《日中関係の進化を求めて—その理念と課題—相互信頼、未来創新、知的進化、世界貢献への途》,《日中経協ジャーナル》2003 年 6 月号,第 2—11 頁。

④ 《增进交流扩大合作—访日中通商对话代表团团长篠原严》,《人民日报》2004 年 3 月 24 日。

⑤ 《産経新聞》2006 年 6 月 2 日。

⑥ 吉井毅(経団連中国委員会企画部会長・新日本製鉄常任監査役):《日中関係をどう考えていくか》,《月刊 Keidanren》2001 年 3 月号,第 40—41 頁。此项建议是由 1999 年成立的"关于 21 世纪中日关系的讨论小组"主导出台的。

⑦ 根据时任新日中友好 21 世纪委员会事务局长国分良成的回顾,中方政要第一次在日本使用"政冷经热"一词的是前来参加该委员会 2003 年度会议的唐家璇。国分良成:《新日中友好二一世紀委員会—過去五年の軌跡》,《東亜》2008 年 9 月,第 495 号,第 26 頁。

望其能帮助改善中日关系,努力发挥更大作用。[1] 但到 2005 年为止经团联并没有直接采取敦促日本政府改变政策的公开行动,诸如提交意见书等。

需要注意到的是,进入 2000 年以后,经团联虽然发挥了主导共识形成的作用,但没有出现强有力的政治表达,这与经团联组织与职能的变化有紧密联系。2002 年旧经团联与日经联合并成为日本经团联,不光组织结构上发生了变化,在对华合作的形式上也有所变更,从原来的重视与中方高层的合作,转变为越来越重视企业个体的需求与中日之间实务层面交流的制度化。

以对《中日长期贸易协定》的分析为例。其最初的契机是稻山嘉宽等经济团体领导人的推动,其后还直接促成了第一次日元贷款的启动,而《中日长期贸易协定》与日元贷款也成为了整个 80 年代中日关系蜜月期的重要支柱。[2]《中日长期贸易协定》的基本构想是,中方向日方出口石油、煤炭等资源产品,日方则提供包括技术合作在内的成套设备。它是中日之间准政府级别的大型、长期合同,为日方企业对中方提供成套设备给与了政府保障,大大降低了对华贸易的风险,曾被鼓吹为中日之间的"永久性"合同。并且为了推动此贸易协定,日中经济协会与经联团的联合访华团从 1977 年开始访问中国。访华团每年秋季定期派遣,其后一直持续到 21 世纪头十年,虽然在时间上常常与中国共产党全国代表大会有所重合,但仍能受到中方最高领导人的接见,因此形成了财界人士与中国最高政治领导人进行直接对话与确认相互信赖关系的机制。不过,长期贸易协定在 2000 年面临新的续签交涉时,却由于中方石油出口已经非常困难,迟迟不能达成协议,其在中日贸易总额中的比例

---

[1]　《JCEAニュース》,《日中経協ジャーナル》2004 年 12 月号,第 32 页;《今月の視点　新大使に聞く》,《日中経協ジャーナル》2005 年 1 月号,第 12 页。

[2]　关于长期贸易协定签订的过程和意义,可以参考邱丽珍:《日本の対中経済外交と稲山嘉寛》,北海道大学出版社,2010 年;李恩民:《転換期の中国・日本と台湾— 1970 年代中日民間経済外交の経緯》,御茶ノ水書房,2001 年。关于经团联领导人的作用,还可参考李彦铭:《日中関係と日本経済界》,勁草書房,2016 年。

也越来越小。①

中方曾尝试通过摸索新的合作方式,开展新的大型合作项目来巩固合作关系,但并未取得理想进展。90 年代末日方对华投资萎缩显著,中方担心这一趋势长期化并影响中日贸易。② 朱镕基总理在会见 2000 年度日中经济协会代表团时,强调中国在加入 WTO 之后也将与日本保持"特殊的关系"。中方的具体提议是西部大开发等以开发内陆地区为主的项目(2003 年加入了东北振兴),反复提出希望日方企业能积极参与。③ 但不论是经团联层面还是企业个体层面的行动,都没有实现中方的期望。日中经济协会与经产省多次联合举办了面向企业的投资说明会,却收效甚微。经团联虽然组织了上百家日本企业参观中国中西部地区,实际签订投资合同的企业并不多。在接见 2002 年度的访华代表团时,国务委员吴仪在讲话中特别提到,在中国改革开放中受益最多的是日本企业,可同时有很多机会日本企业也没有把握住。这实质上是对于日方对中方提议回应不够积极的一种批评。④ 而温家宝在与 2004 年度访华团的会见中一上来就提到政治问题,并对日本政治家的做法表达不满,这种直接批评在以往以强调合作发展为主的会见形式中也堪称罕见。⑤

经团联领导人对于通过建设大型合作项目维系与中方决策层合作关系的尝试则是促成向中方出口新干线,为建设中的北京—上海高铁项目提供技术。历年访华代表团都曾就这个问题向中方最高领导人直接提出

---

① 谈判最后在 2000 年 12 月达成协议,2005 年又一次成功续签。不过 2004 年中方的石油出口曾一度中止,2006 年开始的为期五年的协定中正式取消了石油贸易的部分,以中方出口煤炭,日本出口环境、节能等的技术设备为主要内容。《日中経済協会訪中代表団訪中記録》(日中経済協会 2000—2006 年各年度);石其宝:《"中日长期贸易协议"的发展历程》,《现代日本经济》2006 年第 5 期,第 30—35 页,以及《情報クリップ第六次"日中長期貿易取決め"調印》,《日中経済ジャーナル》2006 年 2 月号,第 36—37 页。

② 例如江瑞平:《当前中日经贸关系中的若干问题—以中国西部开发为中心的分析》,《现代日本经济》2001 年第 1 期,15—19 页。

③ 《2000 年度日中経済協会訪中代表団の派遣》,《日中経協ジャーナル》2000 年 10 月号,第 28—37 页,以及《日中経済協会訪中代表団訪中記録》,日中経済協会 2000—2006 年各年度。

④ 《日中経済協会訪中代表団訪中記録》(2002 年)以及《2002 年度日中経済協会訪中代表団の派遣》,《日中経協ジャーナル》2003 年度 3 月号,第 27 页;《温家宝総理との会見記録全文》,《日中経済ジャーナル》2004 年 11 月号,第 6—7 页;《産経新聞》2004 年 9 月 14 日。

⑤ 《温家宝総理との会見記録全文》,《日中経済ジャーナル》2004 年 11 月号,第 6—7 页。《産経新聞》2004 年 9 月 14 日。

合作期望。不过日方的愿望在中日民间感情迅速恶化的背景下并没能
实现。①　另一方面,经团联根据企业的微观需要拓展了一些新的合作和沟通
渠道。2003 年 1 月日本经团联的中国委员会成立了"对中国问题讨论工
作组",并发表了题为《为了扩大与加入 WTO 后的中国的贸易、经济关系
的政策建议书》,代表日资企业向中国政府提出希望其努力克服的几个
实务性问题。②　根据其建议,2004 年经团联还新设了"日中通商对话团"
每年访华,与商务部构筑实务层面的交流渠道,希望以此来强化与中方的
对话。③　其他还有诸如环境保护植树造林项目,④与中国企业联合会共同
组织举办日中产业会议、日中韩商业论坛等活动,扩展了与中方对话的渠
道和网络。⑤

　　新时期经团联与中方在合作的方式和内容上更广了,这些渠道长期
来看也将会培育很多人才。但单就经济团体领导人与中方中央领导人的
合作关系而言,并没有出现像 70 年代末邓小平、谷牧与稻山嘉宽、土光敏
夫之间那样深厚的信任关系,也没有开启像宝钢建设那样由经团联与中
方共同推动的全国性重大长期合作项目,这种趋势会制约经济界对中日
政治层面产生影响的能力。

---

① 李建民认为,中国政府之所以放弃完全采用日本新干线车辆主要是由于中国民间的反对。李建
　民:《冷战后的中日关系史(1989—2006)》,中国经济出版社,2007 年,第 340 页。
② 篠原巌(日本経団連中国委員会対中国通商問題ワーキング・グループ座長、日本電気顧問):
　《WTO 加盟後の中国との通商・経済関係の拡大に向けて》,《経済 Trend》2003 年 7 月号,第
　62—63 页。
③ 篠原巌:《日中経済関係の拡大に向けて重層的な政策対話が必要》,《経済 Trend》2004 年 5 月
　号,第 48—49 页。田中達郎(第三回日中通商対話ミッション団長、日本経団連中国委員会企画
　部会長、三菱東京 UFJ 銀行常務執行役員アジア本部長):《経済関係の強化による日中関係の
　一層の拡大を》,《経済 Trend》2006 年 6 月号,第 56 页—57 页。
④ 2001 年—2005 年为第一期,2006 年—2008 年为第二期。最初是 1998 年经团联会长今井敬在与
　江泽民国家主席会谈时提出来的。具体可参考《日本経団連・日中環境植林セミナーを開催》,
　《日本経団連タイムス》No.2800,2006 年 2 月 9 日;関沢秀哲(日本経団連中国委員会植林協力
　部会長、新日本製鉄副社長):《中国で環境植林モデル事業を推進—第二期プロジェクトの実
　施に向けて》,《経済 Trend》2005 年 12 月号,第 58—59 页。
⑤ 此论坛是 2001 年 11 月 ASEAN+3 首脑会议召开之际,应韩国金大中总统的提议而设立的。具
　体可参考平井克彦(中日韓ビジネスフォーラム日本委員会委員長、東レ副会長):《日中韓産国
　による経済連携の強化に向けて》,《経済 Trend》2001 年 2 月号,第 52—53 页。

二 经济界政治表达的活跃——以 2005 年为契机

在这种情况下,2005 年春季中国发生的大规模涉日游行促使日本经济界采取了更为直接和集中的政治表达。

(一) 2005 年的涉日游行

2005 年 4 月的几个周末在北京、上海、成都、广州、深圳等大城市发生了大规模的游行。[①] 在此之前由于小泉参拜靖国神社、2004 年亚洲杯足球赛骚动、2002 年西安的涉日游行等围绕历史认识问题频发的中日摩擦,民间对日感情已经开始恶化。2005 年的游行不仅包括反对日本进入联合国常任理事会等具体议题,还上升到了"反对日货"的抽象高度,而且在全国各地同时爆发,对于中日两国的政治、经济关系都产生了前所未有的广泛影响。

这次游行之所以会提出反对日货的口号,其直接原因是中国国内媒体以及网络对日本历史教科书审查结果的关注。日本文部科学省审查通过"新历史教科书编纂会"提交的有历史认识问题的教科书之后,在中国、韩国都引发了强烈反响。此时,中国媒体披露了一份资助过"新历史教科书编纂会"的日本企业名单,直接把历史认识问题与日资企业联系起来。[②] 除此之外,中日企业在中国市场上尤其是电子产品、零售行业中的激烈竞争,日本企业在中国的短期大量投资引发的各种劳资纠纷,也成为了将矛头引向日资企业的背景。

游行发生前后,中国外交部与商务部的对日态度略有不同。游行发生之前一天即 4 月 4 日,商务部部长薄熙来在与日本国际贸易促进协会代表团团长桥本龙太郎会见时还反复重申中国一直重视中日贸易经济的

---

① 具体经过可参考清水美和:《中国が"反日"を捨てる日》,讲谈社+α 新书,2006 年。
② 2005 年 3 月 28 日《国际先驱导报》率先以《朝日啤酒赞助日本歪曲历史教科书》为题进行报道,31 日及 4 月 8 日又以"再调查"的方式进行了连续报道。报道当中披露除朝日啤酒以外,三菱重工、日野汽车等公司也对"新历史教科书编纂会"进行了大量的资金支援。其他报道还可参考乐绍延:《日企为支持教科书事件开脱责任》,《经济参考报》2005 年 4 月 4 日等。

合作,重视与日本的关系。① 而外交部的姿态则较为强硬,4月6日,外交部发言人批评了日方对待历史问题的态度。町村外相向中国驻日大使要求道歉与赔偿后,温家宝回应日方应(对游行)有深切反省。②

　　直至4月19日,外交部长李肇星在人民大会堂主持召开了关于中日关系的紧急报告会。此后中方态度开始统一,强调中日经济关系的重要性。其后紧急报告会在天津、上海、广州等地相继召开。4月20日,新华社发表评论"中日'合则两利,斗则两伤'",22日薄熙来发表了对于中日经贸关系的"一问一答"。23日,胡锦涛主席在雅加达与小泉首相会面,提出了改善关系的五点意见。此后新华社专题报道了薄熙来对于日资企业对中国的贸易量、投资、国内就业机会的巨大贡献的说明,并在网站进行了专题报道。③

(二)经济界对于游行的反应

1.企业/行业层面

　　游行对于整体的经济效应主要在于对股市的影响,但恢复得也较快。④ 对企业心理来说,根据 JETRO 的调查,其影响是短期并且有限的。⑤ 根据《财界》杂志紧急调查的结果,一半以上的调查对象回答要"在中国拓展根基,今后继续扩大事业",显示出较为冷静的态度。⑥

　　在华日资企业基本上采取了自助对应的方式。日本制纸公司等发表要取消在华合资项目,⑦但大多数公司还是采取了比较积极的态度。例如被报道为"新历史教科书编纂会"出资企业之一的朝日啤酒,虽然在游

---

① 《薄熙来商务部部長、中日両国の経済協力拡大を希望》,2005年4月5日公开,http://www.china-embassy.or.jp/jpn/jmhz/t190187.htm,2010年10月25日浏览。
② 《産経新聞》2005年4月11日、4月13日。
③ 《中日政冷经热难持久薄熙来为抵制日货降温》,新华网2005年4月25日公开,2010年10月25日浏览,http://news.xinhuanet.com/fortune/2005-04/25/content_2864700.htm.
④ 鈴木貴元(みずほ総研):《中国ショックの影響度中国関連銘柄の株価下落率8.4%》,《エコノミスト》2005年5月31日,第82—83页。
⑤ 谷村真(JETRO 国際経済課):《日本企業は中国国内市場重視へ》,《ジェトロセンサー》2006年6月号,第46—47页。
⑥ 《アンケート反日デモに対する産業界の反応》,《財界》2005年5月24日,第35页。
⑦ 山口敦雄:《日本製紙の場合合弁相手を信用できなくなった》,《エコノミスト》2005年5月31日,第78页。

行中成为了主要对象,但通过在自身网页上进行解释说明,历数公司曾经为中日友好所作的贡献与努力,以及与中国籍职员的团结一致终于渡过了危机。① 从 2004 年开始,已有日资企业担心对日感情恶化会带来的负面影响,开始重视宣传自身对中国社会做出的积极贡献,②涉日游行之后,企业愈发重视对中日友好贡献和努力的宣传。

　　另一方面,企业重新认识到在华投资的风险,在投资战略上也从一窝蜂地涌向中国,开始向"China+1"(即除中国外还要在东南亚至少建立一个据点)转变。除涉日游行以外,2005 年人民币实行浮动汇率,因而对美元升值,引发了投资成本的上升,也对企业的投资战略产生了新的影响。根据 2005 年 JETRO 的调查,为获得中国国内市场而进行投资的企业并无太大变化,但是把中国作为向海外市场出口的生产据点的"出口型"企业,他们的对华投资开始变得谨慎。③ 企业当中的主流想法是把中国作为其亚洲事业的主轴,在开拓中国国内市场的同时,使中国据点成为能够统筹亚洲地区经营的公司。④ "China+1",并不是单纯地将生产据点从中国撤出,而是将中国据点作为全球经营的一个重要节点,同时向东南亚分散生产以降低包括反日游行在内的各种经营风险。⑤

　　此后随着经济上相互依存的深化,日本企业愈发重视中国市场。2005 年的投资额虽然相对 2004 年走低,但以服务业为主的非制造业投

---

① 瀬戸雄三(アサヒビール相談役):《経済を通じた国際交流》,《財界》2006 年 1 月 17 日,第 140—143 页,及《産経新聞》2005 年 4 月 1 日。

② 立石信雄(海外事業活動関連協議会会長、オムロン相談役):《企業の社会的責任が導く中国の持続的な経済成長— CBCC 中国 CSR 対話ミッション報告》,《経済 Trend》2004 年 12 月,第 42—43 页。

③ JETRO 国際経済研究課:《日本企業の対中ビジネス展開に関する緊急アンケート調査》,《産経新聞》2005 年 6 月 8 日。

④ 根据みずほ総合研究所 2005 年 5 月末的问卷调查《アジア・ビジネスに関するアンケート調査》做出的分析,内堀敬則(みずほ総合研究所):《対中戦略は"地域統括"と"世界標準化"》,《エコノミスト》2005 年 8 月 23 日,第 42—43 页。山口敦雄:《日本製紙の場合合弁相手を信用できなくなった》,《エコノミスト》2005 年 5 月 31 日,第 78 页。

⑤ 具体讨论可参见《特集チャイナ・プラスワンの投資環境》,《エコノミスト》2005 年 10 月 4 日号,以及《第二段階にきた中国進出"工場から市場"へ》,《エコノミスト臨時増刊》2005 年 11 月 14 日号。

资大幅攀升,从投资结构上中日经济关系又进入了一个新的阶段。① 企业家的认识有了进一步的转变。2006 年 1 月《财界》杂志的新春讨论会上,除了资源相关企业的首脑认为中日之间的竞争关系不可避免以外,大部分企业家都认为应当加强对华合作。② 三菱商事会长佐佐木干夫认为中国虽然有一些不安因素,但是有比不安更巨大的机会,森大厦社长森稔认为中国市场有巨大的发展潜力。富士施乐会长小林阳太郎强调要正确看待美中双方,采取复合性的观点。昭和电工会长、日本化学工业协会会长大桥光夫表示,中国现在开始关注环境问题,认为今后在这方面日本可以提供技术。商船三井社长铃木邦雄认为在物流领域,中方的出口和进口量都非常大,从需求和供给来看今后这样的环境还会持续下去,日本通运的会长冈部正彦也认为从国际物流上来看,以中国为首的亚洲市场势头非常好,2006 年以后也会持续下去。

在中国市场的重要性不断凸现且发展态势良好的国际经济形势下,虽然当时日本舆论中也有"官制游行"的猜测,2005 年的涉日游行起到的主要作用还是让日本企业认识到自身对于中国市场的认识与估计不足以及个体行为的局限性,开始积极参加集体性活动。此后"日中经济讨论会 2005"迎来了史上最大规模,有中方 170 名、日方 330 名参加。③ 对企业意识紧急调查的结果也显示,多数企业认为游行问题已经超出自身努力能够解决的范围,认为"日本政府应当有所对",对政府的期待越来越大。④ 还有经济界人士提出,不仅限于中日关系,企业应该积极参与到什么是"国家利益"的广泛讨论中去,要对此有基本认识。⑤

① 谷村真(JETRO 国際経済課):《日本企業は中国国内市場重視へ》,《ジェトロセンサー》2006 年 6 月号,以及《特集迷走する中国》,《東洋経済統計月報》2008 年 5 月,68 卷 5 号,第 30—31 页。
② 以下主要引用《新年ワイド座談会》,《财界》2006 年 1 月 17 日号,第 80—98、152—174 页。
③ 《日中経済討論会 2005》,《経済人》2006 年 1 月,第 8—9 页。
④ 《アンケート反日デモに対する産業界の反応》,《财界》2005 年 5 月 24 日,第 35 页,另可参考村尾龍雄:《反日リスクのビジネスへの影響と対策》,《日中経協ジャーナル》2005 年 10 月号,第 33 页;《産経新聞》2005 年 4 月 12 日。
⑤ 第六次"东京—北京论坛"上三村明夫(新日本製鐵株式会社代表取締役会長)的主题演讲,2010 年 8 月 30 日,东京。

2.经济团体/财界层面的政治表达

经济界对中日政治关系的影响主要通过以下三个渠道:第一是对日本政府和社会的公开表态与呼吁甚至是对现政权政策的直接批评,以期引导舆论走向;第二是通过加强与中方的沟通与合作来提高与中方最高决策层之间的相互信任,在政治层面沟通不畅的时候起到辅助甚至替代性的作用;最后是提出、形成政策理念。其中前两项的表现形式直接,比较容易观察和捕捉,但从对政策方向的长远影响上来说,最后一个渠道才是最为重要的,它是促成与国内政治家进行合作的理念基础,同时也能反映出经济界对政策走向影响的局限性。

(1)对日本政府和社会的呼吁

在游行的冲击下经济团体也活跃起来,针对中日关系发表了各种意见书。2005 年 4 月 12 日,以日中经济协会为首的 60 个中日两国民间友好团体发表了《关于和平与善邻友好的表达书》,6 月日中经协的 21 世纪日中关系展望委员会发表了题为《面向未来,发展中日经济的相互连带》的意见书。① 经济同友会也在 4 月 26 日的记者招待会上谈及中日关系,强调构建良好的中日关系对国家安全与繁荣等"国家利益"的贡献来说非常重要。②

此外,前述"日中经济讨论会 2005"邀请了众多中方企业家参加,进行了广泛的意见交换。言论 NPO 于 8 月在北京主持召开了"北京—东京论坛",也吸引了众多的参加者。③ 在此次论坛上经济同友会副代表干事、专务理事渡边正太郎表示,现在政治关系给经济带来了负面影响,但日本企业的经济活动在中国还是受到支持的,应该趁着经济关系比较良好的时期构建起两国间"成熟的关系"。④

---

① 《平和と善隣友好に関するアピール》,《日中経協ジャーナル》2005 年 6 月号,第 14 页,以及《未来に向けての日中経済の相互連帯を発展させよう》,《日中経協ジャーナル》2005 年 8 月号。

② 《記者会見発言要旨》,2005 年 4 月 26 日,日本工業倶楽部,http://www.doyukai.or.jp/chairmansmsg/pressconf/2005/050426b.html.

③ 言论 NPO 是非赢利组织法人,成立于 2001 年。除日本的政、官、财界以外还有众多学者与志愿者参加。活动内容除了每年召开一次"东京—北京论坛"以外,还对日本的经济、外交政策积极进行评价与建议。http://www.genron-npo.net/.

④ 渡辺正太郎(談):《シンポに参加して③経済関係が良好であるうちに"大人の関係"を》,《エコノミスト》2005 年 11 月 22 日,第 37 页。

面向 2006 年的政权交替,各团体又向新政权提交了自己的建议。2月关西经济联合会与关西经济同友会召开了"关西讨论会",在会上重点强调要求改善与中国、韩国的关系。① 6 月,由关经联的亚洲战略部会提出了题为《企业的亚洲战略:五个视角》的报告(此部会是 2005 年的涉日游行之后专门成立的),并将其作为企业的共同意见提交给政府。② 报告中在关于中国的部分提到,中国今后将成为全球竞争的战略据点,企业有必要在理解当地文化与历史的基础上展开经营事业,并要求早日实现"东亚自由经济圈"。关西经济同友会发表了《了解历史、超越历史、创造历史》的倡议书,指出要强化近现代史教育,展开面向未来的、战略性的经营以及最广泛的人际交流。③ 经济同友会在 5 月 9 日发表了《对今后中日关系的提议——给中日两国政府的建议》其中包括改善中日关系、促进相互理解与相互交流的四项提议,并明确提出希望首相重新思考参拜靖国神社的行为。据报道,关于是否要写明这一点,在同友会的内部会议上是有争议的,在北城恪太郎代表的极力主张之下最后才得以通过。④日中经济协会 21 世纪日中关系展望委员会在 9 月发表了《值新内阁发起之际,期望中日关系的进化》。

(2)派遣访华团,加强中日之间的沟通

各经济团体还积极派遣了各种访华代表团(参见表 3),力求为政治渠道沟通不顺的中日之间传递消息。例如携 2005 年度日中经济协会访华团来京的日本经团联会长奥田硕(2002 年 5 月—2006 年 5 月在任),曾替小泉首相向温家宝总理传话。⑤ 2006 年度的日中经济协会访华代表团与温家宝的会见中,日本经团联会长御手洗富士夫(2006 年 5 月—2010年 5 月)向温家宝发出了期待其访日的邀请。⑥

① 《この国のあり方を考える—関西セミナー》,《経済人》2006 年 4 月号,第 2—4 页。
② 《企業のアジア戦略　五つの視点》,《経済人》2006 年 8 月号,第 8—9 页。
③ 《産経新聞》2006 年 5 月 17 日。
④ 《産経新聞》2006 年 5 月 10 日、6 月 8 日,提议书内容可参见社团法人经济同友会:《今後の日中関係への提言—日中両国政府へのメッセージ》,2006 年 4 月。
⑤ 《2005 年度日中経済協会訪中代表団概要》,《日中経協ジャーナル》2005 年 11 月号,第 13 页。
⑥ 《温家宝総理会見録》,《日中経協ジャーナル》2006 年 11 月号,第 13—15 页。

表3　2005年涉日游行后到安倍新政权成立时的主要访华团

时间	访华团名称	日方主要参加者	中方参加会见的主要领导人
2005年7月7日		日中经济协会新任会长千速晃和前任会长渡里杉一郎	吴仪副总理
同年9月26日	2005年度日中国经济协会访华团	奥田硕、千速晃以及今井敬（1999—2002年任旧经团联会长）等	温家宝总理
同年9月30日		奥田硕等日本经团联首脑	胡锦涛主席
2006年3月31日	日中友好7团体访华团	千速晃、日本国际贸易促进协会会长桥本龙太郎等	胡锦涛主席
同年4月18日	日本国际贸易促进协会代表团	桥本龙太郎（团长）	贾庆林全国政治协商会议主席
同年9月5日	2006年度日中经济协会访华团	御手洗富士夫、千速晃等	温家宝总理

资料来源:笔者根据《日中経協ジャーナル》、《産経新聞》进行的整理。

　　中方对日本经济界的访华团也格外重视。最高领导人不仅特别安排了与访华团的会见,还尽量回避了对日方的批评性发言。王毅大使还出席了2005年2月召开的"关西财界讨论会"并作了主题发言,在发言中虽提到中日政冷经热的现状,却并没有直接指责小泉参拜靖国神社等具体问题。① 温家宝在与2005年度中日经济协会访华团的会见中高度赞扬了日本经济界为中日经济关系、中日关系发展所作的贡献,并表示欢迎日资企业积极参与东北振兴、西部大开发等项目。② 胡锦涛虽未能参加此次会见,但经中方的提议奥田硕等日本经团联首脑人物再次专程访问北京,实现了与胡锦涛的特别会谈。③ 此外,胡锦涛在2006年还接见了日中友

---

① 《第43回関西財界セミナー》,《経済人》2005年4月号,第3页。
② 《2005年度日中経済協会訪中代表団概要》,《日中経協ジャーナル》2005年11月号,第13页;《産経新聞》2005年9月25日。
③ 根据《産経新聞》2005年10月22日、24日、25日的报道,此次会谈系由中方安排,并应中方要求当时没有对外公开。

好七团体访华团,并高度评价了七团体的贡献。① 中方对经济界访华团的重视加强了经济界对于日本政治的影响力,尤其是在两国首脑外交无法展开,正常外交渠道严重缺乏互信的情况下,经济界的访华为双方的沟通提供了替代性的第二种渠道。

(3)经团联与同友会定位的差异

经济界公开、直接批评现政权的做法由于受主流媒体的重视,避免了日本国内舆论的一边倒。如前所述,由小泉首相亲自提名担任新 21 世纪日中友好委员会日方代表的经济同友会代表小林阳太郎对于小泉首相参拜靖国神社从一开始就持有异议。而继任的北城恪太郎(日本 IBM 会长,2003—2006 年在任)曾经倡议中日进行历史的共同研究,积极要求改善中日政治关系。② 北城还曾在 2004 年 11 月明确表示反对小泉再次参拜靖国神社。③

不过单是正面冲突并不利于现政权政策的改变。经团联在靖国神社问题上采取的是含糊战略。时任会长的御手洗富士夫称,经团联以前没有、今后也不会发表关于靖国神社的政策看法,那是政治的工作,并称首相参拜靖国神社并没有成为经济关系的障碍。④ 经团联持暧昧态度的背后,主要是由于对其与政府的合作关系的顾虑,加上经团联是以企业为会员的,经团联的声明也就自动代表了会员企业的立场,因此在与经济政策无直接关系的议题上就必须更为保守与慎重。

这种应对的差异并不代表两个团体在意见上根本对立,而应该从两个团体的发展史加以理解。二战之后同友会就常以"革新"作为自我标榜,加上同友会是会员以个人身份参加的,因此对现政权的政策批评往往更直接,讨论的政策范围也更广。但经团联则向来重视与现政权的合作关系,意见发生分歧时常以水面下的斡旋为主,不到万不得已不会公开反对现政权的政策。虽然在 90 年代初由于利库路特事件等一连串金权丑

---

① 《日中友好七团体会长訪中、協会千速会長胡錦涛主席と会見》,《日中経協ジャーナル》2006 年 5 月号,第 41 页。

② 李建民:《冷战后的中日关系史(1989—2006)》,中国经济出版社,2007 年,第 328 页。

③ 《每日新聞》2004 年 11 月 25 日以及 2005 年 10 月 27 日经济同友会代表干事发言《小泉首相の靖国神社参拝について》中也明确阐述了反对意见。http://www.doyukai.or.jp/chairmansmsg/comment/2005/051017a.html,2010 年 10 月 28 日浏览。

④ 《産経新聞》2006 年 6 月 2 日。

闻的曝光,经团联为了自救形象停止了政治献金(即捐款)的斡旋,主动与自民党拉开了距离,但进入21世纪后,在奥田领导下日本经团联的核心任务又变成了拉近与自民党的关系,重构对政治的强大影响力,自然会回到原先避免直接冲突的老路上。

3.经济界与政府的关系——政策理念的形成及其局限性

(1)日本经团联加强与政府的合作

2003年,日本经团联在奥田硕的领导下宣布要"对政治积极行动",重新开始斡旋企业的政治献金,同时又进一步强调了其政策集团的功能,试图通过对执政党政策的打分评价来将两者结合。12月公布了10项首要政策评价的内容以及对企业献金额度的指导办法,次年1月正式公布了评价结果,并由此正式恢复了协调企业政治献金的职能。[①] 其后,日本经团联反复强调其加强对政治影响力的决心。[②] 但这也恰恰从另一个角度说明其对政治影响力的严重不足,政经关系早就不能与70年代的政、经、官"铁三角"相提并论。

自从1993年旧经团联宣布中止斡旋企业政治献金之后,1994年日本同时导入了小选举区制度与政党助成金制度,自民党的政治运营方式开始逐步脱离原先的"利益诱导型民主主义",在政党活动经费上也越来越不依赖大企业集团的资助。1993年前由经团联斡旋调整定向捐赠给自民党的资金曾达到每年100亿日元以上。经团联停止斡旋以后,国民政治协会每年仍向企业募集资金,但其总额越来越低,到2002年只能募集到约26亿日元。[③] 自民党、民主党的主要活动经费都来自政党助成金,其中自民党2002年分配到的政党助成金约为151亿日元,占这一年总收入(约230亿)的六成以上。[④] 国内政治制度变更的直接结果就是,

① 日本经济团体连合会:《企业の自発的政治寄付に関する申し合わせ》,2003年12月16日,http://www.keidanren.or.jp/japanese/policy/2003/122.html,2014年3月19日浏览。其出台过程可参考阿倍和義:《政治に関与したい財界の思惑》,《エコノミスト》2003年4月22日,第37—39页;《産経新聞》2002年5月29日、12月25日。

② 例如,張富士夫(日本経団連副会長、トヨタ自動車副会長):《新しい国家像の確立に向けた経済界の役割》,《経済Trend》2005年7月,第45页;日本经济团体连合会:《総会決議 新しい成長の基盤を創る》,《経済Trend》2005年7月,第42页。

③ 国民政治协会是自民党唯一的指定政治资金团体。

④ 《特集 国民参加型の政治資金制度》,《法律文化》2004年1月,第5—7页。

包括经团联在内的各种利益团体对于政治的影响普遍下降,村松/久米研究小组对于议员、官员、社会团体的意识进行的大规模比较问卷调查的结果也证实了这一点。[1]

不过在奥田的积极推动以及与小泉在新自由主义经济政策上的共识之下,经团联同第一次小泉内阁还是建立了一定的合作关系。不仅奥田本人担任了经济财政咨问会议的民间代表,[2]西冈乔(三菱重工会长、日本经团联副会长)与宫原贤次(日本贸易会会长、日本经团联副会长)还出任了ODA(政府开发援助)综合战略会议的民间代表,直接参与新ODA大纲的制定并成功将经团联的意见反映到草案中。[3] 在第一次小泉内阁前期,经团联还与经产省保持了稳定的合作关系,经产省大臣平沼赳夫的私人咨询机构"产业竞争力战略会议"不仅以奥田、西村、千速晃、丹羽宇一郎(伊藤忠商事社长,后任驻华大使)等的参与为主,还在会议发表的中间报告中提出了"六大战略",涵盖了成套设备出口相关行业的主要政策要求。

(2)东亚经济共同体的政策理念

经济界通过协作关系为政权所提供的政策理念,不仅包括恢复产业竞争力的经济战略、ODA综合战略的指针,还包括对"东亚经济共同体"的诉求。早在2003年初,日本经团联就在新的展望书《建设充满活力与魅力的日本》(也称《奥田展望》)中提到,希望加强与东亚国家的合作,早日实现"亚洲自由经济圈"构想,以此来应对全球化的挑战,并将其作为日本经济的四个关键目标之一。[4] 希望日本能够抓住机会,主动建设与地区中国家的伙伴关系,而不是将其崛起视为威胁;提出要在2020年左

---

[1]　松村岐夫・久米郁男:《日本政治変動の30年》,東洋経済新報社,2006年,第264—266页。此项调查始于1980年,到2004年为止共经历了三次大规模调查,其规模与取样手法等的详细说明见此书第347—352页。其中的社会团体调查在日本政治研究中是少有的,为研究利益团体在日本政治中的作用提供了重要的数据。

[2]　此会议为首相的政策咨询会议,是在桥本内阁时期设立的,在小泉内阁时期成为了加强首相官邸对政策主导的主要制度渠道。

[3]　西冈乔:《新たなODA大綱について》,《経済Trend》2003年10月,第42—43页。

[4]　第35回日韩韩日经济人会议上奥田会长的基调演讲:《日韩在建构东亚自由经济圈中的作用》,2003年4月24日,韩国大邱。https://www.keidanren.or.jp/japanese/speech/20030424.html,2014年3月13日浏览。

右实现 ASEAN(东盟)十国与中、日、韩之间的"东亚自由经济圈"。① 不过需要注意的是,日本经团联在政策建议中使用正式使用"东亚共同体"或"东亚经济共同体"这一概念是在 2007 年 10 月,也就是政府内部对"东亚经济共同体"范围的定义取得共识之后。

经济同友会对其东亚共同体设想公开得更早,并明确表明应以中、日、韩为核心。在同友会 2002 年度的政策建议书《建立以自由贸易协定为中心的东亚经济合作——日本应发挥率先垂范的作用》中,提出"东亚"地区的范围应当是 ASEAN+3 为核心,再加上香港、台湾地区,而日本要加强与中国之间的对话。② 2004 年同友会组织的"日本—ASEAN 经营者会议"通过了题为《建立东亚共同体》的共同声明,此声明是对同年 11 月召开的 ASEAN+3 首脑会议的政策呼吁,要求各国政府早日构建东亚共同体。③ 2005 年 1 月,同友会发表代表干事发言《关于日中年度贸易额超过日美年度贸易额》,表示中日两国的经济交流与关系深化是符合日本长远国家利益的。④ 紧接着 2 月又发表了政策建议书《东亚共通货币》,表明可以考虑舍弃日元。5 月 9 日发表了《对今后中日关系的提议——给中日两国政府的建议》,要求改善两国关系。2006 年同友会发表了《为实现东亚共体的政策建议——以培育与东亚各国间的信赖关系为目标》,提出日本应早日实现与中国、韩国的首脑会谈,实行重视东亚的外交战略。⑤

不过应当注意到,这种设想提倡的范围虽然不同于外务省所提倡的10+6,但同样强调了对美国的开放以及重视与东南亚国家长期构筑起来的合作关系,力求把与中国的合作融入到日本与 ASEAN 的合作关系之中。⑥

---

① 日本经济团体连合会:《活力と魅力溢れる日本をめざして》,2003 年 1 月 1 日,https://www.kei-danren.or.jp/japanese/policy/vision2025.html,2014 年 3 月 9 日浏览。

② 《自由贸易协定を核に东アジアの经济连带を》,《keizai doyu》2003 年 6 月号,第 20—23 页;《第30 回日本・ASEAN 经营者会议》,《keizai doyu》2004 年 12 月号。

③ 《第 30 回日本・ASEAN 经营者会议》,《keizai doyu》2004 年 12 月号。

④ http://www.doyukai.or.jp/chairmansmsg/comment/2004/050126b.html,2010 年 10 月 28 日浏览。

⑤ 《东アジア共同体实现に向けての提言》,《keizai doyu》,2006 年 4 月,第 17—18 页。

⑥ 相关想法可以参考《经济同友最前线鼎谈"アジア地域の强调に果たす日本の役割"》,《keizai doyu》2004 年 6 月号,第 19—20 页,以及《第 30 回日本・ASEAN 经营者会议》,《keizai doyo》2004 年 12 月号,第 15—18 页。

第一次小泉内阁提出的东亚共同体构想,更多地是依靠官僚组织从下到上的政策立案,尤其是经产省与外务省起了关键性作用。经产省的用词与经团联较为相近,2002 年 5 月发表的《产业竞争力战略会议报告》中提出六大战略,最后一项就是要促进"东亚商业圈(東アジアビジネス圈)"的形成,并把这一构想正式写入了 2003 年的《通产白书》。① 白皮书认为日本企业已经把主要经济活动迁移到了东亚地区,这一地区对企业盈利的贡献越来越多,是提高日本企业国际竞争力的重要源泉。而且由于美国也开始摸索与亚洲各国签订 FTA(自由贸易协定),ASEAN 加盟国开始对东亚贸易圈寄予期望,不再对日本发挥主导作用抱有疑虑,对日本来说推动东亚贸易圈的时机已经成熟。② 这个时期经产省与同友会一样,提倡东亚地区应以中、日、韩为核心。

外务省的提法则更强调 10+6 的范围。2002 年小泉在访问东南亚各国之后,在新加坡首次提出要加强地区性合作,建构"东亚共同体"。根据 2002 年小泉新加坡讲话起草人的回忆,此讲话之所以将东亚共同体构想从 10+3 进行扩大,提出澳大利亚、新西兰应成为推动区域一体化的核心国家,一方面是为了争取美国不反对,另一方面则是出于对中国将会主导规则制定的担忧甚至牵制,因为中国作为非资本主义国家在地区制度的形成上与其他发达国家存在着诸多分歧。③ 不过对于日本的提案,东南亚国家反应并不积极,还受到了马来西亚领导人马哈蒂尔的强烈反对。2004 年第 59 次联合国大会上的讲话中,小泉只是强调了要以 10+3 为基础推进东亚共同体。这样的反复变更也反映了小泉本人对于推进东亚共同体并没有一贯与积极的政策关心。同时,国内政治改革进一步强化了首相官邸(即内阁官房)的决策协调能力和权限。④ 这造成了一个附加后果:传统官僚组织对决策的影响下降,经济界在政策理念的输出上不能再

---

① 日本经济产业省製造产业局编:《"知"で競う产业プラント・エンジニアリングの未来》,同友館,2003 年,第 19—21 页。
② 日本经济产业省编:《通产白書》,2003 年,经济产业调查会,第 184—185 页。
③ 根据 2013 年 6 月寺田对田中均的采访。寺田貴:《東アジアとアジア太平洋—競合する地域統合》,東京大学出版会,2013 年,第 138 页。
④ 关于首相官邸决策能力以及首相权力强化的过程,可参考竹中治堅:《首相支配日本政治の变貌》,中公新书,2006 年。

单纯倚靠与官僚组织长期以来建立的合作网络,要影响政策首先必须要成为首相信任的智囊。经团联会长的个人能力、意志、甚至个性,对于建立与首相之间信赖关系来说成为了关键性因素。

在中日关系的问题上亦是如此,由于经济界并不具有能够直接影响首相的地位,因此只能通过呼吁加快建设东亚经济共同体这种间接的方式争取小泉的支持和理解。但随着小泉成功博取了国内的广泛支持和政治改革的进展,政权与经团联在主要经济政策上的分歧越来越大。① 到了小泉宣布解散第一次内阁并成功再次当选之后,主要的精力都放在实现其选举纲领所提的邮政民营化、政治改革上,对于东亚经济共同体的推动也就成了一纸空文。

三　小泉内阁之后的新动向

1.企业/行业经营战略层面——经济相互依赖的新局面

2005 年以后,虽然日本企业已经开始注重实行"China+1"的投资战略,但由于中国市场的快速开放,到 2007 年为止,主要制造业基本都在中国进行了投资。中国分公司在集团公司中的地位也从单纯的组装生产基地,提升为兼具地区管理统筹、研究开发的综合性基地。2006 年之后金融、物流等服务业对华投资增长加快,成为新增对华投资的主力。更有分析认为到 2007 年末,在华累计投资中,虽然日本排在香港与维京群岛之后,但考虑到来自这两地的投资实际上大部分是中国大陆、跨国公司等的迂回投资,日本才是外资的主要来源地。②

2007 年日本经团联会长御手洗则在团体期刊上公开表示,"现在已经无法想像脱离中国的日本经济",并极其乐观认为,中日之间"在环境、节能等领域的政府间合作和企业间贸易都非常活跃"。③

---

① 阿倍和義:《政治に関与したい財界の思惑》,《エコノミスト》2003 年 4 月 22 日,第 37 页;飯島勲:《小泉官邸密録》,《日本経済新聞》,2006 年,第 159—160 页。

② 柴生田敦夫(元経済産業研究所・貿易経済協力局長):《日本企業の対中投資》,RIETI Policy Discussion Paper Series 09-P-004,2009 年 11 月,第 18 页。

③ 御手洗冨士夫:《日中交流は今がチャンス》,《経済 Tend》2007 年 8 月号,第 3 页。

图2 日本的对华投资(执行额) 单位:亿美元

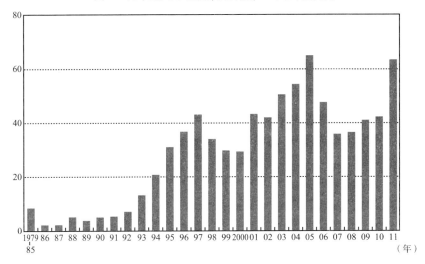

数据来源:中国商务部。

2.对构建东亚共同体的推进

微观层面上经济依赖的进一步加深,使得企业经营者对于东亚经济一体化的呼声更高。根据2008年秋季的问卷调查,有67%的经营者认为应该加速东亚的经济一体化,仅有11%认为应当优先实现美国提倡的FTAAP(亚太自由贸易区)。在这种呼声下,后小泉时期日本经团联更加积极推动东亚经济共同体的实现。①

2007年10月经团联发表的《构筑和推进对外经济战略——与亚洲共同发展的贸易、投资立国构想》明确要求政府成立以首相为首的"对外经济战略推进本部",尽早讨论确定"东亚共同体"或"东亚经济共同体"的具体构成是10+3还是10+6。同时经团联还打算牵头筹备成立"东亚官民合同会议"。②

---

① 日本经济团体连合会:《東アジア経済統合のあり方などに関するアンケート回答結果》(2008年秋实施),第7页。
② 《特集 真の貿易投資立国をめざした対外経済戦略》,《経済 Trend》2007年12月,第14、16页;日本经济团体连合会:《対外経済戦略の構築と推進を求める—アジアとともに歩む貿易・投資立国を目指して》,2007年10月,http://www.keidanren.or.jp/japanese/policy/2007/081/index.html,2013年9月27日浏览。不过"东亚官民合同会议"并没有实现。

在 2007 年中日关系大为改善的背景之下,1 月东亚峰会就成立东亚东盟经济研究中心(ERIA)达成了共识,经团联荣誉会长奥田硕作为日方代表参与其中。此后,经团联不仅在其政策提议中反复重申中日合作关系的重要性,2008 年雷曼危机之后更加重视与东亚地区的合作与一体化。① 2009 年 1 月发表的《关于东亚经济一体化的想法:通过完善经济合作网络,创建亚洲的未来》,紧接着 10 月发表的《超越危机,从亚洲创造世界经济的增长》,②11 月发表的《实现亚洲经济增长的行动计划》,都强调东亚地区受到金融危机的打击较小,保持了经济高速增长的势头,并提出日本作为亚洲一员,应该做出相应的贡献,与亚洲一同实现经济增长。

2010 年日本经团联相继发表了《日本—亚洲商业峰会共同声明 亚洲的持续增长将带动世界繁荣》、《实现亚洲太平洋地区的持续性增长——2010 年 APEC 议长国日本的责任》、《早日缔结日中韩自由贸易协定》。③ 2010 年 5 月中日韩峰会在韩国济州岛召开之时,经团联还直接向当时三国的领导人鸠山由纪夫、温家宝和李明博提出希望能提早开始三国 FTA 的谈判。这些声明、建议中反复出现的是"作为世界增长中心的亚洲"这一认识,以及积极参与到亚洲经济成长潮流中的强烈意愿。

3.经团联与政权的合作关系

后小泉时代,特别是在第一次安倍内阁时期,经团联对政权的接近愈加明显。2007 年 4 月底至 5 月初,日本经团联为配合安倍访问中东五国(沙特阿拉伯、阿联酋、科威特、卡塔尔和埃及)派出了多达 180 名的大规模代表团,囊括了主要行业。紧接着 8 月又派出了以御手洗会长为团长、250 名规模的"访亚经济代表团"来配合安倍的亚洲访问。2007 年经产省提出建立"东亚版 OECD(经合组织)构想",在此构想下积极推动东亚

---

① 例如日本経済団体連合会:《日韓中ビジネスラウンドテーブルの模様》,2007 年 11 月 20 日,《環境にやさしい日中関係をめざして》,2008 年 12 月 16 日等。

② 日本経済団体連合会:《東アジア経済統合のあり方に関する考え方:経済連携ネットワークの構築を通じて、東アジアの将来を創造する》,2009 年 1 月,《危機を乗り越え、アジアから世界経済の成長を切り拓く》,2009 年 10 月,《アジア経済の成長アクション・プランの実現に向けて》,2009 年 11 月。

③ 例如日本経済団体連合会:《日韓中ビジネスラウンドテーブルの模様》,2007 年 11 月 20 日,《環境にやさしい日中関係をめざして》,2008 年 12 月 16 日等。

东盟经济研究中心的成立,而经团联则派出名誉会长奥田硕担任日本代表。① 由于一国的代表仅限一名,这样的人事安排也体现出了经团联与政府之间的紧密合作。

在推动出口基础建设用成套设备的政策上,则取得了更进一步的成果。据直接参与了基础建设海外推广政策决策过程的 JBIC 执行董事前田匡史(前内阁官房参与)回忆,推进出口基建用成套设备的政策起点是2007 年安倍内阁提出的"亚洲门户(Asian Gateway)构想",其后被民主党所继承,成为"新成长战略"(2010 年通过)的主要内容之一,直至 2013 年成为第二次安倍内阁所提出的经济增长战略的核心政策。② 不论"亚洲门户构想",还是民主党时期"亚洲经济战略"中所规定的"一揽子型基建的国际展开",都把成套设备出口的推进放在国家战略高度,并允诺提供政府高层外交协助与政策支持,而这些都是 90 年代后期以来相关行业一直要求的。

不过"亚洲门户构想"还未来得及实施,第一次安倍内阁就陷入了崩溃边缘。福田内阁时期,经团联发表了《关于今后国际合作的展开方式——战略高度的重视与官民合作的强化》,认为应该进一步从战略高度重视对发展中国家基建建设——也就是国际合作项目——的 ODA,提出当今的潮流是发达国家对发展中国家的 ODA 与直接投资结合度越来越高,并对今后日本国际合作中"官民合作"的新形式作出了具体的规划和建议。③

2009 年民主党终于取代自民党上台,实现了真正意义上的政权交替。由于民主党公开宣布拒绝企业献金,日本经团联陷入了极其尴尬的境地。鸠山首相与经团联会长的会谈在新政权成立后两个月才举行,而与经产相的会谈则因民主党首脑的干预被取消了,这在自民党执政期间都是不可想象的。虽然民主党提出了重视亚洲地区合作的构想,但他们

---

① 左三川宗司(東アジア・ASEAN 経済研究センター研究調整課長、日本経団連事務局から出向):《東アジア経済統合に向けたERIAの役割》,《経済 Trend》2009 年 10 月,第 68—69 页。

② 前田匡史:《インタビュー"成長戦略"の切り札"インフラ輸出"で攻める》,《FACTA》2013 年10 月号。

③ 日本経済団体連合会:《今後の国際協力の在り方について一戦略的視点の重視と官民連携の強化》,2008 年 4 月 15 日。

一方面与支持此构想的经济界刻意拉开距离,另一方面民主党的支持者并不支持东亚经济一体化,这也导致民主党的构想注定无法实现。[1] 日本经团联不得不从 2009 年开始暂停对执政党的政策评价,直至第二次安倍内阁成立,经历相当长一段时间的酝酿之后,在 2013 年末才正式恢复打分评价。不过安倍重新执政之后,充分吸取了前一次失败的教训,延续小泉内阁时期对首相权力的强化,成功地进一步加强了首相的控制力。由于经团联缺乏与首相的制度性接触,此时要对政策产生影响,就更要依靠经济界个别人物与安倍的个人关系了。

结　语

本章在追踪了 2005 年涉日游行前的经济界对华认识及其变化的基础上,讨论了其对华认识与对华政策要求变化的原因,特别是在中国加入 WTO 这个国际经济环境发生重大变化的背景下,不同行业在企业层面经营战略的改变对其对华认识产生的关键影响。

随着不同行业中流行的经营战略从与中国的竞争性战略转变到合作性战略,在大多数行业中"中国特需论"取代了"中国威胁论",而经济团体/财界层面则主导了共识产生的过程,在对华政策要求上也形成了相对一致的立场。2005 年之前企业层面在经济活动中则是具有规避与政治话题/政治影响产生联系的倾向的,涉日游行之后,企业开始认识到集体行为的重要性,并积极参与到经济团体的活动中。同时经济团体层面明确了实现东亚经济一体化的政策理念,并试图通过这个理念促进政府改善与中国的关系。

在对华问题态度尤其是参拜靖国神社问题上,经济界与小泉首相之间是存在对立的。经济同友会选择了公开批评小泉参拜,经团联虽然没有公开表态,但也不具备改变小泉的态度的能力。21 世纪初日本国内政治改革的深化阻碍了经济界政策要求的表达,而以经团联为首的经济界则一直在摸索加强政策影响力的新方式。

---

[1]　保城広至:《日本の政権交代と"東アジア共同体"の停滞》,《社会科学研究》第 63 卷 3・4 号,2001 年,第 111—129 页。

在与中国政府的沟通上，经济团体/财界的职能也发生了重要的变化。一方面，2000 年以后经团联更加重视与实际执行部门的官员以及企业家的广泛沟通，另一方面中日之间没有促成可以取代长期贸易协定的新的国家级长期合作项目，从这个意义上，中日经济关系上也确实从"特殊"的合作方式转变成了"普通"合作方式。① 而这种地位的相对降低，使经济团体/财界层面与中国最高决策层之间自 70 年代以来建构的合作关系受到负面影响，也必然会导致经团联在日本国内政治中影响力进一步下降。

经济团体的政治行动和表达，虽具有中方政策请求的背景，更主要的还是出于经济界自身加强对华经济合作的政策要求，从微观上是基于大多数企业和产业经营战略的转变以及国际经济分工中中日企业间合作和相互依赖关系的加深。因此其微观层面上经营战略的变化仍然会对未来日本经济界的对华态度产生关键性影响。

中日政治关系的恶化以及对中方政策变更的担心都会增加企业/行业层面对中国风险的估算，而同一产业之中经营战略产生分化的可能性就更大。例如第二次安倍内阁极力推动的基建成套设备出口中被划定为重点产业的高速铁道出口，在 21 世纪的头十年中几个主要企业形成了截然不同的经营战略：有以中国市场为主战场的东洋电机制造，把中国市场定位为高性能零件市场的川崎重工、日立制作所，还有将美国和台湾作为自己目标区域的日本车辆制造，反对参与中国市场对华技术转移的 JR 东海。其中只有 JR 东海的领导人与首相安倍有深厚的个人联系，有可能对政策施加直接的影响。未来经济界将对中日关系产生何种影响，经济界在日本国内政治中找不到有效背书人的困境能否被打破，不仅关系到日本国内政治结构的进一步调整，更会对中日关系的走向产生更加深远的影响。

---

① 　其他使用了这个提法的包括徐之先编：《中日关系三十年 1972—2002》，时事出版社，2002 年；ラインハルト・ドリフテ：《"特殊な"関系から"普通の"関系へ》，加々美光行编著：《中国内外政治と相互依存》，日本評論社，2008 年，但两者都是从政府间关系的层面进行的分析，没有提到经济界合作方式的变化。

第六章 日本媒体的对华报道与对华认知

　　2010 年末,日本在中国的企业已达 22307 社,2011 年日中贸易总额已经超过 3449 亿美元,中国已经成为日本最大的贸易伙伴国。然而,在政治上,围绕着领土、历史认识等问题,日中两国关系急剧恶化。根据日本言论 NPO 的调查,在过去的 9 年中,2013 年是日本民众对华认知最为恶化的一年,[①]这一认知的形成与媒体的对华报道紧密相关。

　　日本人对华认知的形成绝大多数依赖于日本的新闻媒体。现代新闻媒体对日本的对华认知具有强大的影响力,不论是普通民众还是精英,绝大部分的信息都主要从新闻媒体获得。要了解日本民众对华认知的形成,就有必要了解日本媒体对华报道的内容及特点。而在日本的各种媒体中,《朝日新闻》、《读卖新闻》、《每日新闻》、《日经新闻》、《产经新闻》这五大全国综合性报纸最具影响力。其影响力不仅表现为五大报纸的发行量占全国报纸总发行量的一半以上,而且这五大报社已经形成一个庞大的产业链,其资本控制着主要的民间电视台及广播电台。因此,本章以这五大全国性报纸为中心,探讨日本媒体对华报道和对华认知的特点及其成因。

　　本章首先概括后危机时代日本民众对华认知的特点,并对五大报社对华报道的内容及特点进行分析。其次分析五大报社的"政治立场"如何随着冷战后国际环境和日本对华政策的转变而转变。再次探讨日本媒体体制的独特性,并分析日本媒体与政治的关系。最后,分析日本媒体中的"市民"因素,浅谈如何看待日本的媒体。

---

① 第 9 回日中共同舆论调查结果(2013 年 8 月 5 日),言论 NPO 网站:http://www.genron-npo.net/press/2015/08/npo-12.html.

一　对华认知与对华报道

（一）后危机时代的日本对华认知

根据日本内阁府实施的"关于外交的舆论调查"和日本言论 NPO 的舆论调查结果,可以看到冷战后日本民众对华认知的基本特点及最近几年的新变化。

日本内阁府从 1975 年开始每年都实施"关于外交的舆论调查",此份调查从 1978 年开始增设"你对中国是否有亲近感"这一问题,被调查者可以从"有亲近感"、"比较有亲近感"、"不太有亲近感"、"没有亲近感"这四个选项中作出选择。该调查采取两段随机抽样法在日本全国抽取 3000 名调查对象进行调查,问卷内容基本上每年一致,可以说比较客观地反映了日本民众对中国认知的变化。

表 1　日本内阁府关于日本民众对华亲近感的调查

调查时间	调查人数	有亲近感（百分比）	没有亲近感（百分比）	不知道
2013 年 10 月	1,848	18.1	80.7	1.2
2012 年 10 月	1,838	18	80.6	1.4
2011 年 10 月	1,912	26.3	71.4	2.3
2010 年 10 月	1,953	20	77.8	2.2
2009 年 10 月	1,850	38.5	58.5	3
2008 年 10 月	1,826	31.8	66.6	1.6
2007 年 10 月	1,757	34	63.5	2.6
2006 年 10 月	1,704	34.3	61.6	4.1
2005 年 10 月	1,756	32.4	63.4	4.2
2004 年 10 月	2,067	37.6	58.2	4.2
2003 年 10 月	2,072	47.9	48	4.1
2002 年 10 月	2,127	45.6	49.1	5.3

调查时间	调查人数	有亲近感(百分比)	没有亲近感(百分比)	不知道
2001 年 10 月	2,066	47.5	48.1	4.4
2000 年 10 月	2,107	48.8	47.2	4
1999 年 10 月	2,102	49.6	46.2	4.2
1998 年 10 月	2,116	48.9	47.4	3.6
1997 年 10 月	2,080	45.9	50.2	3.9
1996 年 10 月	2,105	45	51.3	3.7
1995 年 10 月	2,093	48.4	48.4	3.2
1994 年 10 月	2,061	51.3	44.2	4.5
1993 年 10 月	2,134	53.8	42.2	3.9
1992 年 10 月	2,166	55.5	39.9	4.5
1991 年 10 月	2,135	51.1	44.4	4.5
1990 年 10 月	2,206	52.3	42.2	5.5
1989 年 10 月	2,254	51.6	43.1	5.3
1988 年 10 月	2,288	68.5	26.4	5.1
1987 年 10 月	2,316	69.3	25.1	5.6
1986 年 10 月	2,385	68.6	24.8	6.6
1985 年 10 月	2,338	75.4	17.8	6.8
1984 年 10 月	2,374	74.4	19.2	6.4
1983 年 10 月	2,317	72.5	19.8	7.8
1982 年 10 月	2,310	72.7	19.9	7.5
1981 年 10 月	2,375	68.3	22.6	9.1
1980 年 10 月	2,400	78.6	14.7	6.7

出处:日本内阁府网页:http://www8.cao.go.jp/survey/h25/h25-gaiko/index.html.

表 1 汇总了自 1980 年至 2013 年日本民众对华亲近感的数据。根据这一数据,我们可以看出以下几个特点。

1.日本民众在 80 年代对中国印象良好。这一时期,回答"有亲近感"

或"比较有亲近感"的人占70%到80%之间,大大超过"没有亲近感"和"不太有亲近感"的人群比例,尤其是中国改革开放初期,对中国抱有亲近感的人占被调查对象的80%左右。

2.日本民众对华印象在1989年以后呈现下滑趋势,尤其在1995年以后对华"没有亲近感"和"不太有亲近感"的人群比例开始超过"有亲近感"和"比较有亲近感"的人群比例。日中政府间关系的恶化是造成日本民众认知变化的主要原因,毛里和子认为,天安门事件、1996年中国在台湾海峡的军事演习及2005年的中国反日游行都对日本民众的对华认知产生了直接的影响①。

3.日本民众对华印象迅速恶化主要是在2000年以后,小泉纯一郎参拜靖国神社造成日中关系恶化,2005年中国爆发大规模反日游行之后日本对中国抱有亲近感的人群只占32.4%,同时对中国没有亲近感的人群比例迅速上升。

此外,自1989年至2003年,对中国持有亲近感的人群与不持有亲近感的人群比例时高时低,基本上保持40%到50%之间,不持有亲近感的人群大大高于持有亲近感的人群比例是在2003年以后。而在2011年之后日本的对华认知落到历史最低点,对中国持有亲近感的人群只占百分之二十几。

日本言论NPO从2005年起与中国共同实施舆论调查,更好地显示了近几年日本对华舆论的变动。该组织到2013年为止一共进行了9次调查,2012年的调查显示,虽然日本对华舆论在2008年至2010年呈现改善的倾向,但在2011年大幅恶化,2012年和2013年则进一步恶化。2013年是过去9年中最为恶化的一年。2013年的调查结果显示,对中国持有不好和不太好印象的日本人从2011年的78.3%增加到90.1%。同时,对中国持有好印象或较好印象的日本人只占总体的9.6%,低于2011年的20.8%②。与对华印象恶化相对照,日本对美国的印象变好。2012年的舆论调查中关于"中国和美国你感到哪个国家更为亲近?",回答美国的人最多(51.9%),对中国具有亲近感的只有6.6%。

---

① 毛里和子:《日中関係——戦後から新時代へ》,东京岩波書店,2006年,第194—196页。

② 第9回日中共同舆论调查结果,引自言论NPO网站:http://www.genron-npo.net/pdf/2013forum.pdf.

目前日本对华舆论总体呈现出以下两个新特点。

1.领土问题成为对华认知恶化的主要理由。2012年的调查结果显示,日本人对中国印象恶化的最大理由是,"中国人为确保资源、能源和粮食而采取自我为中心的行动"(54.4%),其次接近一半(48.4%)的人认为围绕着钓鱼岛问题的对立是造成对华认知恶化的理由。关于"影响日中关系发展的主要问题是什么"这一问题,回答领土问题(钓鱼岛问题)的人最多,占69.6%。尽管日本政府否认领土问题的存在,但民意调查显示,62.7%的日本人认为日中之间存在领土问题,而且有40%左右的人认为日中之间应该迅速就领土纷争进行交涉尽快解决。

2.认为中国是军国主义大国或霸权主义大国的人持续增加。关于对华印象恶化的理由,回答中国军事开支不透明和军事能力增强的人连续4年增加,2011年为23.9%,到2012年增加到34.8%,认为中国是军国主义大国的人也呈现增加趋势。2013年对华舆论调查显示,日本人在军事上感到威胁的国家首位仍是北朝鲜,但其百分比(72.8%)比2010年(81.7%)有所减少。与此相对,感到中国是威胁的比例从2010年的47%增加到2011年的57.5%,2013年这一比例为61.8%。尤其值得注意的是,日本精英层对中国感到威胁的比例比普通民众大,2011年有70.8%的人认为中国是最大的威胁,这一比例高于对北朝鲜的威胁认识(69%)。

日本人对华认知绝大多数依赖于日本的新闻媒体。关于日本人获得中国信息来源的渠道,2013年调查数据显示,95%的人都回答是日本的新闻。这些被调查的普通日本民众几乎和中国没有直接交流。在被调查对象中,访问过中国的人只占14.7%,这一数据自2005年起没有很大的变化。不同于日本的普通民众,具有一定知识水平的精英中70%的人去过中国。但是,关于获得中国信息来源的渠道,82.5%的人回答其信息主要通过新闻媒体获取。

因此,不论是普通民众还是精英,绝大部分的信息都主要从新闻媒体获得,现代新闻媒体对日本的对华认知具有强大的影响力。笔者将在下一节以报纸社论为中心具体阐述新闻媒体对华报道的内容和特征,并分析对舆论产生的影响。

(二)日本的新闻报纸

新闻媒体包括报纸、电视、广播、杂志、因特网等多种手段,本章着重讨论新闻报纸。日本是世界上国民阅读报纸最多的国家。根据日本新闻协会的统计,日本 2011 年报纸的发行量共计 4834 万份(早报和晚报合算一份),日刊报纸的发行量比美国、德国、英国还高。[①] 根据世界新闻协会及 OECD 的调查,日刊报纸阅读者占成人比例 92%,这一数据大大高于其他发达国家(加拿大为 73%,德国为 71%,美国为 45%)。[②]

日本的报纸分为以下几种。第一种是综合性报纸,这主要是政治、经济、文化、艺术、体育等关于社会各方面的报道、解说、评论。其中又分为具有全国性规模的《朝日新闻》、《读卖新闻》、《产经新闻》和各种地方性报纸。第二种是经济、产业类报纸。这主要是指报道国民生活中特定信息的专业性报纸,如《日本经济新闻》、《日刊工业新闻》等。第三类是体育类报纸,主要是报道体育、技艺等具有娱乐性和具有很强话题性的报道,如《产经体育》、《日刊体育》、《报知新闻》等。第四和第五类是小报类(tabloid)的晚报和其他中小型专业报纸。而就发行范围来说,日本报纸又可以分为全国性报纸、区域性报纸和地方性报纸。全国性报纸是在日本全国具有发行总社和多个印刷工厂,进行全国规模的销售和发送的报纸,如《朝日新闻》、《读卖新闻》、《每日新闻》、《产经新闻》等。最近这些全国性的新闻报社在各地建设了印刷工厂以追求报道的时效性。区域性报纸是在跨越不同的县的广泛地区进行发行销售的报纸,如《北海道新闻》、《河北新报》、《东京新闻》、《中日新闻》、《中国新闻》等。地方性报纸则指销售和发送的重点局限在县内部的报纸,如《福井新闻》、《京都新闻》、《神户新闻》、《琉球新闻》等。这些新闻报社基本上都是各自独立的,但是体育类报纸和小报多由综合性报纸或综合性报纸的系列公司发行。[③]

在日本众多报纸中,最具有影响力的是《朝日新闻》、《读卖新闻》、《每日新闻》、《日经新闻》和《产经新闻》这五大全国性的综合性报纸。

---

① 参见日本新闻协会网页:http://www.pressnet.or.jp/data/circulation/.
② http://www.jcp.or.jp/akahata/web_daily/html/2012-media-panf-shii.html#a01.
③ 各务英明著:《報道とマスメディア》,酒井書店,2006 年,第 36—38 页。

本章之所以选择这五家全国性报纸作为分析重点,理由如下。首先,这五家全国性报纸的发行量较多,在各大报纸中最具影响力。2011 年 4 月这五大报社的发行量为:《读卖新闻》(995 万份),《朝日新闻》(770 万份),《每日新闻》(347 万份),《日本经济新闻》(301 万份),《产经新闻》(165 万份),这五家报社的发行量占日本全国报纸发行量的一半以上。

其次,这五家新闻报社在资本结构和人才组成方面对民营电视台、广播拥有影响力。在资本结构上,报社是电视台和广播电台的股东,两者之间属于同一系统内的支配与被支配、影响与被影响的关系,如《读卖新闻》——NTV(日本电台)、YTV(读卖电台)。《每日新闻》——TBS(东京放送)、MBS(每日放送)。《产经新闻》——CX(富士电视)、KTV(关西电视)、大阪广播。《朝日新闻》——ANB(全国朝日放送,旧 NET)、ABC、朝日广播放送。《日经新闻》——电台东京(旧东京 12 频道)、大阪电视。在理论上,作为不同媒体的报社和电台应该相互制约、相互监督以防止权力的失控,但事实上属于同一系统的报纸和电台在报道的内容、观点、立场方面容易倾向一致,很难做到相互制衡。而且,在人才组成方面,民营广播在初期建设时期吸收了各大报社来的记者。如《产经新闻》大阪总社的新闻稿子很多都流向关西电视和大阪广播,这些电视台和广播电台的新闻以《产经新闻》的标题播送。在遇到舆论比较关注的大事件时,报社、电视台和广播电台会共同组成采访组相互合作。① 报社、电视台和广播电台这三者之间的紧密合作关系在西方媒体中比较少见。

(三)对华报道的内容及特点

笔者就"中国社论"这一关键词在《朝日新闻》、《每日新闻》和《读卖新闻》电子数据库对 1980 年至今的对华报道数量进行检索,结果显示,80 年代到 2010 年 30 年间对华报道数量持续增加,2000 年—2010 年的对华报道是 80 年代的数倍(《朝日新闻》约为 2 倍多,《读卖新闻》为 6 倍多),《每日新闻》则增至 100 倍,其中金融危机之后的 2009 年到 2013 年的报道数量最多。

那么,各大报社在报道中国的内容上有什么变化? 笔者将中国报道

---

① 各務英明著:《報道とマスメディア》,酒井書店,2006 年,第 45—50 页。

的内容大致分为"经济、政治、军事、领土"这四大方面,首先以"中国经济"、"中国政治"、"中国军事"、"中国领土"这四个关键词对《朝日新闻》和《读卖新闻》的数据库进行检索。结果显示,在各个领域的对华报道中,中国经济、政治和军事的报道数量最多,但这方面的报道从2000年至2013年没有很大的增幅。报道数量增幅较大的是关于领土问题的报道,2000年至2003年《朝日新闻》和《读卖新闻》在200篇左右,但到了2009年至2012年增加到500篇左右,可见钓鱼岛问题带来的影响。

笔者另外就"日中关系"、"日中友好"和"中国历史问题"对这两大数据库进行检索,发现关于资源的争夺、领土问题等报道越来越多,但对历史问题的报道却越来越少。目前在五大报社中,只有《朝日新闻》一家会涉及历史问题。如2009年一篇关于日本战争期间强行绑架中国人进行劳役的文章,呼吁政府应该鼓起勇气面对历史,倾听这些受害者的声音。① 即便是《朝日新闻》,关于历史问题的报道在对华报道整体中所占比例极小,而且与《朝日新闻》相比,《读卖新闻》、《每日新闻》、《日经新闻》和《产经问题》的对华报道中很少涉及历史问题。

下面,笔者从中国经济、中国内政(政治和社会)、中国军事、日中关系中的领土问题、日中关系中的历史问题这五大项目对金融危机之后五大报社的报道内容进行大致的概括,并进行分析。②

1.关于中国经济

2010年中国国民生产总值正式超过日本位居世界第二,2011年1月份各大报纸对这一事实纷纷报道。总体上说,各大报纸对中国经济的增长持欢迎的态度,并预测中国经济规模在未来的几十年内有可能超过美国,对中国市场抱有很大的期待。③

《朝日新闻》、《每日新闻》都将中国喻为"升龙"(上升的巨龙),认为日中经济关系将是竞争和相互依存的局面共存。具体而言,中国经济迅速增长会带来对铁矿石、煤炭、粮食、稀土等资源的大量消费,这将引起资

---

① 《中国人强制连行,政府も勇気ある行動を》,《朝日新聞》2009年10月24日。
② 笔者的分析主要基于2009年1月1日至2012年9月17日期间带有"中国"二字标题的社论。检索对象局限为全国性发行的报纸,不包括这五家报社针对地方发行的报纸和经营的杂志。
③ 《中国経済 世界を下支えできるか》、《中国GDP 成長に見合う責任の時代》、《中国の高成長 隣国の活力生かす道を》,《朝日新聞》2008年10月23日、2010年1月6日、2010年1月24日。

源价格的高涨。关于一般日用品,中国产品的价格低于日本,对日本的一部分生产商来说是竞争,但另一方面在高端产品方面日本具有技术优势,日本应该具有充分的自信打入中国市场。①《每日新闻》连续三天专题报道中国 GDP 超过日本之后如何处理与中国的经济关系,认为日本应该摸索与中国的共同繁荣的关系。②《日经新闻》则认为中国经济规模跃居世界第二对日本来说是新的发展契机,但同时认为中国的强大将逐渐动摇美国主导的国际秩序,中国在知识产权和人权问题上由于强调自己是发展中国家而避免国际合作,中国将来还会持续增长,日本需要在各方面加强与中国的沟通。③

另一方面,各大报社比较侧重报道中国经济发展中存在的问题,尤其是《读卖新闻》和《产经新闻》,对中国经济的负面报道较多。这些报道比较侧重于强调中国贫富差距的扩大、人民币升值问题、由经济发展带来的环境污染问题、地方政府盲目投资问题等等。如《读卖新闻》认为,尽管中国经济规模增长较快,但侧重扩大规模的经济发展模式不会长久,中国需要今后转变为以内需为主的发展模式。④《朝日新闻》则发表评论认为中国经济发展需要汲取日本的教训,GDP 的增长不能代表真正的富裕,中国经济应该走让国民生活安定,保持平衡的发展之路。⑤

2.关于中国内政(政治和社会)

关于中国内政的报道在总数上最多,其中民主化问题、政权交接等是政治上最受关注的几个话题,除此之外刘晓波获诺贝尔和平奖和中国的人权问题、少数民族问题(尤其是西藏问题)、中国毒饺子事件和食品安全问题、高铁事故、贫富差距、政府对网络的控制等也颇受关注,关于这些问题主要以负面报道为主。这些报道给日本民众带来的中国印象是,中国在经济上具有很大的魅力,但发展内部失衡,环境成为发展的代价,而且内部矛盾重重。在这方面《读卖新闻》、《产经新闻》的批评较为厉害。

---

① 《日中逆転　新たな商機に》,《朝日新聞》2011 年 1 月 21 日。
② 《昇竜との競存:日中 GDP 逆転》,《每日新聞》2011 年 2 月 15 日—17 日。
③ 《中国　世界に成長とリスク　国際ルールどう共有》,《日本経済新聞》2011 年 1 月 21 日。《日中逆転下の企業提携》,《日本経済新聞》2011 年 2 月 2 日。
④ 《規模偏重の発展変わるか》,《読売新聞》2011 年 1 月 20 日夕刊《社説〈昇竜中国〉にも課題は多い》,《読売新聞》2011 年 1 月 21 日。
⑤ 《日中 GDP 逆転　豊かさを問う時代》,《朝日新聞》2011 年 1 月 21 日。

中国正处于改革期间,内部存在着各种矛盾和问题,对这些问题中国国内也存在着很多批评意见。但问题是,在大多数日本国民对中国不太了解的情况下,仅凭这些报道获取对中国的信息则很容易产生片面的对华认识。比如说对2008年西藏暴动的报道,容易带着"汉族压抑藏族"、"中国政府压制西藏"这一单纯地二元对立的观点去看。在介绍西藏历史的时候,部分媒体把1951年解放西藏定为共产党军队统治西藏的开始,对2008年西藏暴动的原因单纯解释为汉族对西藏的压制,强调汉族移民带来的对藏族文化的"入侵"。日本学者大西广对这些媒体报道的偏见进行了批评。立足于在中国国内的长期调查,大西广指出,西藏暴动的原因十分复杂,参与暴动的只是藏族中的一部分,主张独立的激进派青年派与恐怖组织有关,对这一点日本媒体很少报道。他还认为,造成暴动最直接的原因是全球化和市场化的影响,在市场经济的渗透下,汉族的资本流入西藏地区,他们雇用的往往是当地的藏族,而资本方和劳工方(藏族为主)的利益冲突容易演变为所谓的民族对立。同时不能忽视的是,在中央政府对西藏的大规模财政援助下,西藏人民的生活水平得到了提高,目前西藏自治区财政的大部分都依赖于中央的援助。然而,对这一点日本媒体很少报道。①

3.关于中国军事

中国军事力的增强及其影响是各大主流媒体讨论的热门话题。对中国军事力的增强,五大报社都认为是一个威胁,常常报道以下几点内容:(1)中国军事费用使用不透明;(2)中国海监船对钓鱼岛附近的日本领海频繁侵犯;(3)中国在南海及东海权益问题上以军事力量为背景姿态强硬。这些报道在内容上各大媒体没有什么区别,只是就主张与中国对话还是采取强硬措施这一点上稍有差异。总体上说,《朝日新闻》和《每日新闻》坚持对话路线,《日经新闻》、《读卖新闻》主张积极防卫,在坚持对话沟通的同时该硬的时候要硬,而《产经新闻》则主张以硬对硬。

《朝日新闻》不仅对中国军备力量增强表示担忧,还基于中国宇宙开发能力的增强担心中美之间进行宇宙军备竞赛,认为应该积极地把中国

---

① 大西広:《チベット問題とは何か——現場からの中国少数民族問題》,かもがわ出版,2008年。

拉入宇宙开发的国际合作体系中,日中之间也可以进行宇宙开发的合作。① 不过《朝日新闻》强调不应单单鼓吹中国军事威胁,应该通过各种各样的交流向中方转达日本的担忧,建立与中国的信赖关系,而中国应该积极与美国合作防止核扩散,缩小核武器规模。②《每日新闻》认为日本应该在深化与中国的防卫交流和合作的同时,和其他拥有共同利益的东南亚诸国、韩国、澳大利亚加深外交、安全保障上的合作,共同应对中国军事上的崛起。③

与《朝日新闻》相比,《读卖新闻》更多描述中国是如何野心勃勃且恣意地采取行动,关于南海问题,把中国和越南和其他东南亚国家的关系描绘成强者和弱者的关系,在东海问题上,侧重报道中国军事力量的增强对日本带来的威胁。《读卖新闻》明确表示南海是连接中东和东北亚的海上交通要道,一旦这个海域被中国支配,中国可能会以同样的手段支配东海。为对应这一"威胁",《读卖新闻》认为日本需要促进与中国的防御外交和安全保障的对话,同时做到以下两点:(1)深化日美同盟,强化自卫队"静态"的海洋监视活动,必要时提高自卫队的"动态抑制力"即作战能力。④ (2)与同样抱有中国威胁认识的东南亚国家建立多层而广泛的对话机制,同时强化日美韩、日美澳的三国合作关系以牵制中国,遏制中国的崛起。⑤ 可以说,《读卖新闻》采取的立场是,不放弃与中国的对话,但需要积极地抑制中国。《日本经济新闻》也采取同样的立场,认为基于防卫预算的限制,要应对中国的军事威胁光靠日本一国是不行的,日本应该在强化对西南诸岛的防卫和监视活动的基础上,与美国、东南亚、韩国和澳大利亚加强安全保障的合作。⑥ 关于中国军事的《产经新闻》社论则更为偏激,在此不做详述。

---

① 《中国を国際連携の輪に》,《朝日新聞》2008 年 9 月 29 日。
② 《中国の国防白書　前進? まだまだ不透明》,《朝日新聞》2009 年 1 月 22 日;《中国も核軍縮へかじを》,《朝日新聞》2010 年 4 月 9 日;《中国への警戒と課題と》,《朝日新聞》2011 年 8 月 8 日。
③ 《対中国政策　周辺国との連携強化を》,《毎日新聞》2011 年 8 月 8 日。
④ 《中国軍増強は国際社会の懸念》,《読売新聞》2012 年 8 月 21 日。
⑤ 《中国けん制へ国際連携図れ》,《読売新聞》2012 年 8 月 21 日;《同盟を深化し中国と対話を》,《読売新聞》2012 年 8 月 21 日。
⑥ 《社説:中国軍に自制を促すために》,《日本経済新聞》2011 年 8 月 4 日。

4.关于领土问题

关于日中关系的报道涉及多个话题,如中国毒饺子事件、钓鱼岛撞船事件、日本人在中国接受死刑、中国限制稀土出口的问题等等,其中围绕着钓鱼岛的领土问题是金融危机之后最为关注的话题,也是造成日本民众对华认知的主要原因。笔者在此以钓鱼岛问题为主概括日本新闻媒体的主要报道特征。

在钓鱼岛问题上,各大报纸都一致认为钓鱼岛是日本的领土,其理由往往列举明治政府1895年在确认钓鱼岛是"无主"之地的基础上对其进行"先占",认为这一"先占"符合近代国际法,不同于台湾的割让。因此媒体在谈到钓鱼岛问题时不太谈到历史问题,也很少介绍中方列举的历史文献。对中国的反日游行,日本媒体则倾向于从中国政治的权力斗争、爱国主义教育、贫富差距的扩大这些因素去分析,很少论及日中历史问题和日本方面的原因。①

2010年9月7日撞船事件发生,到9月25日日本释放中国人船长回国,不顾中国再三抗议,中国人船长在日本被拘留两个星期以上,前原诚司前国土交通大臣主张以国内法解决,这否认了1972年日中邦交正常化之后关于钓鱼岛搁置争议的原则。然而,在这一期间,媒体报道的主要焦点都集中在中方的措施和其影响上,对日本拘留中国人船长这件事本身基本上没有表示反对意见。只是对中国人船长的释放,五大报社立场稍有不同。《朝日新闻》表示欢迎,认为是服从大局的高层次的政治判断,同时对民主党先逮捕船长对其进行拘留后又在中国的压力下决定释放这一连串的变化表示批评,认为民主党外交十分幼稚。《每日新闻》希望通过释放缓和日中关系的紧张,但对决定释放的政治过程的不透明性表示疑问,《读卖新闻》也要求政府对这一决定做具体的说明。《日经新闻》认为对船长的释放是个不遵从法律的严格的决定,《产经新闻》则认为释放是"对国家的屈辱"、"留下千载祸根的致命性错误",主张政府应该在钓鱼岛建设机场和配置自卫队。②

2012年的钓鱼岛问题也一样,媒体对日本政府国有化决定没有表示

---

① 《社説:論調観測　中国の反日デモと後継人事　習次期体制に警戒感も》,《每日新闻》2010年10月24日。

② 《社説:論調観測　中国人船長釈放　批判点もトーンも濃淡》,《每日新闻》2010年9月26日。

反对的意见。相反,在国有化决定之前,《读卖新闻》和《产经新闻》等部分报纸批判日本政府对华外交软弱,主张政府强化对钓鱼岛的管理。如2012 年 8 月 21 日《读卖新闻》发表社论认为日本应该与东京都联合一道强化对钓鱼岛的管理,同时修改海上保安厅法健全守卫领土/领海的体制。① 在石原慎太郎表示东京都购买钓鱼岛计划时,《日经新闻》发表社论认为,钓鱼岛不应该由东京都管理,为了维护国家主权不受到威胁,应该由国家购买钓鱼岛。② 对钓鱼岛的国有化决定,《朝日新闻》也没有表示反对,只是认为日本政府应该向中国政府解释为何购买钓鱼岛,即应该向中国说明,钓鱼岛国有化的起因是石原慎太郎要求让东京都购买钓鱼岛,与其让东京都购买,日本政府购买有利于避免进一步的摩擦。《朝日新闻》同时表示,日本政府也应该向国际社会反复说明为何钓鱼岛是日本的领土。③

当日本政府决定国有化引起中国民众的极大反对,反日游行高涨并出现部分暴力行为的时候,五大报纸的报道依旧着重批判中国,只是在是否强调与中国对话这一点上持不同意见。《朝日新闻》和《每日新闻》是"注重对话派"。9 月 19 日《朝日新闻》发表社论,批评中国反日游行中出现的暴力行为和中国海洋巡视舰到达钓鱼岛周边海域,同时呼吁日本政府应该构筑与中国沟通对话的环境。④《每日新闻》也在批判反日游行中的暴力行为的基础上表示中日政府应该尽全力对话让事态平静下来。⑤而《读卖新闻》、《日经新闻》和《产经新闻》的态度则比较强硬。《读卖新闻》不光批评中国反日游行,而且提到应该在军事上强化与美军的合作,在政治上加强对国际社会宣传钓鱼岛是日本的领土,⑥《日经新闻》认为日本政府应该要求中国反日暴力行为对日方企业造成的损失进行赔偿。⑦《产经新闻》则宣传反日游行中的暴力行为,将反日游行中的标语"将东京变成血海"作为标题报道,同时介绍京都大学名誉教授中西辉政

---

① 《邦人の安全確保へ沈静化図れ》,《読売新聞》2012 年 8 月 21 日。
② 《社説:都が尖閣買うのは筋が違う》,《日本経済新聞》2012 年 4 月 19 日。
③ 《尖閣と中国 強硬姿勢は何も生まぬ》,《朝日新聞》2012 年 9 月 13 日。
④ 《社説:中国の姿勢——話しあえる環境を作れ》,《朝日新聞》2012 年 9 月 19 日。
⑤ 《社説:尖閣と日中対立 対話解決に全力挙げよ》,《毎日新聞》2012 年 9 月 18 日。
⑥ 《社説:反日デモ続く 対中感情の悪化を招くだけだ》,《読売新聞》2012 年 9 月 19 日。
⑦ 《社説:中国の挑発に乗らず危機抑える外交を》,《日本経済新聞》2012 年 9 月 19 日。

的观点,认为要在钓鱼岛问题上要以硬碰硬。① 但关于 2013 年 11 月 23 日中国设定的防空识别区,各大媒体都持批评意见,立场一致。一直被右派批评为亲中的《朝日新闻》发表社论,认为中国设定东海防空识别区是单方面行为,日本政府应该要求中方撤回这一设定,同时也认为日本政府应积极与中方沟通避免冲突。②

　　在钓鱼岛问题上,学者毛里和子的分析比较客观。她在 9 月 18 日晚 7 点的 NHK(日本放送协会)专题节目中发表评论认为日中之间是存在领土争论的,否定了政府"不存在领土问题"的立场。她分析,中国之所以发生规模这么大的反日游行,需要理解以下两点:第一是因为日本采取了与以往不同的措施。2010 年撞船事件之后日本试图以国内法处置这个问题是"国家干预",而这次对钓鱼岛的国有化是"国家干预",日本"国家"的干预使得中方难以插手钓鱼岛。第二是胡锦涛主席在向野田表示抗议的两天之后日本政府决定国有化,这没有顾及中方的立场和处境。当主持人问到对日感情恶化的背景时,毛里和子指出与日本曾作为战争加害者的历史有关,而且指出日本对战后问题的处理是非常不充分的。③然而,像毛里和子这样的分析在五大报社的评论中并不多见。尽管日本报纸上也会介绍天儿慧、高原明生等中国研究专家的观点,即认为搁置争议是最好的办法,但在钓鱼岛问题上舆论的主流态度比较强硬。《日本经济新闻》2012 年 9 月 16 日公布了对《日经新闻》电子版读者进行的调查,对"钓鱼岛和竹岛的领土问题最大原因是什么"这一问题,回答"历届政权对领土问题的怠慢"为数最多占 45%,批评日本国内对领土问题教育不够的声音也不少。对将来日本应该采取的措施,近半数的人认为日本应该"强化海上保安厅的功能,强化防卫",同时"在强化防卫的基础上向国际社会宣传"。④

---

① 《反日デモ　〈東京を血の海に〉》,《産経新聞》2012 年 9 月 19 日。
② 《社説:中国防空識別圏無分別な線引きやめよ》,《朝日新聞》2013 年 11 月 26 日。
③ http://www.nhk.or.jp/gendai/kiroku/detail02_3248_2.html,NHKクローズアップ現代 2012 年 9 月 19 日放送。
④ 《読者と考える　電子版アンケートから》,《日本経済新聞》2012 年 9 月 16 日。

二　政治保守化与对华报道

（一）日本政治的保守化

如上所述，从整体上看，五大报社对华报道都带有"中国威胁论"的影子，对中国负面报道较多。这一特点与冷战后日本对华政策转变紧密相关。

1947 年制定的日本宪法规定了战后日本外交的原则和方向，其中之一是否定暴力，彻底实行不依靠军事强力的和平主义。和平主义的传统深入人心，日本民意长期以来一直反对日本军事力量的扩张。1960 年代末声明的武器输出三原则，1970 年代在非核三原则的基础上确立基础防卫、专守防卫，①将防卫支出限定于 GDP 的百分之一，这些政策当时在国内得到了舆论的支持，而且成为战后防卫政策的基础。②

冷战结束之后日本的安全保障政策发生了很大的变化。国分良成认为，冷战的结束意味着"72 年体制"的结束。"72 年体制"是指 1972 年日中邦交正常化以后持续的稳定结构，在这个结构下，中、美、日三国以苏联为共同的对抗目标形成战略性的合作关系。日美认为中国的现代化是共同的利益，并支持中国的改革开放，而苏联这个共同敌人的存在是维系日、美、中三国合作关系的中心环节。③ 在这一时期，尽管中国是冷战中的对立方，但日本领导层认为中国从长期来说是重要的政治、经济甚至是安全保障上的合作伙伴。当时日中间在经济上虽然关系不太紧密，但在政治上的关系却相当紧密，日本的旧田中角荣派政治家积极地支撑着日

---

① 基础防卫的意思是，对间接性的小规模侵略能够凭自己的防卫力量对应，对大规模的侵略应具有能够在美军援助之前的最小必要限度的防卫力，在发生危机的时候能够成为迅速扩充兵力的基础。专守防卫是 1971 年佐藤内阁提出的概念。1970 年中曾根康弘防卫长官认为日本不存在直接的威胁，因此主张自主防卫和非核中级国家构想，旨在构筑自卫队的自主防卫能力，减轻对美国的依存度。

② 村田晃嗣：《防衛政策の展開　ガイドラインの策定を中心に》，《危機の日本外交 70 年代》（年報政治学 1997），东京岩波书店，1997 年，第 85 页。

③ 国分良成等：《日中関係の構造変化に目を向けよ》，《外交フォーラム》2008 年 5 月，第 238 号，第 14—22 页；国分良成：《冷戦終結後の日中関係——"72 年体制"の転換》，《国際問題》2001 年 1 月号，第 42—56 页。

中友好。①

随着冷战的结束,"苏联"这一共同的敌人消失,曾经参与日中邦交正常化的日中领导层逐步退出历史舞台。同时日中两国在东亚秩序中权力关系发生变化,一方面,中国经济上的崛起使得中国在国际舞台上的影响力加强,另一方面,日本泡沫经济崩溃后国内经济长期停滞,而在政治上动荡不定。在外交上,主张增强日本的防卫能力、修改宪法等政治家增加。② 中国威胁论正是出现在这样一个时期。当时很多舆论认为,日本对中国的资金援助、贸易、投资、技术转移等都间接地促成了中国经济、政治和军事上影响力的增强,尽管日本在外交政策上继续支持中国的改革开放并欢迎中国通过WTO加入国际经济体系,但开始对中国军事力量的增强感到威胁。③

在安全保障方面,日本针对周边地区安全保障的意识增强。首先是北朝鲜的核开发问题。1993年北朝鲜宣布脱离核不扩散条约,同年5月进行弹道导弹的发射试验,并在1994年宣告脱离国际原子力组织IAEA。这一系列的行动引起了日本防卫上的不安。其次是中国的崛起。日本1995年开始修改自己的防卫大纲,在1997年发布新防卫指针,第一次公开地表明日美安保体制适用于周边事态,周边事态的范围包括亚洲太平洋地区。1999年通过"周边事态法",2003年通过了日本遭受武力攻击或面临遭受武力攻击危险时保护国家和平独立及国民安全的法律,2004年通过了"国民保护法"。

日本安全保障政策的另一个变化是日美同盟的"国际化"。海湾战争时日本尽管进行了金钱上的援助,但由于宪法的限制没有派遣自卫队进行人力上的援助,因此没有得到美国等国家的积极评价,当时这对日本来说是一个不小的刺激。此后主张修改宪法的声音越来越多,积极参与

---

① 日本缔结日中和平友好协定的福田赳夫、园田直,曾经超越党派缔结的日中友好议员联盟,开拓对华援助之路的太平正芳都十分强调日中友好,财界强调日中友好的人士也比比皆是。国分良成:《冷战终结後の日中関係——"72年体制"の転换》,《国际問题》2001年1月号。

② 毛里和子:《日中関係——戦後から新時代へ》,东京岩波書店,2006年,第146頁。

③ Robert G. Sutter, *Chinese Foreign Relations*: *Power and Policy since the Cold War* (Lanham, MD: Roman and Littlefield Publishers, Inc., 2007), p. 223; Benjamin L. Self and Jeffery W. Thompson eds., *An Alliance for Engagement*: *Building Cooperation in Security Relations with China* (Washington, DC: The Henry L. Stimson Center, 2002), p. 82.

联合国的 PKO 活动、国际和平援助活动及其他安全保障活动。2000 年通过的"船舶检查法",2001 年通过的"恐怖主义特措法",2003 年的"伊拉克特措法"等为日本积极参与国际安保合作提供了进一步的法律依据。①

在对华政策上,日本在经济上加强与中国的合作,但在政治上抑制中国的崛起。这主要表现在以下两个方面。第一,通过地区主义来制衡中国。2002 年日本与新加坡缔结经济伙伴关系协定之后提出了"日本与东盟总体经济合作构想",加快了与泰国、马来西亚、菲律宾、韩国及整个东盟的经济伙伴协定。2008 年日本与澳大利亚签订《军事防卫合作协定书》,在军事情报交流、舰队相互支援、秘密情报保护等领域展开合作。加强与澳大利亚军事合作,这是日本"自由之弧"外交内容的一部分,即积极响应美国与拥有民主、人权、法治、市场经济等普遍价值观的国家加深合作强化关系的外交。随着这些变化,日美同盟已经从以往单纯的双边关系开始向多边关系倾斜。② 第二,通过加强自身防卫能力和巩固日美同盟,在军事上抑制中国的崛起。③ 日本 2004 年公布的新的《防卫计划大纲》第一次明确提到,要关注中国军事的现代化和军事组织的海上活动,2007 年发布的日本防卫白皮书明确表示,中国增强军事实力已不仅是为了解决台湾问题,可能还针对日本的领土及海洋资源,这一认识已深入到政策制定过程。日本 2010 年制定的《防卫计划大纲》强调构筑"动态的防卫力",即无论和平时期还是战时状况都能够作出灵活且准确无误反应的能力,具体包括增加强有力的巡逻与侦察活动,结合强化训练和演习等内容。

可以说,日本目前的防卫政策与美国保持一致,认为中国在军事上是一个威胁,需要积极增强自身防卫能力以应对危机。2012 年 6 月起任日本防卫大臣的原拓殖大学教授森本敏发表文章表示,对日本来说最重要的防卫课题是对华战略的问题。日美同盟应该主要针对中国海洋战略。

---

① 福田毅:《日米防衛協力における3つの転機—1978 年ガイドラインから'日米同盟の変革'までの道程》,《レファレンス》2006 年 7 月号。

② Aurelia George Mulgan, "Breaking the Mould: Japan's Subtle Shift from Exclusive Bilateralism to Modest Minilateralism", *Contemporary Southeast Asia*, VOL.30, No.1, April 2008, pp.52–72.

③ Christopher W. Hughes, "Japan's response to China' rise: regional engagement, global containment, dangers of collision," *International Affairs* 85:4(2009). Vol.85, No4, Jul2009, pp.837–856.

他认为,日本一方面需要与美国及其他亚洲国家合作重视海洋上的安全保障和应对攻击的能力,另一方面需要通过设立国家安全保障会议并成立情报保全法等方式来强化安全保障体制。[①]

(二)保守化对媒体的影响

那么,日本的媒体对防卫政策的变化持何种态度和立场呢? 一般来说,在政治立场上,《朝日新闻》比较偏左,《读卖新闻》和《产经新闻》偏右,而《日经新闻》和《每日新闻》属于中间派。但值得注意的是,在外交和安全保障问题上这五大报社的立场越来越趋向一致。

外交和防卫政策的转变直接涉及到宪法是否修改的问题。日本宪法第九条这样规定:"日本国民基于正义和秩序的国际和平,永远放弃作为解决国际纷争手段的由国家权力发动的战争及武力行使。"尽管日本宪法是在美国主导下制定的,但对放弃战争争取永久和平这一点当时得到了大多数国民的支持。当时对宪法第九条表示质疑的只有《产经新闻》,《读卖新闻》、《日经新闻》、《每日新闻》、《朝日新闻》四大新闻报社都表示支持宪法规定,这一情况一直持续到80年代后半期。

立场最先发生转变的是《读卖新闻》。《读卖新闻》1990年批评日本在海湾战争中由于宪法的限制无法行使集体自卫权,并于1992年成立"宪法问题调查会",向民众公开了12次调查会讨论的内容,表示有必要进行宪法的修改。90年代中期以后,《日经新闻》也逐渐从修宪慎重派转为支持派。而随着小泉政权《反恐特措法》、有事法制、伊拉克特措法的实施,《每日新闻》和《朝日新闻》的立场也发生了微妙的变化,开始讨论修改宪法的问题。[②]

随着对修宪问题的立场转变,五大报社在日本的安全保障及外交政策上立场也逐渐趋向一致。1990年,围绕着是否应该派遣自卫队参加以美国为首的多国部队这一问题,《产经新闻》和《读卖新闻》表示支持,《朝日新闻》、《每日新闻》和《日经新闻》采取批判的态度。但1992年《PKO合作法》成立之后,《日经新闻》开始认为自卫队应该发挥更加积极的作

---

① 森本敏:《日米同盟:今日の課題と展望》,《海外事情》2012年1月号,第40—43页。
② 信田智人:《冷戦後の日本外交:安全保障政策の国内政治過程》,ミネルヴァ書房,2006年,第142—147页。

用,在 2001 年《反恐特措法》之后《每日新闻》也转变了立场,当时只有《朝日新闻》一家报纸对该法案表示质疑。然而,即使是《朝日新闻》,在坚持日美同盟、自卫队为维护地区安定提供后方支援这一点上,也并不反对。相反,《朝日新闻》对中国军事力量的增强和频繁的活动能力也深表担心,在安全保障问题上采取更为现实主义的立场。如对 2010 年度的《防卫计划大纲》中新增添的"动态防卫力",《朝日新闻》这样解释,"2004 年 12 月以后,日本周边地区北朝鲜进行了两次核试验而且进行了弹道导弹的发射试验,中国海军活动频繁,安全保障环境明显恶化。日本存在着防卫预算的制约,同盟国美国的影响力也相对下降……在这一情况下'动态防卫力'概念的提出是不得已的,具有一定的合理性"。但是它同时认为,"动态防卫力"概念的提出只能对狭义上的国土防卫起到作用,对地区安全保障环境的改善难以发挥效果。[1]

当然,与其他报社相比,《朝日新闻》对日美同盟的强化表示了一定程度的担心。如 2012 年 5 月 2 日《朝日新闻》发表评论批评日本在防卫合作方面和美国走得太近,文章坚持专守防卫的立场,认为日美防卫合作的强化有可能导致自卫队超越专守防卫的原则。该文章还提到,在亚洲太平洋地区与美军共同展开的军事训练,利用 ODA 给菲律宾等周边国家提供巡视舰,这违背了以避免军事目的为主旨的 ODA 大纲,有可能引起中国海军的警惕。[2]

那么,五大报纸是否有可能转变自身的立场,积极抵制政治的保守化倾向呢?笔者认为可能性不大。既有的研究成果指出,日本政治的保守化基于多种因素的影响,国内政党势力的变化(公明党、民社党等中道政党逐渐保守化、社会党外交政策的转换)、工会势力的弱化、社会主义与民主主义意识形态的对立等都是造成保守化倾向的原因,[3]这些要素都不可能在短期内消失。

意识形态的丧失,或者说曾经习惯的意识形态对立已经无法给未来

① 《安保環境悪化に対処》,《朝日新聞》2010 年 12 月 18 日。

② 《日米防衛協力　このなし崩しは危うい》,《朝日新聞》2012 年 5 月 2 日。

③ 1950 年代和 60 年代曾领导大众运动的工会在 80 年代转变路线,采取了劳资合作的路线,这也对日本政治的保守化带来了影响。浅井基文:《外交》,渡辺治編:《現代日本社会論:戦後史から現在を読む30 章》,労働旬報社,1996 年。

指明方向,加上泡沫经济崩溃后经济的不景气,历史修正主义开始获得一部分人的支持。日本历史修正主义最初的代表人物藤冈信胜提出,历史教育的目的应该是为了追求国家利益,这一认识与传统的复古的国家主义势力相结合便成为一股右翼势力,其典型表现是"新历史教科书会"的出现。该组织的历史认识归根到底是恢复日本国家的自豪感,并具有以下几个特点。1.强调日本文明自绳文时代至今都一直是与中国等文明不同的具有固有传统的文明。2.强调人种之间的对立从古至今都是历史发展的动力之一。3.对美国主导的战后改革持敌意的态度,认为现在日本社会的种种矛盾、腐败和秩序的崩溃都是战后占领改革的后果,其政策之一是积极主张修改宪法。①

值得注意的是,日本冷战后政治的保守化有更加深层的思想背景。渡边治指出,这一思潮与新自由主义改革紧密相关。高度经济成长之后的日本社会是一个消费社会,人作为资本主义社会中的一个消费者而存在。企业主义式的统治逻辑和家庭生活的消费社会化破坏了社会已有的共同联系的纽带,随着传统共同联系纽带的丧失,人越来越"原子化"。"原子化"的个人被强行纳入企业和学校管理的体系中。而随着日本资本的国际化和新自由主义改革的进行,现存的自民党政治和企业式统合社会的逻辑出现破绽,为缝合这一破绽,政治上需要新的国家主义思潮来进行社会整合。90年代以后的新自由主义改革在追求效率的目标下舍弃一部分弱者,其结果申请破产的次数、中老年男子的自杀率在90年代都是史上最高,青少年犯罪率也呈上升趋势。对社会的敌意、愤怒和怨恨等情绪的堆积容易以其他方式表现出来。在这一情况下,反华言论、排外主义的言论也比较容易获得一部分民众的支持。②

也就是说,政治上的新保守主义思潮与经济上的新自由主义改革思潮相辅相成。新自由主义改革表面上主张放松管制进行市场改革等,但在进行这些改革的同时需要新的社会整合,追求国家利益,对传统文化的重新评价等迎合了这一需要。

---

① 《新自由主義改革と国家統合》,《ポリティーク》第4号,2002年6月。
② 《新自由主義改革と国家統合》,《ポリティーク》第4号,2002年6月。

三　日本媒体的特点

（一）商业化运作

日本的大众媒体以股份公司的企业方式运作,其根本原理是以股东为中心的资本运作原理。除了 NHK 以外,绝大部分媒体都具有商业性的营利目的。尤其对报社来说,广告收入和订购收入约占收入的四到五成,因此电通、博报堂等广告代理商对报社的盈利来说尤为重要。这些大的广告代理商不仅收集广告,还进行各种市场调查,组织规划放送节目,开发销售新产品,开展选举活动的顾问咨询等事业。① 电视和电台也同样。考虑到收听率和收视率等多方面的因素,制作公司、广告代理商及赞助商等的建议和规划对电视电台的节目制作产生很大的影响。事实上,自1970 年代节目制作公司诞生以后至今,节目制作公司制作的节目占民间放送黄金时段节目的 70% 以上。即使是 NHK 的节目,也有相当一部分是由制片公司制作。②

各大报社采取的是企业式的经营方式。报社的国际报道一部分来源于报社海外特派员写的稿子,另一部分来源于通信社的稿子和照片。五大报社都有自己的海外特派员,负责外国的信息收集和采访写作,但特派员所处的环境与以前大为不同。《朝日新闻》编辑委员加藤千洋 80 年代后半期和 90 年代后半期两次被特派到北京,他根据自己的经验这样谈到,"以前在中国的报社分社长需要到中国各地走动,通过自己的亲身经历和采访来了解中国的真实面貌,但现在报社需要的不是这样的人才而是具有管理素质的人才,到中国来的报社记者有些甚至不会汉语"。③ 而关于通信社的稿子,大多由共同通信社和时事通信社提供。共同通信社主要集中于综合报道,是报社和 NHK 等共同设立的组织,内部分为非营利性的社团法人和营利性的公司。2005 年共同社在世界各国拥有 40 个

---

① 各務英明著:《報道とマスメディア》,酒井書店,2006 年,第 54—56 页。
② 各務英明著:《報道とマスメディア》,酒井書店,2006 年,第 58—60 页。
③ 《検証！ 中国報道：暴走するナショナリズムを止めろ》,《GALAC》,2008 年,放送批評懇談会编集。

支部,11 处拥有通信员。时事通信社主要提供时事报道,完全为营利性的股份公司,在国内有 82 所、海外有 29 所分社,现在除了时事以外也报道综合性新闻与共同社竞争,还向政府、银行、商社、证券公司等发送经济信息和数据。①

2008 年金融危机以后,各大日本报社面临前所未有的危机,发行数量持续减少,销售额也减少。综合性报纸发行数量最多的时候是在 1990 年,大约 6670 万份,而 2008 年下降到 6230 万份,2009 年以后其下滑有加速倾向。在这一情况下,媒体越来越关注如何在竞争激烈的市场上获得成功。② 为了加强产业竞争力,《朝日新闻》、《日本经济新闻》、《读卖新闻》这三大报社已经在报纸的销售和新闻的制作上开始共同业务。③

2008 年以后,日本放送法也进行了改革。根据电波法的规定,电气通信基础业务直接由政府管辖,在这一规定下,放送业务采用的是许可制,即根据许可制度分配有限的电波资源,这一制度一定程度上确保了公共性,如基于“集中排除原则”禁止单个股东对民间放送公司股份的支配,禁止单个企业对多个放送公司的支配,也禁止单个企业对报社、广播和电视的控制和占有。然而,随着网络技术和通信技术的发展,通信和放送领域的技术上的区分已经失去了意义,如网络是属于通信领域,电视属于放送领域,但现在在电脑上既可以上网也可以看电视,上网的渠道也多种多样,既可以通过卫星电视的接收器上网,也可以通过手机上网。为应对这一变化,2010 年政府修改了放送法,对通信和放送事业进行了统合。

新的放送法采用了①节目、音像产品、电子出版物等内容的制作和持有,②传送服务,③传送设备的提供这三大区分方式,业主可以自由地进入任何一个领域参与竞争。政府的这一改革为媒体创造了新的竞争机遇。NTT 等电信公司、索尼、Panasonic 等电子产品、电力及综合商社、金融、证券等对这一改革大为欢迎,外国的巨型信息媒体集团也雄心勃勃地和日本企业进行合作,力图在这个领域获得一席之地。对日本的报社来说,这意味着可以和不同产业界的强企业进行合作扩大业务范围,而报社

---

① 各務英明著:《報道とマスメディア》,酒井書店,2006 年,第 43—45 页。
② 桂敬一:《マス・メディア産業の危機と報道の自由》,《季論 21》,2009 年秋。
③ 《日経・朝日・読売が〈ANY 連絡協議会〉を来春に新設》,《財経新聞》2011 年 11 月 11 日。

的业务经营范围将进一步复杂化。① 然而,这一改革带来的问题是,零散的小型媒体有可能在这一竞争中被淘汰,小型媒体企业的不同声音有可能被埋没。深受商业主义控制的媒体今后将越来越出现信息垄断化的问题,在这一趋势下,如何确保报道的客观性和公共性是一个很大的课题。

在商业主义的运作方式下,各大媒体的报道缺乏个性,着重迎合大众的口味。对公众关心的事件进行集中反复的报道,但其报道"只见树木不见丛林",对事件背后的原因和历史很少深入彻底的分析。而且一旦出现其他公众关注的事件便马上转向集中报道其他事件。如 2005 年对中国国内爆发的大规模反日游行,各大媒体连日集中报道,尤其是电台对烧毁日本国旗等民众的暴力行为滚动报道,大大加深了日本民众对华的不信任感。但 4 月 25 日重大列车脱轨事故发生后,媒体焦点纷纷转变,反日游行报道的数量大大减少。

(二)报社独特的经营体制

和日本其他产业一样,日本的报社采取了独特的日本式经营体制,即终身雇佣制、年功序列制和企业工会制,这一经营体制对记者的生涯、采访和写作的规范及态度等产生了很大的影响。处于第一线工作的记者不是经营层,只是员工层。在报社内部做到部长级以上就自动不再是工会的员工,进入经营层。但具有新闻编辑权的只属于报社的经营管理层,这使得日本媒体缺乏资深记者写的具有专业水平的稿子,稿子大多停留在比较浅的层次。②

日本报社报道的编辑过程具有较强的集体主义色彩。报社记者与编辑的关系特殊。记者往往起的是收集资料的作用,而报道的最后定稿由编辑部来定。换句话说,新闻报道不是由记者个人决定的,而是由编辑经营层集体决定的。因此由记者署名的报道很少。属于员工层的记者较关心的问题是如何适应这个组织,如何早日进入经营层以获得更好的待遇。与美国的记者相比,日本记者写的报道多缺乏个性,即使按照自己的个性写出报道,也可能被编辑部更改。而经营层比较关心的问题是如何在组

---

① 桂敬一:《マス・メディア産業の危機と報道の自由》,《季論 21》,2009 年第 6 号。
② ローリー・アン・フリーマン著,橋場義之译:《記者グラブ:情報カルテル》,緑風出版,2011年,第 49 页。

织内部维持自己的权力和利益。①

　　日本《新闻研究》在 1973 年和 1993 年对记者做的问卷调查结果反映了 90 年代以后新闻媒体的变化。1973 年,将近 90% 的记者回答记者应该具有社会公益性的观念,但这一观念从 1993 年的调查中可以看出已经明显消退。对记者来说,90 年代以后报社发展了,但报道的忌讳却增多了。如右翼、黑社会的问题,政府内部的贪污,反社会的宗教团体等都成为记者力图回避报道的问题,与 1973 年相比,记者对忌讳的问题已经不是"不能写",而是自己"不去写"。②

　　在缺乏独立竞争的撰稿的情况下,各大新闻报社的报道容易产生单一性。日本新闻研究的学者山本武利对日本新闻这样评价,"在资本主义国家中像日本这样每天提供具有均质性新闻的国家相当少见,如果把报社的名称隐去的话基本上没有人能猜得到是在看哪家报社的新闻"。③

　　其次,日本存在特殊的记者俱乐部制度。记者俱乐部是指记者以日本新闻协会加盟社社员的身份,使用政府等公共机关中用于对外公开信息的记者室对采访和报道进行垄断的记者集团。记者俱乐部使用的记者室,大多位于由公共税金建造的政府大楼内部,虽然有一部分记者俱乐部(如"东京都厅记者俱乐部")的电费、清扫费来自俱乐部成员的捐款,但记者室使用是无偿的,为记者俱乐部打杂的职员的雇佣费用也由公共税金支付。④

　　最初的记者俱乐部可以追溯到 1890 年的"共同新闻俱乐部",在当时"官尊民卑"的情况下,记者以个人的身份很难进行信息的收集,"共同新闻俱乐部"当时发挥了组织起来抵抗并监督公共权力的作用。然而,二战时期记者俱乐部已经完全成为战时统制的工具。1941 年日本新闻联盟成立后,官方只允许设立一个记者俱乐部,1942 年实施记者登录制度,在这一制度下记者在内阁情报局的管理下将各个政府机构公布出来的信息照样转告给社会。1945 年以后占领日本的联合国总司令部在保

---

① 柴山哲也:《日本型メディアシステムの崩壊》,柏書房,1997 年,第 32—39 页。
② 日本新聞協会発行杂志《新聞研究》1973 年 10 月号和 1994 年 5—6 月号。
③ "The Press Club of Japan",*Journal of Japanese Studies*,15,2(Summer 1989).
④ 浅野健一:《記者クラブ解体新書》,现代人文社,2011 年,第 43 页。

留日本天皇制的基础上保留了记者俱乐部制度。①

目前日本具体存在多少记者俱乐部不得而知,估计仅在东京就有100个以上,全国有700到1000个左右。② 其会员主要限于几大主要的报社、电台和通信社,这些媒体几乎垄断了信息源。而且,记者俱乐部会员的行为受到一定规则的支配,很难单独展开独家报道或调查。在自民党政权时代,总理和官僚机构大臣的秘书官会事先向记者俱乐部的干事咨询记者会提什么样的问题,并对记者所提问的方式进行指导,最初提的几个问题大多是这些事先已经准备好了的问题。当开始自由提问的时候,提问的记者多为各大报社新入社的记者,所提的问题不太具有批判性。而且存在这样的潜规则,即如果对总理无法回答的问题进行了三次提问,将被"禁止提问"。但耐人寻味的是,当政权即将垮台的时候,记者俱乐部的记者则偏向于提出总理难以回答的问题,问题的内容也较为严格。③

对记者俱乐部垄断信息的问题,日本社会内部出现了不少批评和要求改革的声音,国际社会对其批评意见也很多。如欧洲议会、OECD 长久以来一直批评日本媒体的封闭性,在记者俱乐部体制下缺乏自主性报道,各大报社的报道严重依赖于政府机构公开的信息,产生大量"大本营报道",从而使媒体成为官僚机构公共宣传的工具。对此记者俱乐部也发生了一些变化。2002 年日本新闻协会编辑委员会就记者俱乐部问题发表声明,将记者俱乐部定义为"为在公共机关持续进行采访和报道的记者自主组成的团体",该声明表示日本记者俱乐部应该更为公开,让外国报道机关也加入记者俱乐部,参加记者会见的人员可以不是记者俱乐部的加盟成员,而且认为外国人加入的记者俱乐部正在增加。④ 虽然外国报道机构可以以准会员的身份参加记者俱乐部,而且外国记者也可以以观察员的身份直接参与首相和官房长官的记者招待会,但由于外国记者不是正式的俱乐部成员,因此很难说日本的记者俱乐部已经成为开放性组织。而且,对外开放记者俱乐部的官僚机构极少,即使有也只是允许个

---

① 浅野健一:《記者クラブ解体新書》,现代人文社,2011 年,第 44—50 页。
② ローリー・アン・フリーマン著,橋場義之訳:《記者クラブ》,绿风出版,2011 年,第 40 页。
③ 上杉隆:《記者クラブ崩壊:新聞・テレビとの200 日戦争》,小学館新書,2010 年,第 33—34 页。
④ 参考日本新闻协会网页:http://www.pressnet.or.jp/statement/report/060309_15.html.

人职业者、网络、杂志等记者参加记者俱乐部的采访而已。① 根据《每日新闻》工会 2001 年 7 月实施的调查显示，没有一家俱乐部认可自由职业者等以个人身份参加俱乐部，有 22.5% 的记者俱乐部完全排除那些不是俱乐部加盟会员的团体参与采访。2000 年《朝日新闻》进行的问卷调查显示，当时有 60% 左右的记者俱乐部表示可以让加盟成员之外的记者参与采访，但真正向外部开放的只有 8%。②

对记者俱乐部的改革问题，各大媒体与其说是积极响应，不如说是消极抵抗，这造成长久以来日本国民对记者俱乐部所知甚少。民主党在执政之前对此改革显示了较为积极的态度，如 2002 年民主党的记者招待会开放了参加资格，杂志、网络、海外媒体、自由职业者都可以参加记者招待会。③ 鸠山由纪夫在 2002 年党代表选举时也将"自由参加记者会"作为公约之一参加竞选，2009 年小泽一郎和鸠山由纪夫都表示如果民主党执政的话，记者招待会将对记者俱乐部之外的人开放。然而，这些关于改革记者俱乐部的信息很少被媒体报道，而且在鸠山上台后这一改革始终没有实现。

（三）与政治的"亲密性"

与美国媒体独立运作监视权力不同，日本媒体与政治、官僚机构关系紧密，在报道内容上比较容易受到政治的影响。这主要表现在以下三个方面。

首先，在记者俱乐部体制之下，与政治家、官僚构筑紧密的关系有利于采访的顺利进行，记者陪同政治家、官僚一道聚餐是很常见的现象。而政治家也乐意与记者构筑良好的关系。记者俱乐部的"官报接待"就是其典型例子。"官报接待"是指作为被采访对象的政府机关的领导以各种各样"恳谈会"的形式招待记者，有时还直接送给记者金钱作为临别时的礼物。1995 年根据市民团体的调查，全国各地地方政府有 20 多亿日元用于"官报接待"，2002 年内阁记者俱乐部从官方机密费中支付了相当的费用用于接待。类似的丑闻屡见不鲜。

---

① ローリー・アン・フリーマン著，橋場義之訳：《記者クラブ》，緑風出版，2011 年，第 23 页。
② ローリー・アン・フリーマン著，橋場義之訳：《記者クラブ》，緑風出版，2011 年，第 42 页。
③ ローリー・アン・フリーマン著，橋場義之訳：《記者クラブ》，緑風出版，2011 年，第 26 页。

其次,记者可以被邀请参加日本政府的各种"审议会"以参与政策的决定。审议会成立于1950年代,其设立主旨是为了让专家和国民的意见反映到行政中,但随着自民党政权的长期化,参与审议会的人选多为与政府保持合作立场的人,政府也积极地邀请媒体干部参与审议会。目前,日本审议会数量与前一阵时期相比相对减少,但还存在各种各样的审议会。如关于主张消费税增税的税制调查会中,几家主要报社的干部参与,这造成媒体很难持有反对政府的立场。①

第三,如前所述,日本报社、电台和广播同处同一资本系列的情况比较多见,在这样的情况下媒体之间很难展开相互监督和批判。在同一资本系列内部,干部相互派遣也很正常,如报社社长转做同一系列的电台台长。此外,位于东京的几大主要电台也积极地向各地方电台推销自己的节目,而处于同一系列网络的地方电台为了维持经营,与其花钱自己制作节目,不如直接播放东京主要电台制作的节目。目前,位于东京的几大全国性电台(日本电视、东京放送、朝日电视、富士电视、东京电视)的节目自主制作率都在90%以上(包括委托制作公司制作的节目),其次是东京以外的主要经济圈——神奈川、京都,其电台自主制作率分别为53%、30%,但除了这几大经济圈之外,各地的地方电台的节目制作率则十分低下,大多不到10%,其中岩手朝日电视、冲绳电视、宫崎电视的节目自主制作率不到5%。②

日本媒体也热衷报道政界丑闻,但报道多停留在表面的感情论上,没有影响政治变革的力量,③且存在大量与政府保持一致的"大本营报道"。这些"大本营报道"未必准确地反映了事实。如1990年海湾战争爆发之前,当时美国和欧洲的主要媒体都认为战争的爆发不可避免,但日本外务省认为不会爆发战争,而日本的各大报社也作出同样乐观的报道,认为战争不会爆发。④ 2011年东日本大地震引起的福岛核电站的爆炸事故时也一样,尽管民众对核污染存在诸多不安,但媒体的很多报道倾向于政府的

① 《日本のメディアはなぜ権力に弱いのか:権力との癒着・一体化》,《前衛》第884号,2012年7月。
② 《日本のメディアはなぜ権力に弱いのか:権力との癒着・一体化》,《前衛》第884号,2012年7月。
③ ローリー・アン・フリーマン著,橋場義之訳:《記者クラブ》,緑風出版,2011年,第26—27页。
④ ローリー・アン・フリーマン著,橋場義之訳:《記者クラブ》,緑風出版,2011年,第46—47页。

立场,号召民间不用过渡惊慌,强调污染水平暂时对健康不会产生影响,这与海外的报道形成鲜明的反差,造成民间对媒体和政府的不信任感。

日本媒体与政治的"亲密性"与战后美国驻日盟军总司令(GHQ)统治日本相关。与战败后的德国不同,在美国的指导下,曾与战争合作的媒体没有被废除,相反继续生存,成为美国统治的手段。战后初期,媒体内部也产生过短期的民主化运动,但这一运动因为冷战的开始而寿终正寝,美国对媒体的干预部分造就了媒体与政治权力的"亲密性"。在此,仅以报社为例做一简单的回顾。

1945年9月1日,GHQ对媒体第一次发出"关于言论和新闻自由的觉悟书"的指令,该指令鼓励言论自由,认为应该将对言论自由的限制最小化,与此同时也规定,不得出版或播放GHQ不允许讨论的事项、具有破坏性和批判性的言论以及对公安有害的报道。同一时期,GHQ没有放松对媒体的控制,如以接受美国的事前检阅为条件同意同盟通信社重新展开活动。此后,《朝日新闻》、《每日新闻》、《读卖新闻》、《日本经济新闻》(当时名称为《日本产业新闻》)和《东京新闻》及其他地方新闻也陆续纳入新闻的事前检阅体制中。尽管1948年7月之后报社的检阅制度由事先检阅改为事后检阅(而事后检阅制度在1948年10月份之后被取消),但美国对日本媒体言论的控制一直以GHQ民间信息教育局的"内面指导"的形式暗中存在。[1]

冷战的开始大大影响了日本战后的历史认识。战后初期,各大报社都曾经积极追究战争责任,表示今后应站在民众的角度反对战争。如《朝日新闻》的原社长、会长和其他编辑部的干部都辞职,《读卖新闻》开始了报社内的民主主义改革,社员要求更替曾经参与战争合作的干部。当《读卖新闻》的社长表示反对时,社员结成工会积极与经营层抗争,类似于这样的"民主化"多以"工人运动"的形式出现,且波及到全国各大报社内部。这一报社的"民主化运动"被当时的共同通信社理事伊藤正德称为"新闻界的革命"。据统计,当时在全国56家报社中自主更换经营干部的达到44家。[2] 但是,1946年4月,伴随着冷战的开始,美国的对日

---

① 渡辺治编:《現代日本社会論:戦後史から現在を読む30章》,1996年,第487页。
② 渡辺治编:《現代日本社会論:戦後史から現在を読む30章》,1996年,第489页。

占领政策发生转变,由"抑制"改为"扶植"。同年5月,GHQ干部大幅度更换,重新任职的多为美国保守军人,这些干部积极压抑各大媒体内部的工人运动,对媒体添上"反共"的色彩。在这个指导方针之下,1948年日本新闻协会发表"确保"新闻编辑权的声明,该声明将"编辑权"定义为"编辑新闻所需要的所有的管理权能",并禁止那些"不遵守既定的编辑方针或侵害编辑权的活动"。此后,"编辑权"的概念诞生,各大报社内部的集体主义编辑体制成立,工会如反对报社的社论主张或进行与"编辑权"有抵触的活动则往往遭到经营部的拒绝①。

朝鲜战争爆发之后,GHQ的反共政策更为露骨。在麦克阿瑟的指示下,日本共产党组织从中央到地方各级报纸纷纷被迫停刊,而且GHQ对报社、通信社、广播等各大媒体进行肃清,将那些共产党员或与共产党相关的人驱逐出媒体。正是在此基础上,战后日本媒体经历了大众化和商业化发展。对中国的认识也与此背景相关。在GHQ的占领之下,日本的媒体和知识界没有充分的时间来进行战争的反省,而冷战的爆发使得日本战后媒体带上了严重的"反共"色彩。在这一意识形态的笼罩之下,日本实现了高度经济成长,但与此同时民众对历史问题却模糊不清。

四 日本媒体中的"市民"因素

(一)中央与地方报道的差异

如上所述,日本媒体内部存在各种各样的问题,与政治存在着千丝万缕的联系。但我们也要看到,日本全国性报纸和地方性报纸的报道存在不同,与全国性报纸相比,地方性报纸更加站在"市民"的角度上主张和平,反对修宪,同时反对政治干预媒体的市民运动也很活跃。首先,让我们来看中央与地方报道的差异。

在修改宪法问题上,如前所述,五大全国性报纸对修改宪法基本上采取认可的态度,曾经是反对派的《朝日新闻》和《每日新闻》也开始认为可以进行关于修改宪法的讨论,而《读卖新闻》、《日经新闻》和《产经新闻》

---

① 渡辺治编:《现代日本社会论:戦後史から現在を読む30章》,1996年,第489—490页。

采取积极推进的态度。如《产经新闻》明确把修改宪法问题与领土问题相连。① 《读卖新闻》也表示，日本需要重审自己的国家观念，尤其是为了对应周边地区的"紧急事态"，需要修改宪法。② 但地方性报纸大多对修改宪法表示怀疑、慎重的态度，部分报纸强烈反对修改宪法。

　　2012 年 5 月 3 日第六十五次宪法纪念日当天，日本各地举行了"遵守宪法、活用宪法"的集会和演讲等活动。③ 如，《北海道新闻》发表社论，批评主张修宪的人是像"亡灵一样乘地震灾害之际主张修宪"，认为"近代国家的宪法是为了让国民监督权力，我们应该有责任维护宪法赋予我们的权力"。④ 《京都新闻》认为"在这样一个不相信政治、不相信政党的时代能不能修宪，对此表示疑问"。《高知新闻》表示"宪法明文规定主权在民，哪怕是少数意见，国家也需要倾听这些意见对修宪问题进行慎重的讨论"。⑤ 《冲绳时报》认为"具有强大权力的政府侵害了国民的权利和自由，对政府进行法律上的制约这才是宪法的基本原理，但从冲绳的角度来看宪法的主权在民没有完全实现"，对日美高层官僚不顾冲绳反对决定美军基地问题进行了严厉的批评。⑥

　　这些地方性报纸大多站在"主权在民"、"地方自治"的立场反对修宪。尤其在 2011 年东日本大地震的重灾区——东北地区，由于灾后日本政府重建不力，加上核事故处理的政策不当，对修宪表示了强烈的反对。早在 2010 年东北地区就成立了保护宪法第九条的团体"首长 9 条的会"，该会由市街村的行政首长组成，意在维护宪法第九条，但当时只有秋田、宫城两县参加。2012 年该会扩展到东北地区所有的县——青森、岩手、宫城、秋田、山形、福岛。这些地区的报纸都在反对修宪的同时批评 2011 年核事故之后日本政府的政策，认为贯彻宪法精神，维护居民的健康和安全才是最重要的课题。⑦

---

① 《自力で国の立て直し図れ　今のままでは尖閣守れない》,《産経新聞》2012 年 5 月 3 日。
② 《改正論議で国家観が問われる　高まる緊急実態法制の必要性》,《読売新聞》2012 年 5 月 3 日。
③ 金光奎:《憲法問題にみる地方紙の奮闘》,《前衛》第 884 号,2012 年 7 月。
④ 《憲法記念日——震災便乗の議論　危惧する》,《北海道新聞》2012 年 5 月 3 日。
⑤ 《憲法記念日——《信頼される政治》回復が先決》,《京都新聞》2012 年 5 月 3 日。
⑥ 《憲法記念日——沖縄で主権在民を問う》,《沖縄タイムズ》2012 年 5 月 3 日。
⑦ 《震災と憲法——"居住自由"回復急げ》,《福島民報》2012 年 5 月 3 日。

关于日本的防卫政策，全国性报纸和地方性报纸的立场和见解也完全不同。尤其是 2012 年野田政权批准美军新型垂直着陆试验机在日本国内飞行这一问题，全国性报纸基本上站在日本防卫政策的立场上表示理解或支持，但地方性报纸则纷纷表示批评。《中国新闻》表示，对这一问题"民众的愤怒和不安日益加强"，"从现在停止飞行还来得及"。①《东奥日报》和《河北新报》也指责，政府完全无视地方居民强烈的反对的声音强行配置这一试验机飞行训练计划。② 由于这一试验机的飞行训练首先在冲绳的普天间基地进行，冲绳媒体的反应更为激烈。《琉球新报》发表多次社论表示反对，认为政府的这一举措是"破坏、威胁国民的生命与生活的暴行"。③

在对华报道方面，地方报纸的立场也与全国性报纸明显不同。对日本政府 2012 年 9 月宣布钓鱼岛国有化问题，《北海道新闻》表示这不是明智之举，应该有其他办法阻止东京都购买钓鱼岛的计划，认为日中以前将钓鱼岛问题搁置是最好的解决办法，国有化这一举动改变了既有的搁置方针。④《东京新闻》9 月 19 日的社论表示，日本政府需要在以下几点进行反省。1）政府决定国有化缺乏外交上的深思熟虑。胡锦涛刚在亚洲太平洋合作会议上对野田首相表示强烈反对国有化，但两天之后政府就决定了国有化的方针。在九一八事变纪念日之前日本政府作出这样的决定引起中方的反对是可以理解的。2）民主党政权的对华外交存在问题。外务省、大使馆等机构长年积累了很多与中国沟通的经验和信息，这些经验都没有被反映到民主党政权的对华政策中。政府没有积极主动地改善对华关系。3）民主党代表选举和自民党总裁选举中有部分政治家主张对华强硬，这种挑衅的对抗姿态只会让问题难以解决。⑤《中国新闻》9 月 19 日社论表示，日本政府在国有化之前没有充分与中国沟通，在日美同盟之下表示军事上的对抗姿势只会火上加油，日本政府应该避免强硬

---

① 《オスプレイ岩国へ　強まる憤り受け止めよ》，《中国新闻》2012 年 7 月 21 日。
② 《国民守る覚悟が足りぬ首相　オスプレイ搬入》，《東奥日報》2012 年 7 月 23 日；《オスプレイ配備　国民はノーと言えないのか》，《河北新報》2012 年 7 月 13 日。
③ 金光奎：《オスプレイ配備強行に新聞は》，《前衛》第 886 号，2012 年 9 月。
④ 《尖閣国有化　対抗措置の応酬避けよ》，《北海道新聞》2012 年 9 月 12 日。
⑤ 《社説：中国で広がる反日デモ　対話に全力　冷静貫け》，《東京新聞》2012 年 9 月 19 日。

措施,应该立足日中关系的未来加强双方的信赖关系。① 冲绳的《琉球新报》表示,日中双方应该避免民族主义情绪,搁置这一领土纷争,把东海变成和平的海。②

(二)反对政治干预的市民运动

不容忽视的是,在反对政治对媒体干预,推进媒体的公开性和客观性方面,市民团体发挥了很大的作用。在这方面,监督 NHK 的市民团体的活动尤为活跃。在此以 NHK 为例简单地介绍政治如何影响 NHK 的节目制作,而市民团体如何通过市民运动抵抗政治的干预。

日本 NHK 不受制于市场原理,作为公共放送肩负着向公众提供公开透明的信息的职责。放送法规定,其放送节目除了法律规定的权限之外不受任何人干涉。然而,政府拥有放送行政权。不论是使用频道数还是数码化放送,或者是视听费用的变动,都由政府来决定,在这样的制度下公共放送难免会受到政府的影响。除此之外,以下两点也是使得 NHK 容易受政治影响的原因。

首先,NHK 的预算根据法律规定应该向总务大臣提出,由总务省交给"电波监理审议会"咨询并经过阁僚会议最后交到国会审议。在国会通过之前政府和执政党可以以"预算"为底牌对 NHK 的节目和报道方式提意见。在自民党长期执政期间,自从池田内阁起就存在"执政党事前审议制"的惯例,即在提交国会之前事先由执政党进行审议,这个事前审议在自民党时代主要由"总务部会"负责。不仅如此,NHK 综合企划室的职员关于预算和事业活动计划还要对执政党的相关国会议员进行个别性的说明。这一"事前说明"的惯例是导致 NHK 受政治影响的原因之一。③为了顺利让预算通过,NHK 容易屈服于政治压力,或者说为了避免麻烦,主动回避制作有可能给执政党带来刺激的节目。④

---

① 《社説:中国の反日デモ激化　冷静な対応できないか》,《中国新聞》2012 年 9 月 19 日。
② 《中国親密度低下　互恵の価値見詰め直そう》,《琉球新報》2012 年 11 月 27 日。
③ 板垣竜太:《NHK 番組改ざん事件——番組への政治介入の実態とその背景》,《人権と部落問題》第 58 期第 6 号,2006 年 5 月。
④ 松田浩:《いまNHK 問題とは何か——公共放送 NHK と政治》,《法と民主主義》第 443 号,2009 年 11 月。

第二,NHK 经营委员由内阁总理大臣任命。经营委员会是 NHK 最高的决策机构,其 12 名成员在得到参议院和众议院同意的前提下由内阁总理大臣任命。如 2007 年,安倍首相任命与他有亲近关系的财界人士古森重隆(富士胶片公司社长)任 NHK 的经营委员会长,通过人事加深了对 NHK 的控制。古森任经营委员长以后,在多个场合发表"选举期间不要播放关于历史的节目"、"NHK 的国际报道需要有国家利益的意识"的言论。①

在此,通过具体的实例来看 NHK 如何受到政治的干涉。2001 年 1 月 29 日到 2 月 1 日 NHK 播放了"如何审判战争"的一系列节目,其有一个专题是关于"女性国际战犯法庭"的内容。"女性国际战犯法庭"是认为日本政府应该承担日本军"慰安妇"法律上责任的民间法庭。众所周知,1992 年日本政府对"慰安妇"问题表示谢罪,村山政权时代建立了"为了女性的亚洲和平国民基金"。但是,政府只承认存在关于"慰安妇"的道义上的责任,始终否认法律上的责任。② 在这一背景之下,NHK 选择了制作关于"女性国际战犯法庭"的节目。然而,这一节目的内容最终在政治的压力下被迫更改,其大致过程如下。

2001 年 1 月 25 日,即节目播放的五天前,NHK 向总务大臣提交了 2001 年的预算。在提交这份预算报告之前,NHK 综合企划室的 8 名职员开始分别与 250 名执政党国会议员沟通。"综合企划室国会担当局长"就 NHK 职员与议员见面的计划进行了详细的安排。在这一见面过程中,属于"思考日本前途和历史教育的年轻议员团体"的议员对 NHK 准备制作关于女性国际战犯法庭的节目一事表示关注,要求综合企划室的职员对这一问题进行说明。在这一要求下,国会担当局长就节目的制作问题向放送局长与节目制作局长进行咨询。

从组织结构上说,负责节目制作的节目制作局与综合企划室属于不同的组织体系,也就是说,NHK 综合企划室的国会担当局长没有直接干涉节目制作的职责权限。然而,国会担当局长可以以咨询的方式将其意见影响到节目制作。1 月 26 日,国会担当局长认为不应该只邀请赞同女性法庭的人作证言,还要请那些持不同立场的人出来说话,并提议邀请右

① http://sdaigo.cocolog-nifty.com/komori_himen_yokyu_shomei.pdf.
② 板垣竜太:《NHK 番組改ざん事件——番組への政治介入の実態とその背景》,《人権と部落問題》第 58 期第 6 号,2006 年 5 月。

翼分子到节目中来说话。而此时制作这一节目的相关人士已经在上方的压力下被迫离开节目制作现场。1 月 29 日,也就是在节目播放的前一天,NHK 国会担当局长与放送局长前往议员会馆和首相官邸,向安倍官方副长官说明该节目的内容,此后表示认为节目内容需要修改。经过内部交涉,节目内容最终被修改。最后,不仅缩短了播放时间,而且增加了否认慰安妇问题的采访内容,删除了原慰安妇女性和作为加害方的日本老兵的三处证言,节目主持人对节目的综合评论的方式也受到了影响。①

　　"思考日本前途和历史教育的年轻议员团体"是屡次要求修改历史教科书中关于"慰安妇"问题的右翼团体,这一 NHK 节目更改事件反映了政治上的右倾势力对媒体的介入。近几年,政治上的右倾势力强化了对 NHK 报道的批判。如 2009 年 4 月 5 日 NHK 播放了"亚洲的' 一等国'"节目,该节目在台湾总督府庞大的资料和大量采访的基础上制作而成,主要描述日本在明治维新之后如何通过甲午战争夺得台湾而后又如何对台湾进行殖民地统治。这一节目的主旨是正视日本曾经采取的殖民地政策的负面历史,从中吸取教训面对未来。但这一主旨被右派势力大大批判,他们以"歪曲事实"、"印象操作"、"偏向报道"等为由通过街头宣传车等进行抗议游行,并要求节目制作负责人和 NHK 会长辞职,最终发展到100 名左右的右派闯入放送中心这一紧急情况的出现。安倍元首相等自民党国会议员组成议员联盟也力图对 NHK 施加影响。千叶县议会 2009 年 7 月在自民党议员的主导下采纳了"意见书",对这一节目进行了攻击而且要求总务大臣对 NHK 进行行政指导。除此之外,《产经新闻》还打出"NHK 的大罪"的旗号,刊登全面批评 NHK 的广告,在因特网上召集了 8389 名原告,要求 NHK 对原告每人赔偿 1 万日元的集体诉讼,对 NHK 进行大规模攻击。与 2001 年的"女性国际战犯法庭"节目篡改事件相比,目前政治对 NHK 的干涉更具大众动员的特点,而且因特网上对 NHK 的攻击增多。②

　　2001 年的节目更改事件曝光之后迎来了日本视听者运动的高潮。

---

① 板垣竜太:《NHK 番組改ざん事件——番組への政治介入の実態とその背景》,《人権と部落問題》第 58 期第 6 号,2006 年 5 月。
② 松田浩:《いま NHK 問題とは何か——公共放送 NHK と政治》,《法と民主主義》第 443 号,2009年 11 月。

视听者运动是由市民发起的,追求公共放送的公开性、透明性和自由性的运动。"监督/激励 NHK 的视听者团体"、"NHK 问题京都联络会"、"思考 NHK 的会(兵库)"、"思考 NHK 问题的大阪市民会"、"讨论 NHK 的会"等都是参与视听者运动的主要市民团体。这些团体对维护 NHK 的公共性,阻止政治权力对公共放送的渗透起到了不小的作用。其作用主要表现在以下几个方面。

首先,对政府干涉 NHK 的节目制作问题进行彻底的曝光。2006 年 9 月"讨论放送的会"制作了一份关于《NHK 有这样的可能性——对 NHK 经营者和播放现场人员的建议》,该建议书中明确表示,"NHK 所谓的编辑权的概念不应该存在","为了确保表现的自由和多样性,NHK 应该对采访者、节目制作者的权利进行保护"。对 NHK 近几年的节目,该建议书中这样评价:"尽管 NHK 有很多关于文化、教养、教育等方面优秀的节目,但在政治和社会方面的报道存在着一种偏向,即回避一些问题的报道。比如说,关于战争和和平的一系列节目,尽管其数量比民间电台多,但关于亚洲太平洋战争时期日本作为加害者的责任这一问题,近年基本上没有什么报道。"①"讨论放送的会"认为 2001 年慰安妇节目的更改事件存在着违反伦理的嫌疑,要求放送界的第三者机构"放送伦理/节目向上机构"(BPO)对此进行调查。2009 年 4 月,BPO 发表声明,认为"改编节目是做为报道机构违反伦理的重大事件",促成 NHK 反省。

其次,对 NHK 经营委员人选的人事任命进行监督。监督 NHK 的市民团体关于经营委员长选任的问题、放送法改正的问题积极提出自己的建议,对 NHK 的经营方式起到了监督批评的作用。2007 年 6 月,古森在安倍影响下任经营委员会长,对此视听者团体要求 NHK 经营委员会明确会长的选出标准并要求实行公开招聘制度,而且自主推荐候选人。2008 年 4 月,"监督/激励 NHK 的视听者团体"、"NHK 问题京都联络会"、"思考 NHK 的会(兵库)"、"思考 NHK 问题的大阪市民会"这四家团体联合签名向当时的首相福田康夫提出申请,要求罢免古森的经营委员长一职。2008 年末经营委员改选的时候视听者团体也自主推荐了候选人,并且积

---

① 放送を語る会:《"私たちの提案"作業チーム可能性としてのNHKへ向かって~NHK 经营者と放送現場への私たちの提案》,2006 年 9 月,http://www. geocities. jp/hoso _ katarukai/nhkkaikakuan.html.

极对媒体对国会议员进行说服,这一运动客观上阻止了政治对公共放送的控制。事实上,2008 年经营委员会改选的时候,古森表示期限作满后自动辞职,而由政府提出的四位候选人中支持古森的三位候选人在在野党的反对下没有得到参议院的同意。①

目前 NHK 经营委员长的人事不得不考虑到这些市民团体的影响。如 2012 年 5 月,政府准备起用东京电力公司的社外董事任经营委员会会长,这遭到了"监督/激励 NHK 的视听者团体"的强烈反对。在该团体的号召下,关于公共放送的其他市民团体、NHK 工会和部分媒体也纷纷表示反对,在诸多的压力下,政府的原定人选不得不表示退出接任经营委员会长一职。不仅如此,"监督/激励 NHK 的视听者团体"继续提出意见,认为 NHK 经营委员会一职已经由财界人士担任四任,作为公共放送机关不能由财界人士担任经营委员会会长。②

2013 年 10 月,安倍晋三向国会提出 NHK 经营委员会人事议案,要求任命与安倍关系亲近的 5 人为经营委员,该议案在 11 月 8 日在参众两院自民党和公明党多数赞成下得到通过,由此 NHK12 名经营委员中在安倍的控制下任命的达到 10 名。该经营委员会在 2013 年 12 月选出了安倍的亲信籽井胜人担任会长。籽井胜人刚上任就发言不当,宣称慰安妇在哪个国家都曾有过,此举引起在野党、媒体及市民团体的强烈批评。2014 年 2 月,"监督/激励 NHK 的视听者团体"、"NHK 问题大阪联络会"、"NHK 问题京都联络会"和"思考 NHK 的会(兵库)"等 7 团体一致发表声明要求籽井会长辞职。

日本新闻记者会议(JCJ)在维持媒体独立精神方面也发挥了一定的作用。该组织 1955 年 2 月在"再也不会为了战争而提笔"的口号下由报社、电台、出版界的记者及自由新闻工作者组成,战后在反对日美安保、反对越南战争方面为争取舆论的支持做出了贡献,90 年代以后站在自由言论的立场上一贯坚持和平主义和民主主义。目前该组织拥有 800 名会员左右,分布在媒体、出版、学界、通信等各个领域。而且每年都将日本新闻记者工作奖颁发给那些独立自由报道的新闻工作者。2012 年 10 月 2 日,

① 松田浩:《いまNHK 問題とは何か——公共放送 NHKと政治》,《法と民主主義》第 443 号,2009 年 11 月。
② http://kgcomshky.cocolog-nifty.com/.

该组织发表"阻止领土问题的恶性循环"的声明,呼吁对此声明表示赞同的市民签名。该声明表示,"现在的领土问题,不论是钓鱼岛还是竹岛问题,都和近代日本侵略亚洲的历史相关"、"关于领土问题,除了协议和对话之外没有别的解决办法。日本应该改变否认领土问题存在的姿态,在承认领土问题的基础上和对方谈判"。① 2013 年 2 月 10 日日本新闻记者协会(JCJ)发表声明,要求籾井胜人辞职,还要求百田尚树和长谷川三千子辞去 NHK 经营委员职务。前者在为东京都知事候选人发表助选演说时否认南京大屠杀,后者曾撰文颂扬饮弹自尽的日本右翼活动家。JCJ表示:"鉴于 NHK 的公共性,应该对其选用机制进行民主改革,使之反映广大民众的意见。"

结　语

纵观近年来五大全国性报纸的对华报道内容,可以发现关于历史问题的报道越来越少,而关于中国内政外交的报道越来越多。在经济上日本媒体基本上欢迎中国的经济增长,认为中国对日本来说存在着庞大的市场潜力,但同时也认为中国社会内部存在着多种不安定因素。另一方面,日本媒体对中国的军事力量的增强深表不安,认为有必要强化日美安全保障体制。关于钓鱼岛问题,中国向钓鱼岛海域派遣海监船被普遍报道为侵犯日本的领土。

可以说,在对华报道上,五大报社的论调趋向一致,只是在主张对话还是抗衡方面存在区别。这一对华报道的一致性与冷战后日本政治的保守化倾向相关。本章第二节指出,日本政治的保守化不仅与"72 年体制"的解体、东亚秩序的变动、日本对外政策的调整相关,而且还涉及日本新自由主义改革带来的社会整合的危机。在保守化倾向下,五大全国性报纸在修改宪法、领土问题及强化安全保障体制方面越来越趋向一致,对华报道也越来越呈现单一性的特点。

日本媒体对华报道的特点与其经营体制相关。首先与美国的媒体一样,日本各大媒体采取的是市场经营方式,深受商业主义运行规则的影

---

① http://jcj-daily.seesaa.net/article/295072340.html.

响。而且在 2008 年金融危机以后,主流媒体为了克服经营上的危机,趋向于联合经营,新闻的商品化现象今后将会更加明显。其次,日本媒体自身具有独特性。就报社而言,它更注重经营层对报道的编辑权,缺乏由资深记者撰写并署名的颇具个性的稿子。而且受战后美国统治期间媒体改革不力的历史影响,日本的媒体与政府维持了紧密的关系,设立于各大政府机构内部的记者俱乐部制度成为政府向社会发布信息的主要渠道之一,记者与政治家维持私人的亲密关系或参与政府的政策决定这一现象也并不少见。在这一体制下,日本主流媒体的报道大多缺乏特色,其报道的单一性特点不仅体现在对华报道上,在核事故报道、宪法修改问题的报道、社会问题的报道等方面也同样如此。

我们不能单一地理解日本媒体和社会。日本社会也存在着多样的声音。尽管五大全国性报纸对民意具有极大的影响力,日本还存在众多地方性报纸,而这些地方性报纸的报道与中央性的全国性报纸的报道之间存在很大的差异。如文中所述,日本还存在众多监督媒体的市民运动,这些市民运动在反对政治对媒体的干预,主张报道的公平性和客观性方面发挥了重要的作用。此外,不少学者也根据自身的研究成果积极地批评日本政治,如历史学研究会就一直站在学者的立场力阻政治的右倾化。尽管这些声音没有充分反映到主流媒体中去,但也是影响日本政治走向的力量之一。

第七章 理解日本对华政策

——以政治生存为视角的诠释

20 世纪 90 年代末以来,中国和日本这两个东亚大国的双边关系呈现出结构性的巨大变化。在这一变动的东亚国际政治背景下,冷战后的日本对华外交常被理解为受到应对中国崛起的战略考量和日本政治社会思潮的影响。在现有相关学术文献中,国内外相当一部分研究预设日本的对华政策是遵循一套统一的、精心设计的外交战略。日本对华强硬的政策,往往被视为是日本为遏制中国崛起和为实现"政治大国化"、"正常国家化"战略目标的产物。在本章中,作者检讨这些宏观分析框架的准确性,并强调我们有必要先从日本国内政治的微观视角来理解冷战后日本的对华政策。根据这一思路,本章集中讨论领导人维系政权和日本对华政策之间的关系,并尝试从"政治生存"(political survival)的微观理论视角实证比较小泉纯一郎(2001—2006)和第一次安倍晋三内阁(2006—2007)在靖国神社问题上应对中国压力的不同反应。本章认为,日本首相的国内政治认受性(domestic political legitimacy)是影响日本对华政策的重要因素。日本国内政治领域中的各个因素(例如政党轮替,频繁的首相更换,执政党和官僚间的内部权力斗争)对其中国政策的具体影响程度,值得体系化的深入研究。

在以下部分,本章将首先简要回顾现有研究冷战后日本对华政策的国内外文献,并探讨其主流分析途径的观点及其局限。然后,作者会尝试梳理国际关系学中有关"政治生存"的国内政治理论。在实证研究部分,本章会通过比较小泉纯一郎和第一次安倍晋三内阁时期的两个案例,从"政治生存"的理论分析途径解读日本在靖国神社问题上应对中国压力的不同政策反应,以显示日本首相维系政权的因素是如何影响日本对华政策,以及对华外交如何反馈影响日本国内政治。靖国神社案例对我们理解当前日本对华政策的启示以及日本国内政治中其他诸因素对其中国政策的影响,也会在最后的小结部分略为讨论。

一 冷战后日本对华政策研究及其局限

自 90 年代以来,国内外涌现了大量有关冷战后日本对华政策的研究。回顾这些文献,不少研究侧重从"对外战略"和"政治社会思潮"这两大途径切入分析。"对外战略"的分析途径,依据国际关系学中新现实主义(neo-realism)的理论逻辑,强调中国的崛起对整个东亚国际物质力量结构(material structure)的冲击是日本调整对华政策的主要原因。例如,前任美国国家安全委员会(National Security Council)顾问麦克·格林(Michael Green)认为,自 90 年代中期以后,日本的中国政策就从过去的商业自由主义(commercial liberalism)向勉强的现实主义(reluctant realism)转型。日本的政界、外交界、商界、学界都开始思考如何防范中国在安全上可能对日本构成的挑战。① 美国日裔学者迈克·望月(Mike M. Mochizuki)则从国际体系的视角切入,对日本国内有关对华关系问题上的战略辩论作了一番梳理。望月指出,日本国内对于中国崛起的看法,基本上可分为四派:1)柔性的合作性接触(cooperative engagement with a soft hedge);2)刚性的竞争性接触(competitive engagement with a hard hedge);3)围堵(balancing and containment);4)战略适应(strategic accommodation)。望月指出,近年来的日本对华战略符合国际关系学中进攻性现实主义(offensive realism)、防御性现实主义(defensive realism)和自由主义(liberalism)理论的预期。冷战后的日本对华政策正从"友好外交"向"合作、接触与防范"的混合战略转移,以应对可能来自中国的潜在威胁。② 同样,

---

① 关于用"勉强的现实主义"(reluctant realism)这个概念来分析冷战后的日本对华政策,参见 Michael J. Green and Benjamin L. Self, "Japan's Changing China Policy: From Commercial. Liberalism to Reluctant Realism," *Survival*, Vol.38, No.2 (Summer 1996), pp.35—58.

② 参见 Mike M. Mochizuki, "Japan's Shifting strategy toward the Rise of China," *The Journal of Strategic Studies*, Vol.30, No.4—5, 2006, pp.739—76; Mike M. Mochizuki, "Dealing with a Rising China," in Thomas U. Berger, et al (eds) *Japan in International Politics: The Foreign Policies of an Adaptive State* (Boulder: Lynne Rienner, 2007), pp.229—55.

中国国际关系学者朱峰在 2007 年发表的一篇文章中也认为,90 年代末以来日本对华政策趋于强硬,其最主要的原因是"面对'中国崛起'时日本战略选择的变化"。朱认为,东亚的权力变更和日本国内同时出现的政治崛起进程,是日本对中国采取联美抑中战略的主要原因。①

"政治社会思潮"的分析途径,着重思想、文化和心理因素。这一派的分析强调,冷战后日本对华政策开始转趋强硬是由于自民党和社会党相互制衡的国内政治态势"55 年体制"的解体。该观点认为,正是因为过往的"55 年体制"在 1990 年代初解体,日本国内主张迈向"正常国家"的势力不断壮大,日本的新保守主义和民族主义抬头,导致日本对华政策转向强硬。例如,首相坚持参拜靖国神社,被认为是为历史翻案及宣扬新保守主义,借此推行防卫政策改革,最终使日本成为正常国家。② 还有学者引用美国学者亨廷顿的观点,从日本外交风格和历史心理的角度分析,指出日本长期以来有一种崇拜强者、轻视弱者的心态。该观点认为,日本习惯于或成为强权大国的追随者,或成为周边国家的领导者,而不知如何与其他国家平等相处。日本的这种心态反映在处理与中国的关系上,就是对崛起中国的东亚地区出现的两雄并立的强强新结构感到无所适从。③

应该说,以上两大分析途径都在一定程度上帮助我们理解影响日本对华政策的决策要因,有助于我们评估日本对华政策的长期趋势。但是这两种分析途径都无法在微观层面有效解释日本对华政策中出现的变化(variation)。从理论上来看,"对外战略"的分析途径预设日本是理性(rational)的单一行为体,能如同个人般趋利避害,计算国家利益得失并使其利益最大化,因此其对华政策必然是遵循一套统一的、精心设计的对外战略。但这一分析途径忽视了日本的对华决策可能更多受国内政治这一分析层次(level of analysis)的影响。事实上,日本对华政策的具体选项并不

---

① 有关日本应对中国崛起视角的分析,参见朱峰:《中日关系的战略未来—权力变更,认同对立与战略选择》,《世界经济与政治》2007 年第 3 期,第 16—25 页。

② 关于"正常国家"角度的分析,参见查道炯:《"正常国家"与冷战后日本对华政策》,《香港社会科学学报》2003 年春/夏季,第 1—30 页;李建民:《冷战后日本的"普通国家化"与中日关系的发展》,中国社会科学出版社,2005 年,第 308 页;李建民:《冷战后的中日关系史(1989—2006)》,中国经济出版社,2007 年,第 320—321 页。

③ 赵全胜:《日本外交的主流思维—带倾向性的中间路线》,载《日本学刊》2009 年第 1 期,第 16—27 页。

一定是特定对外战略的持续反映,而亦可能受到国内党派权力斗争、官僚组织内部制度惯例和偶发因素等诸项要素影响。[①] 此外,日本执政党政府是否具备落实统一战略的管治能力,亦成疑问。"政治社会思潮"的分析途径则过于决定论,忽视了政治决策者作为个人在社会思潮环境制约下依然能够做出独立政治选择的自主性。从实证层面来看,以上两大分析途径都无法回答以下问题:为什么在对中强硬的外交战略和保守思想抬头的意识形态下,我们仍然可以发现日本在某些政策领域选择和中国合作? 举例来说,根据以上两大分析途径的预测,2006 年时任日本首相安倍晋三理应拒绝中国在靖国神社问题上停止参拜的要求,坚决参拜靖国神社。众所周知,安倍本身属战后日本新一代政治家,向来支持首相参拜靖国神社,也受新保守主义思想影响,更处在中国崛起、冷战结束、苏联威胁消失的国际体系下。但是,2006 年 9 月安倍上任后对中国的要求展现出合作态度,在任期间放弃参拜靖国神社,实现了对中国的破冰之行。可以说,现有"对外战略"与"政治社会思潮"的分析途径都无法从微观层面有效解释这一变化,按照两者逻辑所预测的结果都被安倍案例反证(falsified)了,揭示出我们有必要发展一套更为精确的分析框架来理解日本的对华政策。[②]

二　冷战后日本对华政策:"政治生存"的分析框架

本章认为,我们可以从微观的国内政治理论视角来较好地理解冷战后的日本对华政策。在本章中,作者将集中探讨国家领袖在国内政治中的"政治生存"问题对外交决策的影响。"政治生存",一直是政治学中一个重要的研究领域。早在 16 世纪,马基亚维利(Niccolo Machiavelli)在其

---

① 有关国际关系学中外交决策分析层次的经典讨论,参见 David J, Singer, "The level-of-analysis problem in International Relations", *World Politics*, Vol.14, No.1, .(1961), pp.77—92;Graham Allison and Philip Zelikow, *Essence of Decision:Explaining the Cuban Missile Crisis* (Longman;2nd edition, 1999).

② 事实上 2005 年有学者预测安倍上台后会继续参拜靖国神社令中日关系恶化,事实正好相反。参见 Lam, Peng Er, "Japan's Deteriorating ties with China:the Koizumi Factor," *China:an International Journal 3*, No.2, (September 2005), p.291.

经典著作《君主论》(The Prince)中就论及维持权力是统治者最为重要的课题。① 国际关系学有大量文献讨论外交政策和国内领导人"政治生存"之间互动关系的理论研究。例如,彼得·古勒维奇(Peter Gourevitch)在其"颠倒的第二意像理论"(second image reversed theory)中强调国际政治亦为国内政治之因,在分析时应将两者视为一体。该理论认为,领袖往往会为了巩固个人在国内政治中的认受性而动用国家的外交资源。领袖在外交上的成功往往有助于加强其国内的地位。② 国际政治学者罗伯特·普特曼(Robert Putnam)亦指出,在国际谈判的过程中,国家领袖会首先计算谈判对国内政治的影响,并刻意增加外交资源及减少相对损失,以图加强领袖个人在国内政治中的地位。③ 海伦·米尔纳(Helen V. Milner)也指出,政治行为体是理性的(rational)。国家间的合作行为更多受因合作而带来的国内政治后果的影响,而非害怕被别国欺骗的恐惧。如果国际合作损害政治领袖的国内支持势力的利益,国家会趋向拒绝合作。④ 在由布鲁斯·麦斯奇塔(Bruce Bueno de.Mesquita)等四位政治学者共同撰写的《政治生存的逻辑》(the Logic of Political Survival)一书中,政治生存和政策选项之间的因果关系亦被详细论述。该书作者认为,无论是在民主国家或非民主国家,执政者的政治生存有赖于维持本身"胜利联盟"(wining coalition)的支持。在民主国家,由于胜利联盟规模较大,因此相对较容易转入挑战者的阵营。因此,民主国家的领导人往往会为了保持本身的"胜利联盟"而推出一些有利巩固本身支持者阵营的政策,但这些政策并不一定符合国家长远利益。⑤

在现存有关中日关系和日本外交的研究文献中,以"政治生存"的统一分析框架来探讨日本对华政策的研究极少。以中日靖国神社问题为

---

① Niccolo Machiavelli, *The Prince* (Indianapolis:Hackett,1995),p.48.

② Peter Gourevitch, "The Second-Image Reversed:The International Sources of Domestic Politics," *International Organization* 32,No.4.(Autumn,1978),p.905.

③ Robert D,Putnam, "Diplomacy and Domestic Politics:The Logic of Two-Level Games," *International Organization* 42,No.3.(Summer,1988),pp.456—59.

④ Helen V. Milner, *Interests, Institutions and Information:Domestic Politics and International Relations.* (Princeton University,1997),p.46.

⑤ Bruce Bueno de.Mesquita et al, *The Logic of Political Survival.* (Cambridge,MA:MIT Press,2003),pp. 7—15.

例,虽然不少文章亦有提及国内政治的因素,但大部分研究把焦点集中在政治思潮,无意识地强调日本领袖对华强硬是为了争取右翼团体的支持和日本社会右倾化的结果,未能深度剖析日本首相国内政治认受性的内在制度机制及其与对华外交之间的互动关系。[①] 承袭这一思路,本章的分析架构从"政治生存"的国内政治理论视角出发,强调领导人的国内政治认受性是日本对华政策决策中较为重要的因素。所谓认受性(legitimacy),根据盖斯(Raymond Geuss)的定义,指的是一个声称代表某个组织的特定政府、政权或个人。[②] 本章认为,维护国内政治认受性,是领导人的核心政治利益。本章将这一利益简化为在选举中争取当选或连任。由于日本行议会民主制,作者假设争取为本身党派在国家选举中争取胜利以及确保党内大多数派的支持,是日本首相最为核心的政治利益,并直接影响日本对外政策选向。日本对华政策的取向,取决于具体政策是否有利于其国内政治的支持度。如果政策选项损害首相的国内政治支持,日本会趋向强硬。如果政策选项无害,甚至有益于首相加强国内的政治支持,日本会趋向合作。

为了验证研究假说,本章运用政治学案例研究(case studies)方法中的差异法(method of difference),有意识地选择中日靖国神社问题中小泉和安倍第一次内阁时期这两个案例作比较研究。[③] 在方法论上,选择这两个案例作比较是因为两者的基本特点相似但对中国压力反应不一,有利于控制其他因素/假说对外交政策的影响。这些因素包括:国际体系因素(两个案例都发生在单极国际体系下,不存在苏联威胁的因素),世代交替因素(两位首相都是在战后成长,没有战争经验,对中国也没有特别感情,受世代隔阂因素的影响小),执政理念因素(两位首相在自民党内都属森派,执政理念相近)。在实证资料的来源方面,由于案例发生时间

---

① 例如,步平:《日本靖国神社问题的历史考察》,《抗日战争研究》2001 年第 4 期,第 180 页。翟新认为,参拜靖国神社是自民党执政以来一贯的政治立场。参见翟新:《日本自民党执意参拜靖国的国内政治背景分析》,《社会科学》2004 年第 10 期,第 36 页。

② Raymond Geuss, *History and Illusion in Politics* (Cambridge:Cambridge University Press,2001), p.31.

③ 有关案例研究设计的社会科学方法论的讨论,参见 Stephen Van Evera, *Guide to Methods for Students of Political Science* (Ithaca, NY: Cornell University Press, 1997), pp.50—58；Alexander L. George and Andrew Bennett, *Case Studies and Theory Development in the Social Science.* (MIT Press, 2004), pp.153—56.

较近,一手史料有限,本研究主要依靠日本报章和政论杂志对相关事件的采访资料、日本外交官和政治家对相关事件的回忆录和公开文稿以及笔者对个别外交官的访谈。

三 案例研究:中日靖国神社问题(2001—2007)

靖国神社问题在过去 30 年来一直是中日关系的重要摩擦点之一。自 1985 年以来,中国官方曾四次要求日本首相停止参拜供有甲级战犯的靖国神社。这一情况通常发生在某位日本首相宣布意图参拜靖国神社,或是某位首相已经参拜了靖国神社的情况下。[①] 在 2001 年至 2006 年之间,时任首相的小泉纯一郎拒绝中国要求,坚持每年参拜靖国神社,令中日政治关系陷入两国建交以来之低潮。然而,在 2006 年,过往一直支持参拜的安倍晋三在上任后对中国的压力展现出合作态度,在任期间放弃参拜靖国神社,实现了对中国的破冰访问。为什么向来强烈主张参拜靖

[①] 有关靖国神社问题综合性研究的主要日语学术文献包括:田中伸尚:《靖国の戦後史》,东京岩波书店,2002 年;三土修平:《靖国問題の原点》,东京日本评论社,2005 年;中野晃一等编:《靖国と向き合う》,东京めこん出版社,2006 年;村井良太:《戦後日本の政治と慰霊》,载刘杰等编:《国境を越える歴史認識—日中対話の試み》,东京大学出版社,2006 年,第 289—313 页;一谷和郎:《靖国神社参拝問題》,载家近亮子等编:《岐路に立つ日中関係:過去との対話・未来への模索》,晃洋书房,2007 年,第 37—62 页。近年有关靖国神社问题的主要英语学术文献,参见 Harry Harootunian, "Memory, Mourning, and National Morality: Yasukuni Shrine and the Reunion of State and Religion in Post-War Japan," in Peter van der Veer and Hartmut Lehmann, eds., *Nation and Religion: Perspectives on Europe and Asia* (Princeton NJ: Princeton University Press, 1999), pp.144—60; John Nelson, "Social Memory as Ritual Practice: Commemorating Spirits of the Military Dead at Yasukuni Shinto Shrine," *Journal of Asian Studies*, 62, no.2 (May 2003): pp.445—67; Tamamoto, Masaru, " A Land Without Patriots: The Yasukuni Controversy and Japanese Nationalism," *World Policy Journal* 18, no.3 (Fall 2001): pp.33 – 40; Daiki Shibuchi, "The Yasukuni Shrine Dispute and the Politics of Identity in Japan," *Asian Surveys* XLV, no 2, March/April 2005, pp.197—215; Yongwook Ryu, "The Yasukuni Controversy: Divergent Perspectives from the Japanese Political Elite?," *Asian Surveys* XLVII, no 5, (September/October 2007), pp.705—26; John Breen ed., *Yasukuni, the War Dead and the Struggle for Japan's Past* (Hurst and Columbia University Press, 2008); Akihiko Tanaka, "Yasukuni and Japan's International Relations," in Hasegawa Tsuyoshi and Togo Kazuhiko eds, *East Asia's Haunted Present: Historical Memories and the Resurgence of Nationalism.* Praeger Security International, 2008, pp.119—41;有关对靖国神社问题的规范性讨论,参见高桥哲哉:《靖国問題》,东京筑摩书房,2005 年; Wang Zhixin, "China, Japan and the Spell of Yasukuni," in John Breen ed., *Yasukuni, the War Dead and the Struggle for Japan's Past* (Hurst and Columbia University Press, 2008), pp.71—90.

国神社的安倍最终向中国让步,而本来对参拜靖国神社兴趣不大的小泉却坚决抵制中国压力?[①] 笔者主张,我们有必要从日本首相维系国内政权的角度来理解这一问题。[②] 在以下部分,我们将看到有关日本首相在面对中国外压时特别考虑其国内政局的实证资料。

(一)小泉案例

在战后中日关系史上,小泉执政期间在靖国问题上对中国压力的坚决抵制是极为反常的举措。要了解个中原因,我们就有必要先回到 2001 年的自民党总裁选举,深入理解靖国神社问题对小泉的政治意涵。

众所周知,2001 年的自民党总裁选举,小泉起初处于劣势。其对手桥本龙太郎的派阀支持人数(桥本派和堀内派)占全体自民党国会议员的四成,而支持小泉的森派只占一成六左右。[③] 而且,小泉提出当选后要实行结构改革,触动了不少党内族议员的利益。在这样的背景下,争取主张首相参拜靖国神社的日本遗族会的支持,进入了小泉的政治议程。日本遗族会自 1953 年正式成立以来就一直主张首相参拜靖国神社。桥本龙太郎在 1996 年 7 月 29 日在任首相期间参拜靖国神社,后来中国抗议,

---

① 有关安倍支持参拜靖国神社的态度,参见安倍晋三、野田圣子:《政治家として"靖国問題"を考える》,《正论》2002 年 8 月,第 130—140 页;安倍晋三、葛西敬之:《日中は"政冷経熱"で丁度よい》,《VOICE》2005 年 7 月,第 54—64 页;安倍晋三、冈崎久彦:《中国の横車を許してなるものか》,《诸君》2005 年 8 月,第 36—44 页。有关小泉对靖国神社的态度,参见小泉前政治盟友加藤宏一的回忆,加藤宏一:《对米問題になる前に解決しなければならない》,《中央公论》2006 年 8 月,第 207 页。小泉在出任首相前曾撰文讲述自己的政治理念,但从未提及靖国神社问题。参见小泉纯一郎:《日本政治の課題》,载小林良彰编:《日本政治の過去、現在と未来》,庆应大学出版社,1999 年,第 257—280 页。

② 中日关系研究的国内外文献中有关日本官方如何应对中国在靖国神社问题上的压力的实证研究不多。有关中曽根内阁时期的实证研究,参见 Yuan Xue, *The Politics of Japan's Response to Chinese Pressure.* PhD Dissertation,(Columbia University,1996),pp.138—270;横山宏章:《日中の障壁:戦争と友好の代償》,東京サイマル出版会,1994 年,第 30—44 页;服部龍二:《中曽根・胡耀邦関係と歴史問題 1983—86 年》,高原明生、服部龍二编:《日中関係史 1972—2012 政治》,東京大学出版会,2012 年,第 167—196 頁。有关小泉时期的实证研究,参见 Ming Wan, *Sino-Japanese Relations:Interaction,Logic,and Transformation.*(Washington D.C.:Stanford University Press,2006),pp.235—261;Lai Yew Meng, *Nationalism and Power Politics in Japan's Relations with China:A Neoclassical Realist Interpretation*,New York:Routledge,2013,Chapter 5,pp.114–150.有关小泉及安倍内阁期间靖国神社问题的概论,参见 Sheila A.Smith, *Intimate Rivals:Japanese Domestic Politics and a Rising China.* Columbia University Press,2014,Chapter 3.

③ 《国会便览 2001 年 5 月临时版》,日本政经新闻社,2001 年。

桥本再无参拜。2001 年 4 月初,自民党干事长代理尾身幸次向小泉提议,由于对手桥本早前屈服于中国压力停止参拜靖国神社,遗族会内部已有不满声音,小泉如果公开承诺当选首相后参拜靖国神社,将会争取到更多党内选票。据称,当时小泉接受了这一建议。① 4 月 15 日晚,小泉直接联络遗族会会长中井澄子和副会长森田次夫,保证当选首相后会在每年的 8 月 15 日参拜靖国神社。② 军人恩给联盟亦接到了同样的保证。③ 4 月 18 日,小泉在自民党总裁候选人的讨论会上首次公布了这一政治公约。④

有人或者会质疑,如果说小泉坚决参拜靖国神社的原因是为了赢取自民党总裁选举,那为什么小泉在 2001 年 8 月 13 日首次参拜靖国神社之后仍然坚决不肯放弃呢？ 要解答这一问题,就有必要首先了解小泉的长期国内政治目标。一般认为,一系列的结构改革方案,包括减少政府干预、邮政民营化、限制政府预算和清理银行坏账,是小泉政府首要的长期国内政治目标。不过,有日本观察家认为,除了邮政民营化,小泉政府并没有触动旧有体制的根基。例如,曾为小泉亲密政治盟友的加藤宏一在 2009 年接受 NHK 电视台访问时表示,根据他的观察,六年间小泉政权的主要政治目标,与其说是为了推进结构改革,倒不如说是为了彻底清除象征自民党旧式政治的桥本派的影响力。⑤

桥本派的源头为田中/竹下派,向来是自民党内的主流势力。而小泉所属的森派,上承福田派,是自民党内的非主流势力。两大派阀的激烈斗争,在日本政界被称为"角福战争"。1991 年,小泉纯一郎、加藤宏一和山崎拓组成 YKK,就是为了要刷新党内政治,对抗保守的主流竹下派。2001 年小泉当选首相时,在党内仍然是一个弱领袖,而所谓反改革的抵抗势力仍有庞大实力。当时自民党内最大派阀仍是竹下派的继承派系桥本派,有 100 多人,小泉所属的森派才不到 60 人。而且,据《每日新闻》报

① 富坂聪:《靖国神社は中国の人質か》,《文艺春秋》2005 年 1 月,第 116 页。
② 据遗族会副会长森田次夫回忆,2001 年当时是他第一次接到来自小泉的电话。详情参见《每日新闻》2001 年 5 月 3 日,第 5 版;《每日新闻》2001 年 8 月 9 日,第 2 版。
③ 《每日新闻》2001 年 5 月 3 日,第 5 版。
④ 《朝日新闻》2001 年 4 月 19 日,第 4 版。
⑤ 加藤宏一在 NHK 一套有关日本政治的纪录片中表述了这一观点。该纪录片于 2009 年 11 月 2 日公开播出。

道,日本遗族会在 2001 年的总裁选举中支持的仍是桥本,而非小泉。[①] 在这样的背景下,彻底打垮桥本派的党内势力,成为小泉政权的长期政治目标。通过推动一系列改革,不但能够切断桥本派的财源,亦有助于消弭桥本派在党内的政治影响力。

参拜靖国神社对于小泉的政治生存有象征性作用。简单来说,它可以达到两个政治目的。一是有利于加强民众对小泉政府的支持,并进而扩大在自民党内的支持力量;二是有利于争取反对改革的自民党议员的局部支持。

关于第一个目的,民众对小泉政府支持度的重要性和日本的选举制度有关。1994 年,日本选举制度改为在强势的众议院实施小选区(300席)和比例代表并行制(180 席)。小选举区制,即一个选区只容许一人当选。这一变化,决定性地改变了自民党总裁(首相)、派阀和党员之间的权力游戏规则。首先是提名权的问题。在过去,党总裁虽然掌握提名权,但由于实施中选举区制,派阀推荐的候选人即使得不到党中央提名也能当选。然而,在只容许一人当选的小选举区制下,没有总裁提名,个人以无党派名义当选的机会甚微。其次,是资金问题。1994 年政治献金法案改革出炉,限制个人或派阀筹集政治资金,同时加强以政党为单位的资金援助,令手上握有提名大权的总裁的地位进一步提升。处于争取当选或连任的利益,这一制度上的改变令党员转向偏重党总裁的意向。同样,党总裁和一般党员利益关系直接挂钩,逐步摆脱传统的派阀政治。在这一制度背景下,内阁支持率成为首相政治生存的关键。首相的支持率越高,直接有利于国政选举,党内的支持就越多。反之,如果支持度下滑,党内议员倾向判断首相无力带领政党在选举中胜出,首相的执政基盘势必堪忧。[②] 因此我们可以看到,从 2001 年至 2006 年,小泉一直保持着相对较高的内阁支持率,平均维持在 40% 到 50% 的支持度左右

---

① 《每日新闻》2001 年 5 月 3 日,第 5 版。

② 有关因日本选举制度改变对自民党党内政治及首相权限带来的影响,参见 Tomohito,Shinoda, *Leading Japan:The Role of the Prime Minister.*(Westport,Conn.:Praeger,2000);竹中治坚:《首相支配》,东京中央公论新社,2006 年;Ellis S.Krauss,and Robert Pekkanen,"Reforming the Liberal Democratic Party," in Sherry L.Martin and Gill Steel,eds,*Democratic Reform in Japan:Assessing the Impact.*(Boulder:Lynne Rienner,2008):pp.11—39.

（图1）。

图1　小泉内阁的支持率（2001年—2006年）

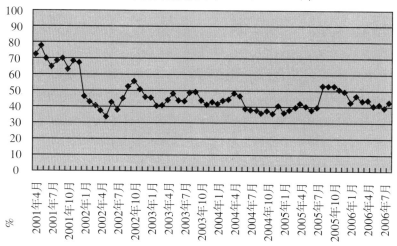

资料来源：内阁支持舆论调查，2001—06，日本时事通讯社。引自饭岛勲《小泉内阁秘录》，东京：日本经济新闻出版社，2006，第330—331页。

　　小泉时代的靖国神社问题不能脱离以上日本国内政治脉络来理解。正如日本政治学者大岳秀夫指出，小泉外交的主要特征是往往将外交问题放在国内政治的背景下来考量，并尝试令政策和民意共鸣。[1] 对小泉来说，靖国神社问题不是历史问题，而是关乎个人生死存亡的政治信用问题。尤其是日本国内主张应顾及中国意见的政治家，如桥本龙太郎和野中广务，都是自民党内反对结构改革的死硬派。换句话说，如果在靖国神社问题上让步，等于向日本选民传达另一个讯息，即小泉改革的决心并非不可动摇。因此，在2001年首次参拜靖国神社之后，小泉政府特别关心内阁支持度有否下降。8月20日，《每日新闻》的民调显示65%的受访者支持小泉改在8月13日参拜靖国神社，28%反对。[2] 8月23日，小泉在箱根召开记者会时自信地表示，希望外国政府对他的靖国神社参拜表示

---

① 　大岳秀夫：《小泉纯一郎ポピュリズムの研究》，东京东洋经济新报社，2006年，第190—193页。

② 　《每日新闻》2001年8月20日，第1版。

理解。①

　　此外，另有证据显示，小泉政府以民意调查的方式来了解民众对其参拜靖国神社的态度。2006 年 8 月 16 日，《读卖新闻》头版报道，小泉政府在当年 8 月 15 日参拜靖国神社前曾两次委托私人调查公司就靖国神社问题展开民意调查。据报道，首相官邸意图了解同年 7 月由《日本经济新闻》公布的富田日记对舆论的影响。该日记记录了昭和天皇对在靖国神社供奉甲级战犯的不满。据称，首相官邸先后在 7 月底和 8 月初委托私人调查公司展开民意调查。结果前一次调查显示多数受访者支持首相参拜靖国神社，但第二次的调查则是反对多过赞成。② 根据目前资料，尚无证据显示小泉在 2006 年以前也曾以同样方式了解民意，但可以肯定的是，小泉每年的靖国神社参拜在政治上是经过周密计算和冷静判断的，绝非只凭个人感情意气用事。

　　在目前相关文献中，有论者强调小泉抵制中国压力，坚持参拜靖国神社是为了争取对自民党右倾化政策的日本民众的支持。③ 这样的看法存有两个问题。首先，是将支持小泉参拜靖国神社的日本民众等同于支持对侵略战争历史的翻案。日本学者一谷和郎的研究指出，2001 年至 2006 年日本报章就靖国神社问题的民意调查呈现出两种不同的民意趋势。第一，在是否支持首相参拜靖国神社的议题上，2001 年至 2005 年间的各报民调都持续显示，反对参拜的日本民众一直多于支持参拜。直到 2005 年中后期，支持参拜的势力才开始渐渐处于优势（表 1）。第二，如果我们把提问方式换为"是否接受中国抗议日本首相参拜靖国神社"，2001 年至 2006 年的各报民调都显示不接受中国抗议的日本民众一直维持着多数（表 2）。④ 以上民调数据表明，日本民众支持小泉参拜靖国神社并不一定是出于支持右倾化，而是更多地就外国政府对日本频频施压这一行为本身的反感。此外，小泉为争取右翼支持而参拜的假说的另一个问题是其暗示小泉政府在靖国神社问题上受民意制约。正如以上数据所揭示，

---

① 《每日新闻》2001 年 8 月 24 日，第 2 版。

② 《读卖新闻》2006 年 8 月 16 日，第 1 版。

③ 刘江永：《中国与日本：变化中的"政冷经热"关系》，人民出版社，2007 年，第 269 页。

④ 一谷和郎：《靖国神社参拜問題》，载家近亮子等编：《岐路に立つ日中関係：過去との対話・未来への模索》，晃洋书房，2007 年，第 53—54 页。

2001 年至 2005 年间,主流民意并不支持小泉参拜靖国神社,而且很多情况下是反对和支持势力势均力敌,但小泉仍然每年坚持参拜。小泉政府毫无疑问是在意民意的,但其决策却并不完全受民意制约,有时更呈现出政府塑造民意的趋势。

表 1 日本各报有关靖国神社问题的民意调查:是否支持首相参拜靖国神社?

	支持(%)	反对(%)
朝日新闻(2001 年 8 月 4 日)	26	65
朝日新闻(2004 年 11 月 30 日)	38	39
朝日新闻(2005 年 4 月 25 日)	36	48
每日新闻(2005 年 6 月 21 日)	41	50
读卖新闻(2005 年 7 月 19 日)	39	51
朝日新闻(2005 年 10 月 19 日)	42	41
每日新闻(2005 年 11 月 4 日)	50	46
读卖新闻(2006 年 4 月 25 日)	54	40
读卖新闻(2006 年 8 月 7 日)	53	39

资料来源:一谷和郎:《靖国神社参拜問題》,载家近亮子等编:《岐路に立つ日中関係:過去との対話・未来への模索》,晃洋书房,2007 年,第 54 页。作者整理。

表 2 日本各报有关靖国神社问题的民意调查:中国抗议日本首相参拜靖国神社是否恰当?

	理解/接受中国的抗议(%)	不理解/不接受中国的抗议(%)
每日新闻(2001 年 8 月 20 日)	45	49
朝日新闻(2004 年 11 月 30 日)	30	57
朝日新闻(2005 年 4 月 25 日)	19	71
朝日新闻(2005 年 10 月 19 日)	35	53
读卖新闻(2006 年 8 月 7 日)	32.9	56.5

资料来源:一谷和郎:《靖国神社参拜問題》,载家近亮子等编:《岐路に立つ日中関係:過去との対話・未来への模索》,晃洋书房,2007 年,第 54 页。作者整理。

小泉在靖国神社问题上的反常动作亦受到外务省高级官僚的注意。

田中均是前外务省亚洲大洋洲局局长,在小泉时代主管处理朝鲜问题。他在退任后曾多次在媒体谈到靖国神社问题,并暗示这一问题和小泉的国内政治有关。例如,田中均于 2005 年 11 月在政论杂志《现代》回顾小泉外交,公开提议小泉政府应着手解决靖国神社问题,理由为小泉在2005 年的 9 月赢得了众议院大选,国内政治基盘稳定。① 在和日本朝日电视台名评论家田原总一郎合著的对谈集《国家与外交》中,田中均也提到他本人认为靖国神社问题不容易解决,因为这和小泉的国内政治有关。② 2009 年,田中均出版回忆录,提及他本人曾和小泉就历史问题交换意见多达十多次。田中认为,小泉是意图以达成参拜靖国神社的公约,向日本国内显示他实现结构改革的政治决心。③

除了争取民众支持,参拜靖国神社还有利于小泉争取反对改革的自民党议员的局部支持,即前文所提到的第二个目的。虽然小泉推行政策大刀阔斧,但他并不是一个鲁莽的领导者。作为一个在自民党内部打滚多年的老练政客,小泉于在任期间也试图通过有限让步来开拓和桥本派内元老的合作关系。日本学者竹中治坚指出,由于在制度上参议院不能解散,小泉为了推进改革,不惜和桥本派元老之一、自民党参议院干事长青木干雄维持良好合作关系。青木干雄在道路改革问题上的意见在一定程度上得到小泉尊重,换来青木在党内对小泉的支持以及对小泉改革法案的支持。④

本章认为,小泉在靖国神社问题上亦也运用了类似政治手法,而这次争取的对象换成了古贺诚。古贺诚在自民党内属道路族,也是日本遗族会会长,主张首相参拜靖国神社。因此,对小泉来说,停止参拜靖国神社在日本国内政治中反而无益,坚持参拜则有机会在推行改革时争取到政敌的局部合作。

从具体资料来看,有多项间接证据显示,小泉参拜的意向受到古贺影响。例如,2001 年 8 月初,古贺随野中广务到北京听取意见。回国后,古贺在 8 月 6 日会见当时的官房长官福田康夫,并阐明作为遗族会的立场

---

① 田中均:《私が見た小泉外交 4 年間の真実》,《现代》2005 年 11 月,第 38—47 页。
② 田中均、田原总一郎:《国家と外交》,东京讲谈社,2005 年,第 177 页。
③ 田中均:《外交の力》,东京日本经济新闻出版社,2009 年,第 150—152 页。
④ 竹中治坚:《首相支配》,东京中央公论新社,2006 年,第 199—202 页。

并不一定要求小泉在 8 月 15 日参拜,参拜行为也不一定要依照神道仪式。[①] 2001 年小泉改期在 8 月 13 日参拜,古贺的态度是其中一个因素。2002 年 2 月,古贺正式出任日本遗族会会长,并再次表明首相不一定要在 8 月 15 日参拜靖国神社。[②] 4 月 19 日晚,即小泉第二次参拜靖国神社的两天前,古贺在一次聚会上预测小泉会在春季或秋季大典参拜靖国神社。当时参加聚会的还包括政调会长麻生太郎,前外相高村正彦,前经济产业大臣平沼赳夫。[③] 在早前 17 日的另一个聚会上,古贺直接将类似的意思告诉了森喜朗前首相和中川秀直。据称,森后来直接将这一讯息传达给了小泉。[④] 2002 年,小泉果然在春季大典首天参拜了靖国神社。古贺后来渐渐抑制批评小泉改革的核心——邮政民营化,并在 2005 年的邮政法案投票中缺席。[⑤] 2006 年,古贺公开对媒体表示,小泉是唯一一位将靖国神社问题和国内政局联系在一起的首相。[⑥]

总的来说,靖国神社问题对小泉来说是一个维持国内政权的工具。虽然我们不能完全排除其中的个人感情成分,但从以上有限的资料来看,争取国内政治生存,是小泉在六年间积极抵制中国压力的重要原因。[⑦]以下的安倍案例,作为一个对比,更能说明日本首相个人的思想、偏好和性格在对华决策中并不是决定性的因素。

(二)安倍案例

2006 年 10 月安倍晋三的访华,一般被认为标志着中日关系自 2001

[①] 《读卖新闻》2001 年 8 月 16 日,第 2 版。

[②] 《每日新闻》2002 年 2 月 28 日,第 5 版。

[③] 《朝日新闻》2002 年 4 月 24 日,第 2 版。

[④] 《读卖新闻》2002 年 4 月 22 日,第 3 版。

[⑤] 《邮政法案批判は封印》,《读卖新闻》网上版:http://www.yomiuri.co.jp/election2005/news2/el_ne_050831_01.htm.

[⑥] 《读卖新闻》2006 年 8 月 17 日,第 4 版。

[⑦] 小泉个人对年轻神风特攻队员怀有特殊感情,亦可能构成其执意参拜靖国神社的其中一个次要动机。2001 年 2 月 9 日,小泉在九州参观知览特攻和平纪念馆时曾一度情绪激动。参见《每日新闻》2001 年 5 月 22 日,第 5 版;《每日新闻》2001 年 8 月 9 日,第 1、第 2 版。另外,据日本记者调查,小泉自 1972 年当选议员以来,每年两次和地方的遗族会干部参拜靖国神社,但小泉一直以来从未将靖国神社问题作为自己的政治公约。参见读壳新闻社:《外交を喧嘩にした男:小泉外交 2000 日の真实》,新潮社,2006 年,第 222 页。

年以来的回暖,而其中的关键就是靖国神社问题的解决。虽然安倍在公开场合对靖国神社问题持暧昧态度,但在实质上安倍于在任期间放弃了参拜靖国神社。不少学者认为,维护日本在中国的经济利益是安倍回避参拜靖国神社的重要因素之一。[①] 但是,小泉时代的日中的经济关系已经空前密切,中国自 2004 年起就已是日本的最大贸易伙伴。[②] 如果说维护日本经济利益是关键因素,为何经济利益没能令小泉让步而却能促使安倍妥协? 解读向来强烈主张参拜靖国神社的安倍为何在 2006 年最终向中国让步,有必要从"政治生存"的角度来理解。

和小泉 2001 年的境况相比,安倍在自民党总裁选举及上任初期是一个国内政治基盘比较强的领袖。在派阀方面,安倍得到了党内人数最多的无派阀和森派议员的支持。此外,一些小派阀如古贺派和二阶派亦表示支持安倍。[③] 在国民支持度方面,根据《读卖新闻》2006 年 9 月的民意调查显示,54%的国民认为安倍适合出任下任日本首相。[④] 在这样的背景下,安倍已经具备在靖国神社问题上作出有限让步的国内政治环境。

然而,安倍在 2006 年虽然在国内政治上享有优势,但亦面临着如何维持长期执政的问题。在论资排辈的自民党内,当选国会议员只有五次的安倍之所以能够获得大多数派阀的支持,主要是因为各派都认为安倍作为小泉接班人的改革形象有利于赢得 2007 年夏天的参议院选举。因此,对于安倍来说,如何设法在往后的一年内维持党内和公众舆论的高支持度,至关重要。而靖国神社问题,自然被放在这一背景下来考量。根据有限的实证资料分析,不参拜靖国神社可以帮助安倍达到两大国内政治目标。一是在初期阶段赢得自民党总裁选举。二是巩固当选后的国内支持及维持高内阁支持率,以争取 2007 年参议院选举的胜利。

关于第一个目标,安倍主要是要防止靖国神社问题给 2006 年 9 月自民党总裁选战带来负面影响。在这一点上,连小泉也认为,靖国神社问题

---

① 有关类似的观点,参见金熙德:《安倍外交的初期成效与展望》,《日本学刊》2006 年第 6 期,第 36 页;尹承德:《安倍政府的外交政策调整及其局限》,《南京政治学院学报》2007 年第 2 期,第 67 页。

② 日本外务省:《外交青书 2006》,第 40 页。

③ 《读卖新闻》2006 年 8 月 9 日,第 1 版;2006 年 9 月 14 日,第 2 版。

④ 《读卖新闻》2006 年 9 月 14 日,第 2 版。

不应该成为自民党总裁选举的议题。① 安倍的幕僚对靖国神社问题态度谨慎,并特别担心靖国神社问题为党内反安倍势力所利用。例如,2006年1月17日,安倍在党内的潜在对手福田康夫在福冈参加建立国立追悼设施会的聚会时表示,日本应慎重处理靖国神社问题。② 这一团体聚集了不少反对小泉参拜靖国神社的自民党元老,如加藤宏一和山崎拓。对此,安倍的幕僚认为,在靖国神社问题上明确表态只会为安倍的选战带来不确定性。而且,由于美国方面也就靖国神社问题出现批评意见,安倍的幕僚担心靖国神社问题会被党内竞争对手炒作攻击。③ 据日本记者上杉隆的采访资料,安倍的幕僚在 2006 年 7 月开始讨论应在靖国神社问题上采取何种姿态。据称,虽然他们大都主张不应向中国压力屈服,但基于党内乃至森派内部也有反安倍声音,最后讨论结果仍以谨慎为基调,采取所谓暧昧战略,不明言是否参拜。④

关于第二个目标,即安倍及其幕僚团队就新政府上台后就靖国神社问题在政局中的定位也作了战略性考量。据官房副长官下村博文回忆,当时安倍的目标是要连任首相两期,执政 6 年。⑤ 因此,在当时安倍的政治议程中,赢得即将来临的 2007 年参议院选举是重中之重,靖国神社问题也就自然摆在这一国内政局中来考量。⑥

中日靖国神社问题需放在以上日本国内政治的脉络中来理解。具体来说,在靖国神社问题上采取暧昧战略,不但能避免给国内政敌提供攻击材料,同时有利于争取党内及民间支持和反对参拜靖国神社两边的势力。支持安倍的参议院议员山本一太早在 2006 年 1 月对《每日新闻》表示,党内保守派会满足于安倍在上任初期参拜一次靖国神社,之后安倍就可停止参拜。⑦ 在 10 月 5 日的记者会上,自民党干事长中川秀直表示,在短时

---

① 《朝日新闻》2006 年 3 月 28 日,第 2 版。
② 《每日新闻》2006 年 1 月 31 日,第 2 版。
③ 《读卖新闻》2006 年 5 月 17 日,第 4 版。
④ 这些幕僚包括:伊藤哲夫,中西辉政,西冈力,岛田洋一,八木秀次,下村博文,世耕弘成,高市早苗。有关详情参见上杉隆:《官邸崩壊》,东京新潮社,2007 年,第 36 页。
⑤ 清水真人:《首相の蹉跌—ポスト小泉 権力の黄昏》,东京日本经济新闻出版社,2009 年,第 121—122 页。
⑥ 《读卖新闻》2006 年 8 月 17 日,第 4 版。
⑦ 《每日新闻》2006 年 1 月 31 日,第 2 版。

间内能够实现亚洲外交,标志着安倍的领导能力。据称,自民党内部已经在期待安倍的亚洲外交成果能如何有助于自民党10月22日在众议院大阪9区和神奈川16区的补选。①

安倍本身希望采取暧昧战略的意向早在2006年4月就浮出水面,可视为其战略性利用中国外压和靖国神社问题来为其国内政治目标服务的第一步。首先,2006年8月5日,日本主要媒体报道,时为内阁官房长官的安倍于4月秘密参拜靖国神社。据称,该消息是安倍和秘书官井上义行在经过精密计算,于8月3日故意泄露给NHK和《产经新闻》,而在时间上选择在该年小泉参拜靖国神社的前一周。② 据称,安倍的这一做法同时避免了党内保守派和自由派对他的压力,同时也令中国难以严厉抗议。③

安倍的第二步是积极和中方交涉,并从中获取国内政治利益。安倍在就任首相后11天即迅速实现访问中国,并和中国最高领导人举行首脑会谈,说明安倍对靖国神社问题上的政策在很早阶段就已成形。安倍的幕僚团队在其中起着穿针引线的作用。例如,安倍的亲信、自民党干事长中川秀直就频繁接触中国外交官员。中川秀直本人在2006年1月就对友人表示,他会支持安倍在当选首相后访问美国和中国。他还透露,和中国方面的磋商已经展开。④ 2006年2月19日,中川访问北京,并和中国领导人讨论中日关系。同年8月3日,中川在东京的一个论坛上表示下任政府应致力改善中日关系。⑤ 9月8日,中川派遣其后出任安倍政府内阁官房长官的盐崎恭久访问中国3天。⑥ 在这一阶段,安倍和中国的沟通开始逐渐建立。

在外交官僚层面,直接负责和中国谈判的是外务省外务次官谷内正太郎。⑦ 谷内是安倍深为信任的外务省高级官员,也是安倍改善对华外交的主要设计师。早在2006年初,谷内即收到安倍指示,制定一份访问

---

① 《读卖新闻》2006年10月5日,第3版。
② 上杉隆:《官邸崩坏》,东京新潮社,2007年,第38页。
③ 《读卖新闻》2006年8月5日,第4版;《读卖周刊》2006年9月2日,第22—23页。
④ 上杉隆:《中川秀直幹事長 裏の履歴書》,《文艺春秋》2006年12月,第284页。
⑤ 《读卖新闻》2006年8月4日,第5版。
⑥ 《读卖新闻》2006年10月5日,第3版。
⑦ 谷内正太郎于2014年1月出任日本首任内阁官房国家安全保障局局长。

中国和韩国的秘密计划。① 据前日本驻中国大使宫本雄二回忆,早在 2006 年 3 月即接到谷内指示开始构思和中国改善关系的外交方案。安倍阵营当时为了改善和北京的关系,甚至刻意回避和台湾方面的外交接触。② 香港《亚洲周刊》对外务省负责中国问题的官员垂秀夫的访问也证实外务省内部在 2006 年初夏收到谷内的指示,秘密制定和中国改善关系的计划。③ 具体参与制定方案的日方官员还包括外务省亚洲大洋洲局局长佐佐江贤一郎和中国及蒙古科科长秋叶刚男。④ 谷内在 2009 年 4 月出版了他的回忆录,详细记录了 2006 年和中国谈判的来龙去脉。据谷内称,2006 年 2 月,他和中国副外长戴秉国在第四次中日战略对话后在新潟就靖国神社问题和安倍访华的可能性进行了非正式的沟通。谷内游说戴,安倍目前采取暧昧战略,不明言是否参拜或不参拜,其实犹如走钢丝般的危险,受到来自日本国内左派右派的批评。如果中国拒绝安倍访华,安倍以后将就更有借口参拜靖国神社。⑤ 经过几轮的外交沟通,中方于 9 月 28 日接受日方要求,邀请安倍于 10 月 8 日和 9 日访问中国。

基于本身国内政治考量的政策改变,安倍不得不调整其个人就靖国神社问题的公开见解。安倍在靖国神社问题上的官方立场自 2006 年夏即出现微调。面对中国,安倍最低限度地释出不参拜的信号。6 月 11 日,安倍在一个公开场合避免明言是否参拜,并称表明是否参拜只会为中韩和国内政客利用。⑥ 面对日本国内,安倍要避免给日本民众以向中国屈服的印象。2006 年 10 月 6 日,中国驻日使馆官员在东京一个集会上表示:"中方已确信安倍首相在任期间不会参拜靖国神社。"就在同一天,安倍出面否定中方的看法,并强调即将举行的中日首脑会谈不附加特定条件。⑦

靖国神社问题,对安倍来说是其维持国内政治生存的踏脚石。无论

① 谷内正太郎:《外交の戦略と志》,东京产经新闻社,2009 年,第 40—41 页。
② 笔者与宫本雄二前大使的访谈,2014 年 7 月,东京。
③ 有关详情参见香港《亚洲周刊》2008 年 5 月 25 日,第 34—38 页;2009 年 1 月 11 日,第 30—31 页。据称,外务省内熟悉中国事务的垂秀夫当时起草了第一次安倍内阁改善对中关系的方案。
④ 宫本雄二:《これから中国とどう付き合うか》,东京日本经济新闻出版社,2011 年,第 137 页。
⑤ 据谷内回忆,中日双方外交官员在新潟县的月冈温泉做非正式会面,就靖国神社问题交换意见。参见谷内正太郎:《外交の戦略と志》,东京产经新闻社,2009 年,第 36—41 页。
⑥ 柴田岳:《総裁選、最大の論点 靖国を巡る自民党の百家争鸣》,《中央公论》2006 年 8 月,第 211 页。
⑦ 《朝日新闻》2006 年 10 月 7 日,第 1 版。

安倍如何在公开场合含糊其辞,事实上的停止参拜,令安倍得以重开日中之间停顿了将近 5 年的首脑会谈,而这一外交成果本身,加强了安倍在日本国内政治中的认受性。在小选区和比例代表并行制下,国民支持度对首相的政治生存至关重要。据《朝日新闻》在安倍访华后所做的民意调查显示,83% 的受访者正面评价安倍和中韩改善外交,52% 的受访者赞成安倍在靖国神社问题上的处理手法。① 到这一阶段为止,安倍利用中国外压和靖国神社问题来为其国内维系政权服务的目标基本达到。

　　值得一提的是,安倍晋三于 2007 年 9 月辞去首相一职后,即在次年 8 月 15 日以国会议员身份参拜了靖国神社。2013 年 12 月 26 日,在为自民党赢得了 2012 年底的众议院选举和 2013 年 7 月的参议院选举之后,再次出任首相的安倍断然参拜了靖国神社。安倍的参拜,只有在他的政治权力基础稳固的前提下才得以实现。靖国神社参拜与安倍国内政治认受性之间的联动关系,从以上的对比中一目了然。

结　语

　　美国普林斯顿大学政治学者安德鲁·莫拉维斯克(Andrew Moravcsik)曾以“双刃外交”(Double-edged Diplomacy)来形容国际谈判,并突出强调领导人在外交决策时需同时兼顾国内和国际压力。同样,通过比较以上小泉和安倍时期的两个案例,我们可以看到,日本首相的国内政治认受性是影响日本对华决策的重要因素。相比“对外战略”与“政治社会思潮”的分析途径,“政治生存”的分析框架能够在案例中提供在逻辑上更富有说服力的解释,即对中国压力让步的不同国内政治成本,导致了日本在靖国神社问题上面对中国外压时的不同反应。

　　本研究中基于日本首相政治求存的分析框架同样有助于我们分析当前第二次安倍内阁在靖国神社问题上的动向。2012 年 12 月,安倍带领在野自民党在众议院选举中获得压倒性胜利,再次出任日本首相。2013 年 7 月,自民党在参议院选举中再传捷报,进一步稳固了安倍政府的国内政治权力基础。在这一背景下,安倍于 2013 年 12 月 26 日断然参拜了靖

---

① 《朝日新闻》2006 年 10 月 11 日,第 4 版。

国神社。以上最新动态显示,安倍的靖国神社参拜与其国内政治生存之间存在联动关系,即维系政权因素是参拜与否的先决条件。2006 年首次执政时,由于 2007 年参议院选举结果未定,党内支持未稳,安倍对靖国神社参拜表现出自制。但在 2013 年,安倍带领自民党拿下了参众两院多数议席,政权基础空前稳固,所以敢于不顾中国和美国的劝阻参拜靖国神社。日本时事通信社资深政治记者田崎史郎的采访发现,安倍 2013 年参拜靖国神社主要是为了满足在自民党总裁选举时支持他对抗石破茂的"强硬保守派"党员的愿望。① 基于这一逻辑,只要安倍政府的内阁支持率维持在相对较高的水平,安倍在未来具备再次参拜靖国神社的国内政治基础。反之,如果安倍因为其他国内问题导致内阁支持率明显下降(如安倍经济学改革触礁),安倍为了推高自身内阁支持率,会倾向以停止参拜靖国神社为条件来改善中日关系,以外交成果来加强其国内执政的正当性。②

当然,从实证角度来看,利用"政治生存"的分析框架来解读日本在靖国神社问题上应对中国压力的反应也有一定局限。例如,在对小泉案例作"过程追踪"(process tracing)的过程中,我们会发现中日之间的互动和认识差距也扮演了一定角色。日本方面多个来源的资料显示,中国方面在 2001 曾对日方表示,如果小泉一定要在该年参拜靖国神社,希望可以避开 8 月 15 日。③ 有日本的中国观察家分析,中方的这一讯号在日本

---

① 参见日本时事通信社资深政治记者田崎史郎的著作:《安倍官邸の正体》,讲谈社,2014 年,第 150—154 页。

② 田崎史郎指出,安倍 2013 年 12 月的靖国神社参拜是其个人的决定,且是遭到内阁官房长官菅义伟极力反对的。安倍个人的政治意图是在 2013 年参拜一次后满足了党内保守派的愿望,然后致力实现 2014 年的中日首脑会谈,因为安倍研判中日两国领导人会面实现后将很难再参拜靖国神社。参见田崎史郎:《安倍官邸の正体》,讲谈社,2014 年,第 163—164 页。

③ 小泉的前政治盟友加藤宏一披露了不少中日两国在 2001 年就有关靖国神社问题的谈判过程。参见加藤宏一:《小泉「靖国参拝 X デー」の内幕》,日本记者俱乐部发言稿,2005 年 6 月 27 日,http://www.jnpc.or.jp/cgi-bin/pb/pdf.php? id=151;对加藤弘一的访问,《文艺春秋》2006 年 8 月,第 132 页。其他日方资料包括:《每日新闻》2001 年 8 月 14 日,第 3 版;《每日新闻》2001 年 8 月 19 日,第 1 和第 2 版;《读卖新闻》2005 年 8 月 25 日,第 1 版;赤坂太郎:《饭岛秘书 VS 福田の"官邸靖国戦争"》,《文艺春秋》2001 年 10 月,第 224—228 页;读卖新闻政治部:《外交を喧嘩にした男—小泉外交 2000 日の真実》,东京新潮社,2006 年,第 222—237 页。中国方面亦有资料间接叙述到相关的中日外交沟通。参见唐家璇:《劲雨煦风》,世界知识出版社,2009 年,第 1—85 页。

被理解为首相可以在 8 月 15 日以外的日子参拜靖国神社。因此当中国在 2002 年 4 月小泉参拜靖国神社后提出强烈抗议时,小泉感到受骗,并续而影响次年的参拜决定。① 从理论来看,以上的实证资料反映了两国互动初期的偶然事件,认知差距或非故意效应,可能造成事件发展的路径改变,导致之后的外交互动截然不同。② 此外,自 2005 年开始,美国立法机关及外交官都曾通过正式或非正式管道要求日本检讨在靖国神社问题上的政策。美国就特定外交事务的态度与日本首相国内政治认受性这两个因素之间的关系,亦值得留意。③

中日靖国神社问题的比较研究案例为我们理解冷战后日本对华政策的规律带来两点启示。

第一,本研究显示,日本的对华政策并不一定遵循一套经过精心设计的长期外交战略。过往的不少分析途径预设日本是理性的单一行为体,能如个人般计算国家利益得失,并在长期战略的指引下执行对中国的政策。④ 但案例研究显示,至少在靖国神社问题上,日本并不是一个理性的单一行为体,其决策更多地受国内政治这一分析层次的影响。在本章的案例研究中我们可以看到,小泉和安倍面对中国外压的反应,都是优先把这一问题放在国内政治的脉络中来考量。无论是参拜还是不参拜,都有效地加强了其个人在国内政治中的执政地位。换句话说,靖国神社问题是作为一个议题被日本国内政治所利用,多于受到日本外交战略和日本精英的外交思想的影响。

第二,日本国内政治中其他领域的诸因素对其中国政策的具体影响

---

① 有关日方这一类的分析,参见《东京新闻》2006 年 5 月 8 日,第 12 版;富坂聪:《小泉"靖国参拜 X デー"の内幕》,《文艺春秋》2005 年 8 月,第 145 页。

② 有关小事件或偶发事件对政治过程的影响的理论和方法论讨论,参见 Ma, Shu-Yun "Political Science at the Edge of Chaos? The Paradigmatic Implications of Historical Institutionalism", *International Political Science Review*, Vol.28,(January),2007,pp.57—78.关于国际关系中行为对行为体以及行为体对整个系统的非故意效应的理论探讨,参见 Robert Jervis, *System Effects: Complexity in Political and Social Life*(Princeton, NJ: Princeton University Press,1997),pp.61—68.

③ 关于 2006 年安倍内阁时期美国的微妙角色,笔者感谢东京财团高级研究员渡部恒雄对本研究的意见。不过从 2013 年 12 月安倍不顾美方劝告执意参拜靖国神社的最新案例来看,美国因素对日本的靖国神社政策乃至对华政策影响力有限。

④ 预设日本是按照精心制定的长期战略来对应中国的相关研究,例如李秀石:《日本海洋战略的内涵与推进体制——兼论中日钓鱼岛争端激化的深层原因》,《日本学刊》2013 年第 3 期。

程度,值得进一步体系化的研究。有海外学者指出,日本的政党政治在一定程度上影响了 2010 年日本政府在钓鱼岛撞船事件上的处理方式。① 这些因素,未必和外交问题和日本对华战略存有直接关联,但却在结果上左右了日本对华政策的决策选项。例如,政党轮替和频繁的首相更换,可能导致前任政府和中国定下的非正式的政策默契未能为下任政府所继承,令政策连续性出现断层并导致误判,进而危害两国高层外交信赖关系。又如,执政党和官僚间就外交决策权的内部权力斗争,也可能使日本对华政策出现不一致的状况,令日本对华外交出现不统一的声音,进而造成严重的政治后果。② 日本在某些政策议题上对中国采取强硬外交,究竟是出于精心策划的长期对外战略,还是出于非理性的情绪、认知上的误解误判,或是内部决策协调混乱等偶发因素,是值得日本问题学者和从事对日关系的外交人员深入研究和留意的课题。

---

① 参见美国华裔学者万明 2011 年 9 月 16 日在日本东京大学的会议论文:Ming Wan, *Japan's Party Politics and China Policy:The Chinese Fishing Boat Collision Incident*.George Mason University.http://www.iss.u-tokyo.ac.jp/democracy/doc/Paper_Wan.pdf(2013 年 2 月 1 日网上版本)。万明指出,2010 年撞船事件后,民主党政府错将钓鱼岛这个中日政治问题理解为日本国内司法问题。另外,2010 年事件发生时正值执政民主党内的党魁选举,亦直接影响日本处理撞船事件的处理方式。有关 2010 年日本民主党政府缺乏外交经验处理撞船事件失当的日方资料,参见春原刚:《暗斗:尖阁国有化》,新潮社,第 9—50 页。有关 2012 年日本国有化钓鱼岛的国内政治博弈过程,亦可参见春原刚的这本著作。

② 有关冷战后日本政府对外决策体制的运作,较全面的分析可参见 Richard C.Bush, *The Perils of Proximity:China-Japan Security Relations*(Washington, D.C.:Brookings Institution Press, 2010),第 9 章、第 12 章。该书的中文版本译为《一山两虎:中日关系的现状与亚太局势的未来》,已于 2012 年由台北远流出版社发行。

第八章　日本对华政策中的政治思潮及其本质

　　在战后日本的语境中,政治思潮意指社会思潮在政治领域的集中体现,是对个人政治倾向、政治言行乃至政府决策具有导向性影响的社会政治群体意识与社会氛围。历史认识主要指战后日本国内对从九一八事变到太平洋战争那段历史的认知态度,并包含着反省和道歉这一具体的政治、伦理的争论。而国家定位则指战后日本的国家发展道路或存在方式。

　　作为二战的策源地之一,历史认识对战后日本而言意义重大,围绕着对这一问题的认知差异不但成了其国内权力斗争的导火索,也是日本外交产生摩擦的主要原因,甚至如安保问题、修宪问题、天皇制问题等事关日本国家定位的重大问题也与之息息相关。[①] 换言之,历史认识与国家定位互为表里,是纵向维度中同一问题的自然逻辑延伸,前者是后者得以确立的思想基础,后者则是前者能够维系的制度保障。因此,战后日本政治思潮的区分标准也主要体现在对日本侵略历史的态度认知差异,和由此产生的不同国家定位设定上。

　　总体而言,战后日本的政治思潮按从左向右进行划分,可分为左翼和平主义、新保守主义、新国家主义及右翼极端民族主义四种。[②] 现阶段执政的安倍晋三内阁可划归为新国家主义的范畴,其在历史认识上以否定乃至美化侵略历史见著,呈现出鲜明的历史修正主义色彩,在国家定位上

---

① 若宮啓文:《戦後 70 年　保守のアジア観》,朝日選書,2014 年,第 404 页。

② 关于战后日本各种政治思潮的名称,日本国内外学者的概括不尽相同,本章的观点是建立在日本学者永井阳之助、美国学者理查德·J.塞缪尔斯和中国学者刘江永及王新生等人的研究基础上的。具体而言,永井提出了非武装中立主义、政治型现实主义、军事型现实主义和日本型戴高乐主义的说法,而塞缪尔斯则称为和平主义者、支持中等国家定位的国际主义者、正常国家主义者、新自治主义者。刘江永、王新生虽然提出了六种政治思潮,即极左的民族主义、(转下页注)

则谋求"摆脱战后体制",实现"重振日本"的大国化目标。因此,尽管安倍内阁强调要继续走和平发展道路,并四处宣扬所谓的"积极和平主义"理念,但这不过是借和平之名行修改和平宪法、扩充军备、行使集体自卫权之实和积极炒作"中国威胁论"的重要抓手,其结果不仅与战后日本一直奉行的和平发展道路背道而驰,且会持续地影响和考验中日关系的稳定发展,更进一步导致东亚区域安全的互信缺失和赤字上升。

一　战后日本四种政治思潮的历史认识和国家定位

(一)战后日本的四种政治思潮

战后日本四种政治思潮中,除左翼和平主义外,其他三种皆属于保守阵营。因此,彼此之间的区分实际上相当复杂,且呈现出多样性和流动性的特征,有些相互交织甚至难以辨析和分类。①总体而言,保守在日本的语境中意指重视与传统的延续性,尊重传统和秩序,并以此为前提实现国家的创新和进步,而拒绝对现实政治的存在形式进行剧烈改变。具体而言,新保守主义的主要特征是由吉田茂开创了"日美同盟+和平宪法"的"轻军事、重经济"的发展模式,并在其继承者手中将之稳固下来,成为"保守本流"。②而新国家主义在重视对于自然、传统文化、宗教和历史等保守主义共性的同时,格外关注民族主义的政治符号。它在主张国家拥有等级和秩序、捍卫传统和历史的重要性同时,还强调国家对个人的意义,即个人的权利只有通过国家才能得以真正地实现。③右翼极端民族主义是一种更强调国家的权威和国家利益绝对化,其国家观、历史观与战

(接上页注)左翼和平民族主义、保守势力中的自由派、反美右翼民族主义、保守鹰派右翼民族主义、传统右翼极端民族主义,但行文仍按A—D四个区间来进行从左到右的划分。参见永井陽之助:《現代と戦略》,《文藝春秋》,1985年,第18页;[美]理查德·J.塞缪尔斯著,刘铁娃译:《日本大战略与东亚的未来》,上海人民出版社,2009年,第150页;刘江永、王新生等:《战后日本政治思潮与中日关系》,人民出版社,2013年,第69—70页;刘江永:《日本的国家利益观、对外战略与对华政策》,《外交评论》2012年第5期,第27—28页。

① 刘江永、王新生等:《战后日本政治思潮与中日关系》,人民出版社,2013年,第53—56页。
② 福永文夫:《大平正芳—"戦後保守"とは何か》,中央新書,2014年,第95、97页;五百旗頭真编:《戦後日本外交史》(第3版補訂版),有斐閣,2014年,第101、286—287页。
③ 孙政:《战后日本新国家主义研究》,人民出版社,2005年,第3、214、238页。

前有相通之处,带有明显向战前回归倾向的一种政治思潮。[①]

上述四种政治思潮在战后日本基本上处于相互碰撞中,但其中也会有某一种政治思潮在某一历史时期处于主导地位,并形成社会主流的政治意识。具体而言,战后伊始,左翼和平主义一度处于日本政治思潮的主导地位,虽然很快就让位于新保守主义,但直到冷战结束其在日本社会仍具有重要影响力。冷战结束以后,其影响力迅速式微,尤其在政界几近边缘化,虽然最近有所回升,但与冷战时期已不可同日而语。新保守主义产生于战后伊始,其发展成为主导性政治思潮,再到逐渐被新国家主义取代的嬗变阶段几与以"轻军事、重经济"为特征的"吉田主义"得以确立,成为"保守本流",再到开始动摇的历史过程相始终。新国家主义的源头可追溯到岸信介时代,到1980年代开始抬头,冷战结束后随着日本政治右倾化的日益加剧,它逐渐取代了新保守主义的主导位置。右翼极端民族主义发轫于1960年代中期,现阶段虽然其影响力有所扩大,但并未能成为日本主流的政治思潮。总体而言,左翼和平主义的代表政党是日本共产党和社民党,新保守主义为自民和民进两党内的鸽派、公明党、自由党,自民和民进两党内的鹰派、日本维新会是新国家主义的代表,而右翼极端民族主义则以守护日本之魂党为代表。因此,现阶段执政的安倍内阁可划归为新国家主义的范畴。

战后日本四种政治思潮的历史认识和国家定位

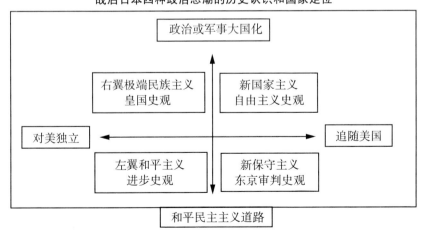

① 刘江永、王新生等:《战后日本政治思潮与中日关系》,人民出版社,2013 年,第 60—62 页。

（二）战后日本四种政治思潮的历史认识

历史认识的核心在于是否承认"侵略"和"殖民统治"，并进行"反省和道歉"，涉及了对那段历史的"性质认知"、"行为认知"及"态度认知"。对此，左翼和平主义旗帜最为鲜明，认为战前日本军国主义发动的战争在性质上是侵略战争，对亚洲各国及其国民所造成的伤害主张"深刻反省和由衷道歉"。其着力点在于强调日本人作为战争加害者的全面自我认识。因此，这种主张全面反省侵略历史的认识被称为进步史观或曰"马克思主义战争史观"。[①]

新保守主义的历史认识可概括为"东京审判史观"，其背景是日本深受浓厚的国际因素影响，而承认美国主导的东京审判结果是其前提，如1951年9月8日签署的《旧金山媾和条约》中，第十一条就明确表示日本政府接受东京审判（accepts the judgments）。而东京审判的历史认识是强调战前在文官与军部的对峙中，最终由后者把持整个国政，把日本引入了军国主义的战争深渊。[②] 因此，东京审判侧重的是日本在太平洋战争中的责任，强调的是由于军部把持国政，导致国策错误，走上了使日本国家及国民陷入生死存亡危机的战争道路。而作为最大牺牲者的亚洲各国的独自要求大部分遭到无视，只是在上述论述之后附带提及了"殖民统治和侵略给许多国家，特别是亚洲各国人民带来了巨大的伤害和痛苦"之类的措辞。

显而易见，"东京审判史观"首先把日本人的关心局限于日美关系这一狭隘的问题领域，而忽视了战争与亚洲各国的紧密关联；其次在战争责任方面强调"领导者责任观"的同时，渲染国民自己是被领导者"欺骗了"，从而突出了国民作为受害者意识的单一向度；最后，日本人没有意识到从最大的牺牲者那里投来的批判的目光，或者说没有机会认识作为加害者的自己，导致对亚洲邻国的战争加害者意识模糊不清。[③] 一言以蔽之，相比进步史观对战争的性质认知是"侵略战争"，"东京审判史观"

---

① 吉田裕：《日本人の戦争観—戦後史のなかの変容—》，东京岩波书店，2005年，第188页。

② 服部龍二：《外交ドキュメント 歴史認識》，东京岩波新书，2015年，第5页。

③ 吉田裕：《日本人の戦争観—戦後史のなかの変容—》，东京岩波书店，2005年，第21、59、62、263页。

秉持的是"侵略行为论"。至于两者的本质区别，日本共产党委员长志位和夫指出："如果说是侵略行为，那就可以推托责任，辩称是各个部队在所到之处做了不适当的、非法的坏事，是各自行为的问题。……但如果说是侵略战争，就会形成那场战争的整体性质和目的是侵略这样一种整体认识。这完全是着眼点不同的问题。"①

　　基于此，其在行为认知和态度认知上就呈现出"一方面顽固地拒绝承认战争的整体性质为'侵略战争'，另一方面又从对外的考虑承认只是有'侵略行为'"这样的表述特征。② 诚如 1994 年 5 月 20 日，时任首相的羽田孜在参议院预算委员会上所回答的那样："这场战争本身是有侵略性行为的，对此我也承认。实际上，关于侵略战争之类说法与措词的意义，并没有什么根据确定。不过，我们这样回顾一下，在结果上毕竟还是侵略性的行为。……由此给各国造成了难以忍受的痛苦和悲伤，反省并坦率地对受害者表示歉意。"③对此，日本学者吉田裕强调说："这种反省和谢罪的只是针对日本的行为给周边国家造成了巨大惨害的结果，是一种'作为结果的侵略战争'论。"④

　　综上所述，新保守主义的历史认识虽不及左翼和平主义那样立场明确、认知清晰、反省彻底，但也基本认可"侵略"和"殖民统治"，并有所反省和道歉。因此，到 1995 年"村山谈话"发表时，自民党内尽管对于谈话中涉及"殖民统治"、"侵略"及"谦虚地接受历史事实，并再次表示深刻的反省和由衷的歉意"之类的措辞意见不一，但在村山本人表态决绝的情况下，最终以内阁决议的形式发表了"村山谈话"，且成为历史认识的政府见解被承袭至今。⑤ 对此，日本《外交》杂志编辑长、时事通讯社解说委员铃木美胜就认为"村山谈话"实质上是昔日的保守—革新阵营之间高度融合的产物，即在历史认识问题上双方找到了一个彼此都能接受的平

---

① 《第百二十九回国会衆議院予算委員会会議録第八号》，平成六年（1994）5 月 24 日，http://kokkai.ndl.go.jp/SENTAKU/syugiin/129/0380/12905240380008.pdf.
② 吉田裕：《日本人の戦争観—戦後史のなかの変容—》，东京岩波书店，2005 年，第 242 页。
③ 《第百二十九回国会参議院予算委員会会議録第八号》，平成六年（1994）5 月 20 日，http://kokkai.ndl.go.jp/SENTAKU/sangiin/129/1380/12905201380008.pdf.
④ 吉田裕：《日本人の戦争観—戦後史のなかの変容—》，东京岩波书店，2005 年，第 7 页。
⑤ 服部龍二：《外交ドキュメント　歴史認識》，东京岩波新书，2015 年，第 143 页。

衡点和交汇点。①

然而,不可否认的是,新保守主义的历史认识具有积极性和消极性并存的特点。具体而言,这些消极性主要体现为如下两个方面:

第一,对战争的两阶段分割明晰化。如前所述,东京审判对日本战争责任的认定侧重太平洋战争,无形中促成了以太平洋战争的爆发为分期的两阶段论的抬头。以此为基础,日本又逐步形成了对战争责任加以进一步区隔的特征,提出"是侵略战争同时又是帝国主义对帝国主义的战争。……就侵略战争的一面而言日本人有责任;但就对帝国主义战争的一面而言,只让日本人单方面承担责任是没有道理的"的论点。② 这种认识背后的逻辑是日本对东南亚的侵略、挑起太平洋战争相比对华侵略而言,是一场新的战争,而忽视了后者实质上是发生在前者的直接延长线上的。进一步地,日本越来越倾向于认为最终结束从九一八事变到太平洋战争的"十五年战争"③的力量是美国,而忽视了"单以日本力量不能使中国屈服的历史事实和中国抗战所象征的亚洲地区的民族主义在迫使日本陷于失败境地方面发挥的积极作用",④其结果是埋下了轻视亚洲、忽视亚洲,乃至对亚洲邻国的战争加害者意识模糊不清的祸根。更为重要的是,这促使了新保守主义将对战争的反省更多地将着力点聚焦于对象而非性质上,即把战败责任偷换成战败原因,且在战败原因论的引导下,进一步认为战争给日本的最大教训是不应该不自量力地跟一个无法战胜的对手——美国爆发一场全面对抗的"无谋"战争,这是"无聊至极"和"毫无意义"的。⑤

第二,对战争的认知出现国内国际有别的双重标准。它意指对外在对日和约中以所谓接受东京审判判决的形式承认必要的最小限度的战争

---

① 铃木美勝:《アイデンティティー競争時代の世界史ゲーム》,《外交》2015 年 1 月号,第 22 页。
② 竹内好:《近代の超克》,富山房百科文庫,2010 年,第 273—340 页参照。
③ "十五年战争"的概念由日本学者鹤见俊辅于 1956 年率先提出。其认为自九一八事变到抗战全面爆发,再到太平洋战争爆发直至 1945 年日本战败等一连串的战争行为前后存在因果关联,呈现出一定的整体性和不断升级的阶段性等特征,遂将 1931—1945 年的一连串战争行为用这一概念进行概括。这一提法现已为日本学界广泛采用。鹤见俊辅:《戦時期日本の精神史(1931—1945 年)》,东京岩波书店,2012 年,第 10—11 页参照。
④ 吉田裕:《日本人の戦争観—戦後史のなかの変容—》,东京岩波书店,2005 年,第 261—262 页。
⑤ 参见杨栋梁、杨朝桂:《在"理性"的名义下:"司马史观"新探》,《日本学刊》2015 年第 1 期,第 132 页。

责任,以获得作为美国同盟者的地位,而在国内则事实上否定、不追究战争责任问题。[①] 其特征就是将本应发自内在的战争反省偷换成一种接受国际审判结果的由外力强制下产生的战争责任观念,因此不仅仅是对战争的反省,连与之息息相关的道歉和赔偿等问题也都归类为外交问题。与此同时,战争性质的历史评价本身在日本国内却被进行暧昧化处理,而搁置起来。如曾任最高法院院长的田中耕太郎就认为:"对战争本身的批评与对战死者的追悼和感谢完全是两回事。"[②]因此,日本从1959年至1968年相继将乙、丙级战犯的灵位放入靖国神社,并于1978年将甲级战犯的灵位也移入其中也就无足为奇了。[③]

概言之,这些消极性的最大后遗症就是使得日本人倾向于从战败原因论角度反省战争对象的错误选择,而缺乏对近代日本的亚洲政策进行批判性、内省性的再检讨这样的思想认识。在有战争经历的一代人主导政坛的年代,惨烈的战争体验仍是栩栩如生的亲身记忆,且在自民党和社会党长期分庭抗礼的"保革对立"格局中,也形成了对这种消极性的一种牵制。但随着战后经济崛起,重新找回自信的日本对批判日本的历史认识逐渐出现一种感情性拒绝的现象,这种消极性的负面影响日益增强,进入1980年代以后,日本社会上模糊乃至否认战前侵略战争的历史修正主义言行便愈演愈烈。

新国家主义和右翼极端民族主义的历史认识都可以划归为历史修正主义的范畴。"修正"一词源出拉丁文"reisio",含有"修改、重新审查"之意。修正主义(revisionism)的出现本与国际共产主义运动息息相关,意指那些打着马克思主义旗号歪曲、篡改马克思主义,主张改良主义或议会主义的一种机会主义思潮。而顾名思义,历史修正主义(historical revisionism)就是指蓄意修改历史认识的思想和行为。再具体到战后日本的语境中,其共通性首先在于否认甚至美化战前的侵略战争,自我肯定地将之视为自卫战争或将亚洲各国从欧美列强手中解放的战争。因此,其认为东京国际军事法庭的审判是按照胜利者意志进行的,体现的不过是胜利者对失败者的判决,缺乏公正性。此外,历史修正主义还拒不承认日本

---

①　吉田裕:《日本人の戦争観—戦後史のなかの変容—》,东京岩波书店,2005年,第91页。

②　吉田裕:《日本人の戦争観—戦後史のなかの変容—》,东京岩波书店,2005年,第93、123页。

③　服部龍二:《外交ドキュメント　歴史認識》,东京岩波新书,2015年,第6页。

的加害者责任,纵容否认殖民及军国主义侵略罪行的言论大行其道,并将对战争的反省污蔑为"自虐史观"。以此为背景,他们以承认强征慰安妇问题的"河野谈话"和以"反省过去殖民统治和侵略"为核心内容的"村山谈话"有损日本的民族自豪感而予以质疑乃至否定,并赞美各级战犯为造就战后日本和平与繁荣基础的"昭和殉难者",而首相作为一国领袖参拜靖国神社,向为国殒命的英灵们表示哀悼是理所当然的。①

历史修正主义自我标榜为"自由主义史观"和"皇国史观",基本可与新国家主义和右翼极端民族主义的历史认识一一对应,其差异主要体现在对美态度上。在历史修正主义的话语体系中,"日本宣扬自己是战争的受害者,那么按照这个逻辑,美国肯定就是侵略者,战犯也就变成了杜鲁门,而非东条英机",②其中显然暗含着反美的逻辑。而这种话语论述显然与日美同盟第一主义的外交方针格格不入,更与安倍内阁强化日美同盟的战略选择大相径庭。因此,新国家主义对历史的"修正"主要聚焦于对"侵略行为论"的质疑和将战犯美化为"殉国烈士",却不刻意挑战对"无谋战争"反省的立场,以竭力隐晦潜伏在话语背后的反美逻辑。但右翼极端民族主义对此却毫无顾忌,并公开主张"日美同罪论",如石原慎太郎就曾强调说:"既是同罪,什么哪一方的罪重,哪一方的罪轻,怎么能比较。……战败后所谓责任之类……一点必要也没有,完全是滑稽的。"③

(三)战后日本四种政治思潮的国家定位

如前所述,历史认识不但是区分战后日本政治思潮的主要标准之一,还是奠定其国家定位的重要基石,即战后日本选择怎样的发展模式与不同的历史认识息息相关。左翼和平主义基于对战前军国主义和侵略战争的深刻反省,坚持战后与战前断绝联系,因此坚决拥护和平宪法,视和平

---

① 柳澤協二:《亡国の安保政策—安倍政権と"積極的平和主義"の罠》,东京岩波书店,2014 年,第 26—27 页;若宮启文:《戦後 70 年 保守のアジア観》,朝日选书,2014 年,第 39 页参照。

② Dennis P.Halpin,"U.S.Should Be Appalled by Japan's Historical Revisionism,"*THE NATIONAL IN-TEREST*, http://nationalinterest. org/feature/us-should-be-appalled-by-japans-historical-revisionism-12381.

③ 《第百二十八回国会衆議院予算委員会会議録第三号》,平成五年(1993) 10 月 5 日,http://kokkai.ndl.go.jp/SENTAKU/syugiin/128/0380/12810050380003.pdf.

宪法为日本的圣经,认为是将军国主义封锁在魔瓶中的封条。[1] 其奉行的是"非武装中立论",认为日本应完全按照宪法的和平精神,奉行非军事的永久中立主义。[2] 据此,他们严厉批评日本只与以美国为中心的西方阵营进行"片面媾和",要求应与包括前苏联和中国在内的相关国家实现"全面媾和",并主张效仿瑞士,与世界各国签署永久中立条约,借此确保国家安全。同理,他们认为日美安保体制和自卫队首先有违和平宪法的和平主义精神,其次强调说这非但不会给日本带来安全,反而会遭致更大的外部威胁。概言之,左翼和平主义国家定位的最大特征是单纯从和平主义的精神理念角度去思考国家安全的问题,忽视或不愿正视无政府状态下国际政治中权力(尤其是军事力量)的重要性,并无视势力均衡对国际和平及国家安全保障的重要意义,因而被高坂正尧揶揄为"一种永无实现的梦幻和缺乏实质的空洞之物"。[3]

相比之下,新保守主义的国家定位是由吉田茂一手设计,其特征就是后来被高坂正尧概括的"现实主义者的和平论",[4]即一方面认为在美苏对峙格局与驻日盟军总司令(GHQ)对日本进行占领的情况下,日本别无选择,[5]只能屈从现状通过"片面媾和",缔结日美安保条约的方式加入由美国主导的西方阵营中,另一方面又基于亲身经历的战争惨痛教训,竭力维护和平宪法,拒绝美国的再军备要求。这种"日美同盟+和平宪法"的方式引导日本将战后自身的发展方向定位为"亲美的、属于西方阵营的轻军备经济国家",即"吉田主义"。其政策路线主要包括以日美为基轴的外交、自由民主主义的政治、谋求非军事的贸易/产业立国的经济优先主义等内容。[6] 对此,日本学者添谷芳秀赞誉说:"这是洞悉战后国际政治构造及符合战败国日本的国家利益的现实主义判断。"[7]其结果导致战

---

[1]　竹内洋:《革新幻想の戦後史》,中央公論新社,2011年,第40页。

[2]　高坂正堯:《宰相　吉田茂》,中央公論新社,2006年,第6页。

[3]　《現実主義者の平和論》,《高坂正堯著作集1》,都市出版,1998年,第10页。

[4]　《現実主義者の平和論》,《高坂正堯著作集1》,都市出版,1998年,第10—22页参照。

[5]　《第六回国会衆議院予算委員会会議録第八号》,昭和二十四年(1949)11月23日,http://kokkai.ndl.go.jp/SENTAKU/syugiin/006/0514/00611230514008.pdf.

[6]　五百旗頭真編:《戦後日本外交史》(第3版補訂版),有斐閣,2014年,第286页。

[7]　添谷芳秀:《日本の"ミドルパワー"外交—戦後日本の選択と構想》,ちくま新書,2005年,第16页。

后日本在国家定位上坚持和平主义理念,对国际事务秉持最大限度的不介入、不干涉的中立立场,尽可能地在经贸、文化等非军事领域发挥国际影响力。①

一言以蔽之,左翼和平主义和新保守主义的国家定位尽管不尽相同,但对日本走和平民主主义道路及尽可能地在经贸、文化等非军事领域发挥国际影响力等"小国主义"②国家定位的基本方面还是较为一致的。

回顾战后日本的发展历程,可以说其能在战争的废墟中仅用了20年的时间便崛起为世界经济大国,是与日本坚持走和平发展道路息息相关的。这一点也得到了包括中国在内的国际社会的一致称许,如温家宝就曾高度评价说:"日本战后选择和平发展道路,成为世界上主要的经济大国和国际社会有重要影响的一员。作为贵国的友好邻邦,中国人民支持日本人民继续沿着这条和平发展道路走下去。"③然而,吉田茂所设计的日美同盟存在显著的非对称性,即日本将安全交由美国保护的同时也因之丧失了国家的自主性。这种自主性—安全保障交换同盟(autonomy-security trade-off)④还导致了日本的国家实力结构失衡,经济实力虽然强大,但军事实力弱小,且处处受限。因此,这一导致日本社会扭曲的结构问题在日本国内一直饱受诟病。尤其在日本成为世界经济大国之后,新国家主义和右翼极端民族主义认为日本因未能克服"只是经济大国"的角色,导致其无法在国际社会中找准自己的位置与形象,从而阻碍了它在国际上扩大外交基础。⑤

新国家主义和右翼极端民族主义认为当前困局的根本原因在日本受

---

① 《冷戦後の新世界秩序と日本の"貢献"》,《高坂正堯外交評論集——日本の進路と歴史の教訓》,中央公論社,1996年,第336页。

② 日本的"大国主义"和"小国主义"理念是明治时期比照英国的"大英主义"和"小英主义"概念而提出。所谓"大英主义"强调的是大英帝国必须依靠领土扩张、贸易保护等政策来增强英国的国力,维持并扩大国际影响力,"小英主义"则主张这一路径应依靠改善内政、增进公民个人的自由等政策来实现。而战后日本的"大国主义"和"小国主义"的最大区别在于如何评估军事力量在国家综合实力中的位置及在拓展国家影响力方面的作用。田中彰:《小国主義—日本の近代を読みなおす—》,东京岩波新書,1999年,第117—123页参照。

③ 温家宝:《为了友谊与合作——在日本国国会的演讲》,新华网:http://news.xinhuanet.com/world/2007—04/12/content_5968135.htm.

④ James D.Morrow,"Alliance and Asymmetry:An Alternative to the Capability Aggression Model of Alliance,"*American Journal of Political Science*,Vol.35,November 1991,pp.904—933.

⑤ 五百旗頭真編:《戦後日本外交史》(第3版補訂版),有斐閣,2014年,第186页。

到战后体制的束缚,而要"摆脱战后体制",追根溯源就是如何摆脱日本的战败国地位。因此,它们将对象锁定为最终确定日本战败国地位的法源——东京审判,不但认为其缺乏公正性,且批判"东京审判史观"的自虐式历史叙述更导致日本人内心长期被战败国的阴影笼罩,若不重塑令日本人感到自豪的近代历史叙述则无法复兴日本精神。[1] 以此为基础,它们不满于新保守主义"以和平的国际协调的经济国家为中心的立场"的国家定位,主张奉行依靠包括军事力量在内的综合国力发挥国际作用的"大国主义",即在促进国家实力结构均衡发展的过程中,注重将军事手段倚为实现"正常国家化"和"重振日本"目标的重要政策支柱,使日本在这一历程中的军事成分和权重大幅跃升。但两者在对美关系上有所分歧,新国家主义坚持重视日美同盟,致力于在日美同盟框架内修改宪法和行使集体自卫权,与美国共同维持秩序的立场。[2] 而右翼极端民族主义则主张日本应摆脱日美同盟,独自发展强大的军事力量,甚至是核武器,重新成为军事大国。

二　安倍内阁的历史认识及其特点

(一)安倍内阁的历史认识

回顾战后日本政治思潮的发展,新国家主义在现阶段成为政坛主导源于以下社会背景:一方面日本经济总量虽继续位居世界前列,以经济实力为依托,在促进国家实力结构均衡发展的过程中,大幅提升军事成分和权重的时机尚在;但另一方面日本经济长期陷入低迷已使其自信心受到重挫,更亟待通过重塑战后的历史认识来增强民族自豪感,与此同时在国家定位方面,依靠包括军事力量在内的综合国力发挥国际作用的焦虑感和紧迫感也日盛一日。这两方面结合一处遂使得日本国内形成一股具有民族主义意涵的政治氛围和社会思潮。

而在这一氛围渲染下,日本社会则呈总体保守化的特征,它指的是保

---

① 　服部龍二:《外交ドキュメント　歴史認識》,东京岩波新书,2015 年,第 23 页。
② 　五百旗頭真編:《戦後日本外交史》(第 3 版補訂版),有斐閣,2014 年,第 308 页。

守政党控制日本政坛朝野,以及各党政策、舆论导向和选民趋向保守政党理念的一种政治趋势。① 进一步地,社会总体保守化必然导致政治右倾化,其意指"本已占优势的保守政党政治向右翼势力的主张倾斜,使日本国家政治生活中的政策倾向、权力结构和对外影响向右摆和向右看齐,从而总体上使右翼保守势力及其主张在政界占据上风并影响政府决策的一种政治现象或局面"。② 显而易见,新国家主义色彩浓厚的安倍内阁得以两次组阁与这一背景的产生是息息相关的。

众所周知,安倍一心想实现外祖岸信介未能完成的遗志,即将日本建设成为"一个有自信的国家",要让日本人"对自己的国家充满自信和骄傲……对日本历史、文化有一种骄傲感"。③ 但他认为诸如"河野谈话"和"村山谈话"之类的历史认识严重损伤了日本的民族自信心和国家自豪感,若要在精神层面强化日本国民的民族国家认同和国家意识的话,当务之急就是重塑战后日本的历史认识,并通过历史教育重新评价明治以来的日本近代史,增强日本国民的所谓"爱国心"。需要强调的是,安倍虽然从顾虑国际舆论和对外关系角度出发,在国际场合的发言中也涉及对战争的反省,但在国内强调的却是"'侵略'的定义在学术界和国际上都还没有定论",④并毫无顾忌地否认强征慰安妇的事实,甚至在国会公开表态说第一任期时因未能参拜靖国神社而令他"悔恨至极"。⑤ 与此同时,安倍还任职于"神道政治联盟国会议员恳谈会"、"自民党历史调查委员会"、"日本前途与历史教科书国会议员思考会"等各种右倾组织。

诚然,安倍从顾虑国际舆论和对外关系角度出发,在 2015 年 8 月 14 日发表的"安倍谈话"中,也将"侵略"、"殖民统治"、"道歉"及"反省"等关键词语纳入其中,似乎体现了对"村山谈话"精神的基本遵循。但实际上,他对日本侵略和殖民行为的表述故意采用了抽象化、模糊化的处理手

① 刘江永、王新生等:《战后日本政治思潮与中日关系》,人民出版社,2013 年,第 59 页。
② 吴怀中:《日本政治变动及其对华影响——一种结构、生态与政策的演化视角》,《日本学刊》2013 年第 2 期,第 22—23 页。
③ 吕耀东:《"日本梦"解构》,《日本学刊》2013 年第 1 期,第 9 页。
④ 《第百八十三回国会参議院予算委員会会議録第十号》,平成二十五年(2014)4 月 23 日,http:// kokkai.ndl.go.jp/SENTAKU/sangiin/183/0014/18304230014010.pdf.
⑤ 《第百八十三回国会衆議院予算委員会会議録第二号》,平成二十五年(2014)2 月 7 日,http:// kokkai.ndl.go.jp/SENTAKU/syugiin/183/0018/18302070018002.pdf.

法,如使用了"事变、侵略、战争"和"应该永远跟殖民统治告别"这样的表述,延续的仍是"侵略未定"的一贯论调。至于"道歉"和"反省",安倍表示说,"我国对在那场战争中的行为多次表示深刻的反省和由衷的歉意"。① 显然,这种以回顾历届政府历史认识立场的方式表达"反省"和"道歉",刻意隐藏了主体的立场,即安倍本人及其内阁的态度究竟如何,旁人不得而知。此外,他也没有具体指出道歉的客体是谁,更将为何道歉的理由用"那场战争中的行为"这样的措辞含混过去。因此,"安倍谈话"的真实用意是漂白侵略和殖民统治历史,掩盖历史真相,逃避历史责任。②

更令人担忧的是,赞同安倍这种想法的阁僚竟然占了安倍内阁的绝大多数。如安倍内阁和自民党高层中约有三分之二左右均是日本两大右翼团体——"日本会议国会议员恳谈会"、"神道政治联盟国会议员恳谈会"的成员。前者是号称日本最大右翼团体——"日本会议"在政界的关联组织。"日本会议"成立于1997年5月30日,由"日本守护会"和"守护日本国民会议"两个右翼团体合并而成,现任会长为杏林大学名誉教授田久保忠卫。成员包括经济界、政界、学术界、宗教界等各界代表,范围遍及全国47个都道府县,并在地方本部之下还设有228个分部,在政界的关联组织除"日本会议国会议员恳谈会"外,还有"日本会议地方议员联盟",可谓是集合日本国内各右翼团体的最大右翼组织。该组织宣称以"重建美丽的日本和建设值得骄傲的国家"为宗旨,其实秉持的是一种复古论,如主张尊崇天皇权威,强调以年号纪年完全取代公元纪年,并使之法制化,还鼓吹自主制定宪法,首相正式参拜靖国神社,改变"自虐史观",实现教育的"正常化",反对赋予在日外国人的地方参政权等等,简直可谓是把日本各种右翼团体主张全部纳入一起的杂货铺。目前,作为跨党派团体的"日本会议国会议员恳谈会"成员多达289人,除安倍本人担任特别顾问外,内阁成员如菅义伟、稻田朋美、高市早苗、卫藤晟一、萩生田光一等还在该组织内担任干事长、事务局长及事务局次长等领导职务。其对政治的影响之大不言而喻。③

---

① 《内閣総理大臣談話》,http://www.kantei.go.jp/jp/topics/2015/150814danwa.pdf.

② 张勇、吴怀中:《看清"安倍谈话"的伏笔:"金蝉脱壳"》,http://world.people.com.cn/n/2015/0816/c1002-27468932.html.

③ 《日本会議とは》,http://www.nipponkaigi.org/about.

　　后者是"神道政治联盟"（简称"神政联"）在政界的关职组织。"神政联"成立于 1969 年,在全国所有的都道府县均设有地方本部。其在政界的关联组织——"神道政治联盟国会议员恳谈会"是一个以自民党为中心的跨党派议员团体,成员近 300 人,会长正是安倍本人。该组织相比"日本会议"立场更加偏右,如公开宣扬天皇中心主义,主张恢复战前的明治宪法体制中以天皇为中心的"国体"。进一步地,该组织不但倡导首相参拜靖国神社,还要求恢复战前的"祭政一致"传统等等。① 因此从某种程度上而言,安倍内阁改变防卫厅设置法,将防卫厅升格为防卫省,"改正"教育基本法,实现教育"正常化"等种种举措,不过是上述组织右倾思想的逐步落实罢了。

　　正是在这样的氛围下,身为副总理、财务大臣的前首相麻生太郎才会说出要效仿希特勒改变魏玛宪法的方式修改和平宪法,下村博文在出任文部科学大臣期间才会大张旗鼓地表示要推进国家主义性质的教育,总务大臣高市早苗和防卫大臣稻田朋美才会毫不避讳地与新纳粹团体——"国家社会主义日本劳动者党"代表公开合影。而后者公开持种族主义论调,强调日本是东亚最优秀的民族,甚至认为为了维护大和民族血统的纯正性,应排斥其他民族,在必要时可以进行民族净化。进一步地,高市曾公开表示日本无需对二战表示反省和道歉,并辩称"开战权和交战权是所有国家都被认可的基本权利",因此二战也不过是日本行使这种基本权利而已,何须为此表示反省和道歉呢? 而稻田则认为安倍提出的"摆脱战后体制"核心就是彻底否定"东京审判史观",因此不但主张否认"村山谈话"和"河野谈话",更强调说首相应堂堂正正地参拜靖国神社,这才是"不屈服他国侵略的表现"。②

　　历史修正主义的特征在于借对侵略历史的否定甚至美化,意图重塑战后日本的历史认识。因此,对于任何既有历史论述上的瑕疵,他们便会不遗余力地进行上纲上线的抨击和诋毁,意图以否定一点来篡改侵略历史。众所周知,《朝日新闻》自 1982 年开始展开了关于慰安妇问题的一系列报道。这些报道曾引起巨大反响,并被联合国人权委员会引用。此后,日本关于慰安妇问题的认识大部分都基于这些系列报道。但 2014 年

---

① 《神政連とは》,http://www.sinseiren.org/shinseirentoha/shinseirenntoha.htm.
② 高橋哲哉:《極右化する政治一戦後七〇年という岐路を前に一》,《世界》2015 年 1 月号,第 150—154 页。

8月5日,《朝日》登出报道承认在"女子挺身队"的相关报道中,已故吉田清治的证词为伪证,因此撤销相关证言。以此为嚆矢,自民党成立了"恢复日本名誉和信赖特命委员会",意图借此完全否定慰安妇问题,挽回日本所谓的声誉。9月19日,自民党外交经济联合本部的国际信息研究委员会通过决议,指责该事件导致国际社会歪曲了对日的历史认识,严重损伤了日本的国际声誉和国家利益,并强调说既然《朝日》撤销了相关证言,那么强征慰安妇的事实也就是虚构,也就没有所谓的性虐待的事实,而世界各地相继设立的慰安妇像的根据也就完全不存在。与此同时,时任防卫大臣的小野寺五典抨击《朝日新闻》是"国贼",时任文部科学大臣的下村博文更批判说,"《朝日新闻》如此贬低日本,损害国家利益,简直罪孽深重,应该就此'废刊'"。① 10月21日,官房长官菅义伟又进一步表态要否定"河野谈话","'河野谈话'有很大问题,应予以否定,政府将为恢复日本的名誉和信任努力申诉"。②

为此,文部科学省要求出版社修改编写教科书方针,即在领土问题和历史认识部分进一步强调了政府的立场。如关于慰安妇问题,学习舍在文部科学省的要求下,删除了强征慰安妇的表述和图片,并加上目前并无证明强征慰安妇的直接证据之类的表述。有关南京大屠杀的表述,帝国书院将现行版本中的"被谴责为'日本人的野蛮行径'"改为注释,并加上了"一直在进行调查和研究"。在太平洋战争方面,"近邻各国对此严厉批评"也被改成了"各国都对此有所微词,但更希望与日本建立友好关系"。③ 另一方面,日本不但自己拒绝承认强征慰安妇,且还要求美国一家主要教科书出版机构——纽约的麦格劳—希尔教育出版公司修改高中历史课本中有关日军战时强征慰安妇的内容的措词,结果被严词拒绝。④

---

① 高橋哲哉:《極右化する政治—戦後七〇年という岐路を前に—》,《世界》2015年1月号,第155—158页。

② 《第百八十七回国会参議院内閣委員会会議録第三号》,平成二十六年(2014)10月21日,http://kokkai.ndl.go.jp/SENTAKU/sangiin/187/0058/18710210058003.pdf.

③ 《検定 教科書に政府見解加筆》,《朝日新聞》2015年4月7日;《教科書 強まる政府主張》,《朝日新聞》2015年4月7日。

④ Dennis P.Halpin, "U.S.Should Be Appalled by Japan's Historical Revisionism," *THE NATIONAL IN-TEREST*, http://nationalinterest. org/feature/us-should-be-appalled-by-japans-historical-revisionism-12381.

（二）对安倍内阁历史认识的评论

作为二战的策源地之一,历史认识对日本而言意义重大,可以说是重构战后日本外交,尤其是包含中韩在内的与邻国关系的基础,如习近平于2015年4月22日会晤安倍时就强调说,"历史问题是事关中日关系政治基础的重大原则问题"。①而前首相村山富市也回忆指出:"为了日本能成为值得亚洲信赖的国家……在对过去反省的基础上展望未来很重要。"②因此,尽管日本对历史的反省不及德国,但对历史认识的政府见解终究达到了可以被各国接受的程度,并成为了战后日本与各国和解,实现邦交的基础之一。

但安倍本人及其领导的内阁和自民党内种种否定甚至美化侵略战争的言行,从中韩等邻国的视角看首先是让人情何以堪,认为此举是开历史倒车,其次是质疑日本可能要推翻反法西斯战争胜利成果,实有复兴军国主义之嫌。③如习近平就强调说:"当年,日本军国主义犯下的侵略罪行不容掩盖,历史真相不容歪曲。对任何企图歪曲美化日本军国主义侵略历史的言行,中国人民和亚洲受害国人民不答应。"④甚至连美国也担忧地指出,"按照(安倍的)这个逻辑,美国肯定就是侵略者,战犯也就变成了杜鲁门,而非东条英机"。⑤

需要说明的是,安倍内阁处理历史认识问题时为顾忌国际舆论和对外关系,会在历史修正主义理念和现实国家利益之间寻找一种平衡,建立国内、国际有别的不同历史叙述。虽然这一手法并非安倍首创,如中曾根康弘就认为接受东京审判是外力强压的结果而非自愿,且强调首相参拜

---

① 《习近平会见日本首相安倍晋三》,人民网:http://politics.people.com.cn/n/2015/0423/c1024-26889417.html.

② 《過去と未来 切り離せない—"安倍談話"巡り村山元首相に聞く》,《朝日新聞》2015年3月16日。

③ 西谷修:《重なる歴史の節目に立って—戦後70年と日本の"亡国"》,《世界》2015年1月号,第144—149页参照。

④ 《习近平出席中日友好交流大会并发表重要讲话》,人民网:http://politics.people.com.cn/n/2015/0524/c1024-27046482.html.

⑤ Dennis P.Halpin,"U.S.Should Be Appalled by Japan's Historical Revisionism,"*THE NATIONAL IN-TEREST*,http://nationalinterest.org/feature/us-should-be-appalled-by-japans-historical-revisionism-12381.

靖国神社理所当然,但一旦其决定从现实国家利益角度出发,在正面回应国际社会期许的同时,也将其视为对国内言行的一种约束。如在靖国神社问题上他明确表态不参拜,且当时任文部大臣的藤尾正行公开发表日韩合并韩方也有责任等不当言论后立即将其解职等。① 但相比之下,安倍实质上建构的是一种国内、国际有别的有关历史认识的双重标准,其逻辑认为历史认识和外交是两个不同的问题,目的无外乎是想用模糊的表述将其否认甚至美化侵略历史的真实意图含混过去。

以安倍对待"村山谈话"的态度为例。"村山谈话"的核心就是在对过去的殖民统治和侵略历史表示深刻反省的基础上,向外界表明日本不再重蹈覆辙,而坚决走和平发展道路的决心。在安倍的眼中,"村山谈话"是一种"自虐史观",严重有损日本的民族自信心和国家自豪感,必须予以否认。但从村山以后的历届内阁都继承了这一谈话来看,其可视为日本在总结战争教训之后向国际社会允诺的价值公约。因此,贸然全盘否定的代价是安倍难以承受的。于是乎就出现了一方面他表示愿继续坚持包括"村山谈话"在内的以往历届政府在历史问题上的认知,并多次在外交场合公开表态对过去的战争表示"深刻反省",②但另一方面却在"安倍谈话"中拒绝沿用"村山谈话"中对"殖民统治和侵略"表示"由衷的歉意"的原文,而对日本侵略和殖民行为的表述故意采用了抽象化、模糊化的处理手法。③

再以靖国神社为例。靖国神社这个外国看来是支撑"神国日本"战争的宗教设施,对它的参拜意味着肯定日本的侵略,但在历史修正主义者的眼中却被当成作为将"为国捐躯"视为美德而进行表彰的设施,而"为了向为国殒命的英灵们表示哀悼之意,首相作为一国的领袖前往参拜是

---

①　後藤田正晴:《本年 8 月 15 日の内閣総理大臣その他の国務大臣による靖国神社公式参拝について》,http://www.kantei.go.jp/jp/singi/tuitou/dai2/siryol_9.html;波多野澄雄:《国家と歴史—戦後日本の歴史問題》,中公新書,2011 年,第 143—144 頁。

②　《アジア・アフリカ会議(バンドン会議)60 周年記念首脳会議における安倍内閣総理大臣スピーチ》,http://www.kantei.go.jp/jp/97_abe/statement/2015/0422speech.html;《日中首脳会談》,http://www.mofa.go.jp/mofaj/a_o/c_m1/cn/page4_001136.html;《米国連邦議会上下両院合同会議における安倍内閣総理大臣演説》,http://www. kantei. go. jp/jp/97_abe/statement/2015/0429enzetsu.html.

③　《20 世紀を振り返り 21 世紀の世界秩序と日本の役割を構想するための有識者懇談会(第一回議事要旨)》,http://www.kantei.go.jp/jp/singi/21c_koso/dai1/gijiyousi.pdf.

理所当然的"。2013 年 12 月 26 日,安倍参拜靖国神社时曾辩称:"我是为了永久和平去参拜的,并无伤害中国和韩国人民的感情,他们误会了我的本意。"对此,日本国内有学者批评说:"靖国神社反映的就是日本人对过去战争的认识问题。安倍说别人误解他的本意,其前提就是他的行为是正确的,这是多么傲慢的一种态度啊!"①

进一步地,在 2015 年 1 月 9 日召开的内阁会议上,安倍内阁就首相以公职身份参拜靖国神社的问题指出,"若公开表示是为追悼战殁者而参拜,且从形式来看也明显不是出于宗教目的,则不属于宪法第 20 条第 3 项所禁止的国家宗教活动",并辩称"大多数国民及遗属认为靖国神社在我国是追悼战殁者的核心设施,希望代表国家的人能够进行追悼"。② 显而易见,虽然现阶段安倍囿于国际社会的压力而效仿第一任期时的做法,以送玉串料的形式代替亲自参拜,但相比小泉纯一郎是用行动来动摇中曾根内阁于 1986 年时公布的首相不参拜靖国神社的"后藤田谈话",安倍则是更进一步地借助内阁会议的平台基本否定了"后藤田谈话"。

此外,作为对党内历史修正主义者提出的"我们有必要亲自对东京审判裁决国的日本历史和占领期间的历史进行检证"这一要求的正面回应,自民党于 2015 年 11 月 20 日召开总务会议,决定成立"学习历史思考未来本部",拟对东京审判和占领时期宪法制定经过等进行考证。该机构只属于安倍晋三本人,并由干事长谷垣祯一担任本部长。据悉,"学习历史思考未来本部"将邀请学者担任讲师,并由所辖的国会议员对历史认识展开研究。但为了避开美国等西方社会的批评,该机构的研究范围从中日甲午战争一直到第二次世界大战结束后。虽然如此,《东京新闻》还是忧心忡忡地指出:"如果新机构的研究变成对东京审判的审判方式和审判内容的质疑,势必会引发美国的不满。……且研究过程中,国会议员或将任凭自己的好恶表达历史认识,有可能给改善中的日中、日韩关系泼上冷水。"③

---

① 柳澤協二:《亡国の安保政策—安倍政権と"積極的平和主義"の罠》,东京岩波书店,2014 年,第 26—27 页。
② 西谷修:《重なる歴史の節目に立って—戦後 70 年と日本の"亡国"》,《世界》2015 年 1 月号,第 144—149 页。
③ 《自民が歴史検証組織　東京裁判など"修正主義"指摘も》,《東京新聞》2015 年 11 月 21 日。

一言以蔽之,安倍的做法不过是一种掩耳盗铃的投机主义,在现实中反而会加剧与周边国家的紧张关系。其原因在于,无论是依据来自外部的要求,还是与外部相呼应的方式处理有关战争责任或历史认识的问题,外交场合的任何措辞并不仅是一个声明或某个仪式上的致辞与谈话,它代表了一国的国际承诺,因此其在国内的任何与之背离的言行只会造成国际社会愈发质疑日本反省历史的诚意,严重损害彼此的互信。

进一步地,安倍还认为,与邻国的历史认识问题已经在建立外交关系时得到解决,因此无论是参拜靖国神社也好,否定强征慰安妇、①修改历史教科书也罢,说到底都是日本的内政,外国置喙就是干涉内政,并强调邻国不应只是揪着日本的过去不放,应该抱着向前看的心态放眼未来。其背后的逻辑完全将日本的战争加害者责任抛诸脑后,因而也就不去反躬自省没有和解就没有未来的真正含义,反而嗔怪受害者纠结历史问题,因此正如日本学者西谷修所评论的那样,作为与亚洲邻国和解的前提是日本承认作为加害者的责任,唯有如此才能确立大国的自豪感和信誉。但实际情况是认为"日本没有错",并提出要"摆脱战后体制"的这股势力越来越得势。而安倍内阁想掩盖过去的反其道而行之的做法只能导致即使在战后 70 年的今天日本依然是个失败者。②

三　安倍内阁的国家定位及其特点

(一)安倍内阁的国家定位

安倍内阁的国家定位是主张奉行依靠包括军事力量在内的综合国力

---

① 2015 年 12 月 28 日,日韩两国就慰安妇问题达成政府协议,日本向韩国正式道歉,并赔偿 10 亿日元,而韩国保证在今后的政府交涉中不再向日本提出慰安妇问题。但该协议在韩国国内引发了巨大争议,且日韩关于撤除立于首尔日本大使馆前的慰安妇少女铜像等问题仍存争议。此外,安倍内阁态度决绝,拒绝就该问题向其他的受害国和地区道歉,从而遭到了相关国家和地区的强烈批评和抗议。可见,安倍此举是政治意图优先,并非诚心诚意地就慰安妇问题进行道歉。也因为如此,距离慰安妇问题的解决仍然遥遥无期。参见《日韓外相会談》,http://www.mofa.go.jp/mofaj/a_o/na/kr/page4_001667.html.
② 西谷修:《重なる歴史の節目に立って—戦後 70 年と日本の"亡国"》,《世界》2015 年 1 月号,第 144—149 页。

发挥国际作用的"大国主义",即注重将军事手段倚为实现"正常国家化"和"重振日本"目标的重要政策支柱。为此,安倍早在首度组阁时便提出了"摆脱战后体制"的施政目标。所谓"战后体制"通常指战后日本在美国主导下所确立的政治、经济以及安全保障等相关制度约束,源头是东京审判,核心是"日美同盟+和平宪法"。因此,安倍内阁实现这一目标的第一步就是借否定"东京审判史观"来重塑战后日本的历史认识。但如前所述,历史修正主义的话语体系中暗含反美逻辑,加之由于日美同盟中"美主日从"的结构非对称性,非但使得日本在同盟框架中地位不平等,更导致其安保、外交等领域追随美国而缺乏自主性。① 一言以蔽之,"摆脱战后体制"首当其冲的牵制力量是美国。但实际上,受国力所限和中国崛起的影响,现阶段日本无力也无意摆脱日美同盟。于是,最大限度地借助日美同盟框架增强自身实力,并在此基础上谋求进一步增强对美政治自主性就成为日本的基本思路。② 然而,日本国内一直有声音批判日本外交追随美国,而缺乏自主性。如果这一点不改善的话,日美同盟关系越强化,其国内的反美声音将越强。换言之,日本谋求"摆脱战后体制"的目标面临理论上要摆脱日美同盟,现实中要强化日美同盟的逻辑悖论。作为应对,日本的化解之道是通过两重置换实现的。

第一,通过对日美同盟的结构意涵进行重构的方式,将日美地位的非对称性置换成角色的主次性。在日本的要求下,日美对《日美安保条约》和《日美防卫合作指针》进行了多次修订,力求将原本是双边层面的安保框架建构成美国领导的战后国际安保秩序的重要一环。此举从结构上将原来双边层面中的"美主日从"关系置换为世界范围内的"盟主"与"盟友"的"美主日辅"关系。虽然日美间主次角色依旧,但从"美主日从"到"美主日辅"的转化突显的却是日美关系从"依附型"到"合谋型"的转换。这样,日本用角色的主次性模糊了地位的非对称性,从而大大淡化了其在日美同盟框架中的不平等性。

第二,将"摆脱战后体制"的对象从摆脱日美同盟置换成修宪。日本

---

① Kent E.Calder, "Securing Security through Prosperity: The San Francisco System in Comparative Perspective," *The Pacific Review*, Vol.17, Jan 2004, pp.135—157.

② 杨伯江:《美国战略调整背景下日本"全面正常化"走向探析》,《日本学刊》2013 年第 2 期,第 14 页。

通过对日美同盟的结构意涵重构,使得其在日美同盟框架中的不平等性被大大淡化的同时,刻意凸显了日美责任的非均衡性问题。即日本在日美同盟框架中仍旧主要扮演"搭便车"角色,不能进一步发挥在同盟框架中的战略作用,积极履行作为"盟友"对同盟的应尽义务,以强化日美同盟。

另一方面,美国对建立平等日美同盟的回应是要求日本承担更多的防卫义务,即欢迎安倍加强两国同盟的种种言行,也乐意赋予日本更重要的全球安全角色,但强调日本应消除和平宪法对此的约束。尤其是美国"亚太再平衡"战略推出后,美认为加强与盟友的关系既是该战略的支柱之一,又是维持亚太地区安全的基础,而鉴于日本强大的综合国力,格外需要其发挥"次轴心"的战略支点作用,积极承担维护地区安全的责任。[①]虽然这种非对称性的修正并未意味着两国建立了真正平等的安全保障合作关系,而是将提高政治自主性与构筑平等日美同盟问题进行挂钩而已,但不可否认的是在政治层面的非对称性已有所修正也是事实。[②] 概言之,现阶段日美的基本共识是日本应更加积极地在同盟框架中贡献力量,履行应对共同风险的义务。这主要指日本需要行使集体自卫权。

集体自卫权源自《联合国宪章》第五十一条的相关规定,意指联合国任何会员国受武力攻击时,为维持或恢复国际和平及安全,在安理会决定实行"联盟安全保障"(如经安理会授权派遣联合国军)情况下,其他会员国可援引集体自卫权,对发起武力攻击的第三国实施反击的权利。对日本而言,集体自卫权指当美国及其他与日本关系密切的国家在遭受攻击时,日本可以将其视为对本国的攻击而予以反击的权利。而在安倍积极推动解禁集体自卫权的同时,美国也乐意赋予日本更重要的全球安全角色,欢迎安倍为加强日美同盟而解禁集体自卫权。

然而,战后历届内阁都认为,行使集体自卫权超出了宪法第九条允许的"自卫所需最低限度"范围,因此除非修宪或修改宪法解释,否则此举即被视为违宪。而反过来说,惟有通过修宪,日本才能从法律的顶层设计

① Christopher Layne," America's Offshore Balancing Strategy in East Asia," *DIPLOMACY*, Vol. 23, Jan 2014, pp.24—25.

② 黄洗姫:《沖縄返還と日米安全保障協議—同盟の非対称性の政治的修正—》,《国際政治》2014年 10 月号,第 114、116、123 页。

层面突破军事禁区,堂堂正正地改自卫队为国防军,废弃武器出口三原则,行使集体自卫权。进一步地,惟有解禁集体自卫权才能强化日美同盟,增强日本在同盟框架中作用的同时提高政治自主性,最终实现"正常国家化"。石破茂曾指出,"'摆脱战后体制'到底是什么? 极端地讲,就是只要现行宪法还在的话,日本就不可能成为真正的主权独立国家。当然现行宪法中属于独立国家性质的东西必须要维护,改变的是对军事方面的某些规定和非常事态条款"。①

此外不可忽视的是,《日本国宪法》由美国起草的历史背景导致很多日本人内心烙上了它是战胜者强迫日本接受的屈辱印记,②因此修宪在某种程度上也暗含着由日本人重新制定日本宪法的"独立"意涵。通过上述的话语建构,宪法被打上了妨碍日本实现"正常国家化"的烙印,这也就意味着安倍已成功地将"摆脱战后体制"的对象从摆脱日美同盟置换成修宪。这样,在安倍内阁的逻辑中,重塑战后日本的历史认识与修改宪法的表里一体性就此表露无遗。③

"摆脱战后体制"从政治理念上而言是谋求日本的"正常国家化",从国家定位上而言则是意图改变日本长期以来"经济大国+政治小国"的国际形象。那么实现"正常国家化"后,日本应该成为怎样的国家呢? 安倍的答案是"恢复'强大日本'",力图使日本突破经济大国的单一特征,提高对国际事务的影响力和干预力,成为具有综合外交能力的全球性政治大国。尤其在亚太地区,安倍表示日本将积极配合美国的"亚太再平衡"战略,努力扮演好"次轴心"的战略支点的角色,并期盼在安全领域与美国共同发挥领导作用。

为此,安倍早在再度组阁时就旗帜鲜明地喊出了"重振日本"的口号,并保证说日本绝不做二流国家,而要重新强大起来,强大到足以作出更多的贡献来让世界变得更好。具体而言,日本必须在亚太地区的贸易、投资及知识产权等领域的建章立制过程中发挥主导作用(如日本就认为TPP不仅有助于协同美国创立新的高标准贸易规则,更利于自身在亚太自贸区建设中争夺主导权),继续扮演好国际公共产品(如保障公海航行

---

① 石破茂:《新しい自民党をつくる》,《文藝春秋》2013年2月号,第192页。
② 添谷芳秀等编著:《"普通"の国日本》,千倉書房,2014年,第55—56页。
③ 高橋哲哉:《極右化する政治—戦後七〇年という岐路を前に—》,《世界》2015年1月号,第161页。

和飞行自由等)的维护者角色,努力提升在以美国为首、韩澳等国参与的同盟框架中的地位。①

综上所述,对安倍而言"摆脱战后体制"的标志是重塑战后日本的历史认识和完成修宪,以顺利解禁集体自卫权。而唯有这些均顺利实现的情况下,日本才能提升在日美同盟框架中的政治自主性,强化日美同盟,并能以日美共同主导的方式继续保持在东亚的优势地位。这样,在实现"正常国家化"的同时,就能进一步发挥其在国际社会的影响力,最终实现"重振日本"的大国目标。

(二)对安倍内阁国家定位的评论

如前所述,在国家定位问题上,安倍的目标就是要改变战后日本长期坚持的和平发展道路,其言之凿凿的"正常国家化"和"重振日本"实质上就是要使日本走上一条与其长期遵循的和平发展道路背道而驰的歧路。但他却用"积极和平主义"(more Proactive Contribution to Peace)这一旗号来掩饰自己的意图。

"积极和平主义"意指日本要从战后一直以来仅是"热爱和平"、"支持和平"的"消极和平主义"国家转变成积极为世界的和平与稳定有所贡献的"缔造和平"力量。② 其理论源头产生于冷战结束伊始,时值国际格局步入新旧交替的过渡期,日本也开始强调要在国际政治舞台上施展抱负,实现由日、美、欧三极共管的世界。基于此,"积极和平主义"认为战后日本所走的和平发展道路是消极的"一国和平主义",既不能适应冷战后国际格局的变化,更成为日本积极发挥国际影响力的掣肘。要改变这种不合时宜性,日本必须作为国际政治和经济的主力,发挥与经济实力相称的作用。

2013 年 9 月,安倍访美时首次提出了"积极和平主义",强调说"在美国承担主要作用的地区及全球安全框架下,日本不能成为薄弱的一环。……赋予我的历史使命就是促使日本成为自豪的积极和平主义的旗手"。③ 同年 12 月,他又进一步将其定位为国家安全保障战略的基本理

---

① 安倍晋三:《日本の决意》,新潮社,2014 年,第 13—20 页。
② 伊藤宪一:《新·战争论　积极的平和主义への提言》,新潮社,2007 年,第 176 页。
③ 安倍晋三:《日本の决意》,新潮社,2014 年,第 26—27 页。

念,并以之为指导方针与行动目标制定了新《防卫计划大纲》及《中期防卫力量整备计划》。2015 年 2 月 12 日,他在国会指出已将该年定位为"在积极和平主义旗帜下获得世界信赖"的一年。① 为此,日本不但在新修订的日美防卫合作指针中引入了这一理念,还要在新的首相谈话中再度强调这一点,表示这将引导日本沿未来之路前进,即"成为能为亚太地区和世界和平、发展、繁荣作贡献的国家"。②

安倍认为从纵向维度看,"积极和平主义"相对传统的和平主义体现了理念传承性,而从横向维度看又展现出与时俱进性的一面。对于前者,他指出:"战后以来,我国一直坚持和平主义发展道路,在遵守联合国宪章的同时与联合国为首的国际组织保持合作,积极参与其维护世界和平的各项活动。国际社会对于我国坚持走和平主义发展道路给予了高度评价和尊重。"③因此,"作为战后我国一直坚持的和平主义发展道路,今后也不会发生改变"。④ 至于后者,安倍认为新的传统与非传统安全导致国际安全形势尤其是日本周边的安全形势已今非昔比,更使得国际社会中任何一个国家都无法仅凭自身的力量来维护本国的和平与稳定,而传统的和平主义早已无法独善其身,更遑论对地区及世界的和平有所贡献了。"积极和平主义"则打破了"一国和平主义"的认识窠臼,强调一旦国际社会出现破坏和平的力量时,国际社会应该结成安全保障联盟,共同发挥"锁"的功能,以确保地区的和平与稳定。在安倍看来,"锁"的中心就是日美同盟,日本决不能成为这一锁链中的薄弱环节,⑤而应基于国际协调的立场,以日美同盟为基轴,积极地为地区乃至世界的和平与稳定积极贡

---

① 《第百八十九回国会衆議院会議録第五号》,平成二十七年(2015)2 月 12 日,http://kokkai.ndl. go.jp/SENTAKU/syugiin/189/0001/18902120001005.pdf.

② 《国連創設 70 周年記念シンポジウムにおける安倍内閣総理大臣スピーチ》,http://www. kantei.go.jp/jp/97_abe/statement/2015/0316speech.html;《日米防衛協力のための指針》,http:// www.mod.go.jp/j/approach/anpo/shishin/pdf/shishin_20150427j.pdf.

③ 《国家安全保障戦略について》,http://www.mod.go.jp/j/approach/agenda/guideline/pdf/security_ strategy.pdf.

④ 《第百八十六回国会における安倍内閣総理大臣施政方針演説》,http://www.kantei.go.jp/jp/96_ abe/statement2/20140124siseihousin.html.

⑤ 《平成 25 年度自衛隊記念日観閲式　安倍内閣総理大臣訓示》,http://www.kantei.go.jp/jp/96_ abe/statement2/2013/1027Kunji.html.

献，"这就是新时代的日本应该高举的旗帜——积极和平主义"。①

概言之，安倍认为"积极和平主义"具有对宪法所倡导的和平主义精神的传承性和对和平发展道路的与时俱进性这两大特征。但实际上，"积极和平主义"与宪法所倡导的和平主义精神和战后日本一直坚持的和平发展道路完全背道而驰，根本目的恰恰是意图在扩充军备、行使集体自卫权等方面摆脱宪法的束缚，推动日本在冷战后的国际秩序中居于主导地位。因此，"积极和平主义"的最大特征实质上是对和平主义的本质进行了理念偷换。

《日本国宪法》之所以被称为和平宪法，其精髓就是第九条的相关条款从国家根本大法的高位规定了日本要成为放弃战争、不维持武力及不拥有宣战权的绝对和平主义(pacifism)国家。但积极和平主义不但强调日本要以"日美+N"的方式在国际社会组建安全保障同盟，为了让日本在同盟框架内发挥更大的作用，还不惜通过修改宪法解释乃至修宪的方式来解禁集体自卫权，以突破自卫队使用武力保卫盟友的法律障碍。概言之，安倍意图将日本蜕变为一个可以走向战争的国家。虽然从文字表述上看，他仍保留了"和平主义"四个字，实质上却是一种名副其实的"扛着红旗反红旗"的做法，目的就是为解禁集体自卫权找一个冠冕堂皇的理由，即使现阶段日本只是有条件地行使"限定性集体自卫权"，仍将导致"宪法所倡导的和平主义只剩下躯壳，灵魂被抽空了"。②

安倍认为要将"积极和平主义"的理念落到实处，强化日美同盟是根本，以此为基础再建立以日美主导的国际安全保障同盟体系，而为了便于日本在其中发挥进一步的积极作用，必须要行使集体自卫权，但这是现行宪法所不容许的，因此就有必要进行修宪或修改宪法解释。从表述的逻辑看，安倍意图修宪或修改宪法解释的目的是为了解禁集体自卫权，而行使集体自卫权是为了日本能更好地为地区及世界的和平与稳定积极贡献，以早日实践"积极和平主义"的理念。然而，本质上的逻辑与表述层面恰恰相反，"积极和平主义"不过是安倍意图用修宪或修改宪法解释的方式解禁集体自卫权的一种降低国内外疑虑、增强支持的话语外宣工具而已。

---

① 《世界経済フォーラム年次会議冒頭演説~新しい日本から、新しいビジョン~》，http://www.kantei.go.jp/jp/96_abe/statement/2014/0122speech.html.

② 《平和主義の要を壊すな》，《朝日新聞》2014 年 5 月 3 日。

战后日本的和平发展道路以"中等国家"(middle power)为定位,强调日本对国际社会的贡献主要应体现在非军事领域,强化经济上的相互依存和互利双赢,为世界的和平与稳定有所贡献。而"积极和平主义"的服务对象却是安倍反复强调的"重振日本"的大国化目标,其国家定位是大国(major power)。它奉行现实主义的势力均衡逻辑,强调要通过增强自身军事威慑力来维护本国的和平与安宁,其所宣扬的使日本转变成积极为世界的和平与稳定有所贡献的"缔造和平"力量,成为国际上"负责任大国"的路径依赖也就更为倚重军事手段。而实际上,无论是创立日本版"国家安全保障会议"(NSC),用"防卫装备转移三原则"取代"武器出口三原则",还是解禁集体自卫权等等,安倍虽然打着"积极和平主义"的旗帜,结果突显的只是日本在军事领域的一系列积极动作。对此,《朝日新闻》的社论一针见血地指出:"一旦实现行使集体自卫权,安倍的'强化'日本目标是实现了,但战后和平主义也将轰然倒塌。"

四 安倍内阁的对华外交及其特点

(一)现阶段日本对华外交的三种选择

面对崛起的中国,日本国内的共识是承认对华外交是其对外战略的最紧要课题之一,[1]如安倍就将两国关系定位为"21 世纪日本外交和安保政策方面的最大课题"。[2]但如何与崛起的中国打交道呢? 日本国内有过三种观点:一种是在中日和解的基础上推动"东亚共同体"的建设;另一种是主张在中美之间保持一种微妙的平衡,尽可能地在接受美国安全保护的同时分享中国经济持续发展带来的红利;最后一种是主张一方面与美国结成更为紧密的同盟关系,竭力遏制中国日益上升的地区影响力,另一方面采取单惠主义方针,奉行"政经分离"政策意图分享中国的经济红利。

无独有偶,现实主义从权力均衡的视角出发,提出周边国家在面对强

---

① 谷内正太郎:《安倍戦略外交の核心—価値観・哲学を共有し"アジア"と合従する—》,《外交》2013 年 3 月号,第 27 页。
② 安倍晋三:《新しい国へ》,《文藝春秋》2013 年新年特别号,第 131 页。

大的邻国压力时,通常也会面临三种选择,即追随(bandwagon)、避险(hedge)和制衡(balance)。① 而采取怎样的选项是由该国与强大邻国的历史恩怨、其自身实力大小及其他外部因素等三个变量决定。现阶段,一些学者将之用于周边国家对待中国崛起的政策解释时指出,亚洲国家(日本除外)既未选择制衡,也不是追随,而是实施避险策略,因此其实现地区军事关系多样化、扩充军事实力的目的只是为了更好地在经济上向中国靠拢的同时在安全问题上依赖美国。② 最典型的例子就是菲律宾和越南,与中国围绕南海问题的领土和海洋权益的争端丝毫没有影响其加入亚投行(AIIB)的积极性。

具体到日本,近代以降伴随着对中国的一次次入侵,非但未在多大程度上增加对华的负罪感,反而大大提高了对华的蔑视。战后更随着日本迅速崛起为世界经济大国,这种对华的优越感一直延续至今。现阶段,尽管日本经济长期低迷不振,遭遇了"迷失的二十年",而中国经济总量也已达到日本的两倍多,但两国力量对比尚未达到能扭转日本对华优越感的"临界点"。此外,中国的崛起还直接导致了日本国内对华嫉妒、警惕和恐惧的思潮迅速抬头,其对华反应呈现出心理上的反感和行动上的抵抗同时并存的特征,对中国说硬话、狠话容易凝聚人气,而政治家中更出现了要同中国搏一搏的冲动。再从美国这一最大的外部因素来讲,其对华的定位是既非朋友亦非敌人的一组竞争与合作并存的竞合关系。为此,美国"亚太再平衡"战略的实质就是用制度规范对中国加以约束,而所谓"亚太再平衡"战略进入新阶段,无外乎是美国希望亚洲盟友投入更多精力来帮助其推进该战略。

再回到如何与崛起的中国打交道这个问题上。从长远眼光来看,第一种选择最符合日本的利益,但早已随着鸠山由纪夫内阁的下野而销声匿迹了。第二种选择遵循的是战后日本传统的将对美重视与对华外交相结合的两面外交模式,虽然比较符合日本当前的现状,但需要高超的政治平衡技巧和拥有果断行动魄力的政治领导人,显然现阶段日本政坛缺乏

---

① Paul W. Schroeder, "Historical Reality vs. Neo-realist Theory," *International Security*, Vol. 19, No. 1, 1994, pp. 108—148.

② 参见杨剑:《美国二元战略伙伴系统的构建与调适》,《现代国际关系》2011 年第 10 期,第 1 页。

这样的领导人。① 因此,国内外的情势所致竟然让最不符合日本国家利益的第三种选择主导了现阶段安倍内阁的对华外交。

(二)对安倍内阁对华外交的评论

总体而言,从双边高层互动的视角而言,中日关系自安倍再度组阁以来已呈逐步转圜的势头。这既是双方在经贸、人文、环保等众多领域合作潜力巨大,彼此希望实现双赢,和避免在东海等敏感问题上发生擦枪走火之类不测事态的客观需求所致,也是双方各界人士致力于推动两国睦邻友好合作的主观愿望使然。但在多边的国际场合,安倍将中国在东海、南海的维权行为牵强附会为"企图以实力改变现状的挑衅行为",以为其积极炒作"中国威胁论"深文周纳,更向壁虚造地将中国渲染为威胁日本及周边安全的最大假想敌。

更为吊诡的是,中国对安倍内阁处理历史认识问题的做法本已充满疑虑,对其解禁集体自卫权,修改和平宪法,谋求"正常国家化"和"重振日本"的种种做法也是忧心忡忡。然而,中国的不满和疑虑却轻而易举地被安倍用作在国内渲染"中国威胁论"的素材。因此,在安倍内阁实现"正常国家化"的过程中,其打出"积极和平主义"的旗号,以自我"漂白"的同时就是对中国的刻意抹黑和极力"妖魔化",并使得两者互为表里。由此,中国不但成了日本在解禁集体自卫权过程中增强正当性的重要抓手,更被渲染成"积极和平主义"的主要针对目标。② 基于这样的对华定位,安倍内阁又按照内外制衡的方针,制定了增强自身军事实力的国内制衡与以强化国际军事合作为核心的国际制衡相结合的政策。

在国内制衡方面,安倍通过煽动国内对中国崛起的焦虑情绪,制定了决定未来十年日本外交和安保基本方针的"国家安全保障战略"、新《防卫计划大纲》及《中期防卫力量整备计划》。这被称为安保领域的"三支利箭",它明确将中国列为主要威胁和作战对象。进一步地,安倍还用"防卫装备转移三原则"取代"武器出口三原则",以落实军需相关产业强化战略,积极推动武器出口和共同研发。最后就是在"不仅是发生针对

---

① 五百旗頭真编:《戰後日本外交史》(第 3 版補訂版),有斐閣,2014 年,第 265 页参照。

② Jeff Kingston, "Spin doctor Abe: crisis maker and mislead the public," *The Japan Times*, January 25, 2014.

日本的武力攻击的情况,而且包括发生针对与日本关系密切的国家的武力攻击,日本的存在受到威胁,存在国民生命、自由及追求幸福的权利从根本上被颠覆这一明显危险的情况;在为了抵御武力攻击、捍卫日本存在和保卫国民方面没有其他适当手段的情况;最小限度地行使实力"等所谓"三要件"的情况下行使集体自卫权,并积极推动相关安保法制的修订。

在国际制衡方面,为迎合美"亚太再平衡"的战略需求,日本将对华制衡放在多边框架中实施,意图在东亚地区重新实现"状态均势",[1]而在这一过程中南海问题被当成了一个重要抓手。具体而言,安倍以强化日美同盟为制衡中国的战略基轴,意图借势增强日美军事合作,并拉美入局牵制中国。现阶段的重心是顺应美国"亚太再平衡"战略进入新阶段,进一步强化与日本的军事同盟的新需求,将新的日美防务合作指针的宗旨确立为扩大自卫队与美军的"无缝合作",以提高同盟的实效性。为此,新指针将反映日本政府关于解禁集体自卫权的新见解,如自卫队将被允许为进行警戒监视活动的美军舰艇提供"装备防卫"等。而在两国共同为国际社会作贡献的"全球合作"领域,新指针则写入了对平息国际纷争的多国部队等进行后方支援、在纷争结束后进行人道支援,以及保卫海上交通线安全等内容。据此,日美可以对它们认为危及两国利益的"海上生命线"——南海地区实行联合监控。当然,目前说日本会派军机到南海进行巡航仍为时过早,但也不过是时间问题。

与此同时,安倍又以积极拉拢东盟、澳、印等周边国家为制衡中国的战略依托,在强化与各国进行"海洋安保合作"的同时,意图形成东南两翼策应共同对华的姿态,强化对华的外交压力,如与菲律宾等声索国共同进行军事演习等。最后值得关注的是,安倍以在国际上积极制造舆论为制衡中国的战略外延,意图将中国诋毁为区域安全威胁者的同时将自己装扮成国际法和国际规则的"守护者"。正是在日本的推动下,七国外长会议才于 2015 年 4 月 15 日通过了一份日本主导的《关于海洋安全的声明》,声明"强烈反对任何试图通过威胁、强迫或武力手段伸张领土或海

---

① 湯川拓:《国際社会における規範としての勢力均衡とその存立基礎》,《国際政治》2014 年 3 月号,第 126—135 页参照。

洋主张的做法",并呼吁加快制定全面的"南海行为准则",还表示要专门召开有关海洋安全问题的七国高级别会议。2016 年 4 月,作为 G7(西方七国会议)的轮值主席,日本再度撺掇 G7 外长会议搅局南海,并在会后发表的《海洋安全声明》中不点名地批评中国说:"强烈反对单方面改变现状、加剧紧张态势的恐吓、威胁、挑衅行动;要求所有国家克制大规模填海造岛、构筑据点作军事目的的行为,按国际法行动并有效履行《南中国海行动宣言》。"①自 2014 年以来,安倍已屡次借 G7 这一国际场合就东海和南海的局势向中国发难了。

随着中国等新兴国家的崛起,亚太地区正成为 21 世纪世界的主要舞台,而位于亚洲与美国之间,且与双方关系涉足颇深的日本,原本可以在与美国深化合作的同时,强化与包括中国在内的亚洲邻国的关系。但安倍为了迎合美国希望日本发挥更有力的安全作用这一战略需求,积极地在国内国外两个层面推进对华制衡,这不但以偏概全地将中美竞合关系中竞争的一面视为美对华外交的全部,且忽略了以"不冲突、不对抗,相互尊重,合作共赢"为核心内容的新型大国关系才是中美关系的主轴,更为重要的是这种一面倒向美国的做法将导致日本的战略功能缩小成美国对华软均势战略中的一枚棋子,其在中美之间的战略地位不是加重了,而是减轻了,即日本在全球战略的伸缩余地被大大缩小了。而至于其强化与其他周边国家合作等做法,且不说主观上彼此的合作目标未必一致,客观上只能导致东亚地区的局势更加动荡。因此,诚如美国学者卡彭特(Ted Galen Carpenter)所担忧的那样,"亚洲下一个地缘政治的噩梦在日本"。②

结　语

战后日本走和平发展道路是建立在对侵略历史的深刻反省基础上的,且得到了包括中国在内的国际社会的高度评价。日本应认清这种历

---

① 《海洋安全保障に関する G7 外相声明》,http://www.mofa.go.jp/mofaj/files/000147443.pdf.

② Ted Galen Carpenter,"The Japan Dilemma: Asia's Next Geopolitical Nightmare?" *THE NATIONAL IN-TEREST*,April 26,2015,http://nationalinterest.org/feature/the-japan-dilemma-asias-next-geopolitical-nightmare-12727.

史认识根本不是"自虐",更不会影响日本发挥国际影响力,恰恰相反两者实质上是相偕而行。因此,日本对于战后基于这种反省而走过的道路,应怀有更大的自豪感。

　　然而,现实却是在日本国内历史修正主义甚嚣尘上的氛围下,与中韩等国际社会之间的历史隔阂和现实疑虑非但没有随着时间的推移而消弭,反而不断加深。进一步地,安倍内阁在谋求新的国家定位过程中虽然打着"积极和平主义"的旗号,但也就是在文字表述上保留了"和平主义"四个字,从其所作所为是一条与日本战后远离纷争、谋求通过非军事手段维护和平的基本步调存在根本差异的歧路来看,不过是安倍意图将日本蜕变为一个可以走向战争的国家而找的一个冠冕堂皇的理由。

　　可以想见,如果安倍内阁要实现的"正常国家化"是建立在这样的修正主义基础上,则不但会丧失国际社会尤其是包括中韩在内的周边国家的信赖,还会进一步扰乱东亚地区的安全局势,也就遑论今后日本会在构筑东亚和平稳定与合作体制等方面能够发挥多大作用了。

后　记

　　本书的酝酿始于 2012 年，那时笔者正在日本庆应大学进行访问研究。2012 年对中日关系来说是多事之秋，围绕着钓鱼岛问题中日两国发生了尖锐的摩擦和斗争，双边关系陷入了 1972 年邦交正常化以来的最低谷。但实际上，钓鱼岛争端的激化只是近年来中日关系发生转型的一个爆发点，其背后有着深刻的国际国内背景。在与本书各位作者的交流过程中，大家都认为日本的对华政策正在出现深刻的变化，而这种政策的变化是建立在对华认知的转型基础上的。进入 21 世纪后，如何认识和应对正在崛起的中国？日本各界正在进行一场大讨论，我们有必要对这场大讨论进行梳理和分析，从而更加深刻地去认识和理解近年来起伏不定的中日关系及其背后的根源。

　　本书是团队合作研究的成果，参与本书撰写的作者大都是年轻有为的学界才俊，他们拥有较长时期在日本学习和研究的经历，他们对日本社会有着深刻的了解和学术积累，并活跃于日本学界。在此，还要特别感谢徐静波教授和蔡亮副教授，他们把多年积累的研究成果奉献于本书，使本书在结构上更加充实和完整。本书的具体写作分工如下：包霞琴：绪论和第二章；徐静波：第一章；刘迪：第三章；张云：第四章；李彦铭：第五章；郑浩澜：第六章；张望：第七章；蔡亮：第八章。

　　在此，还要感谢上海市浦江人才计划的支持和出版资助，并非常荣幸地被列入"复旦大学中国周边外交研究丛书"。

　　中华书局各位编辑为本书的出版付出了辛勤工作，在此谨表谢忱！复旦大学的胡令远教授和石源华教授对本书的出版给予了大力支持和鼓励，一并深表感谢！

　　本书最后由笔者进行通稿和定稿，欢迎学界同仁批评指正。

包霞琴
2015 年 5 月于复旦